读客这本史书真好看文库

轻松有趣，扎实有力

春秋战国真有趣 5

与其说是一部清晰的春秋战国全史
不如说是一套有趣的春秋战国故事大全

龙镇 著

上海文艺出版社

目　录

第一章

三家分晋

公元前455年夏天，晋国晋阳的空气骤然紧张。

晋国亚卿、赵氏宗主赵无恤突然率领大批家臣和族兵，从首都新田返回晋阳。

无恤进城后，即令紧闭城门，加派岗哨，给护城河加注河水。种种迹象表明，一场战争即将来临。

对于上了年纪的晋阳人来说，战争并不陌生。很多年前，晋阳城也经历过一场大战。那是公元前497年，晋国发生内乱，中行氏和范氏讨伐赵氏，先主赵鞅退守晋阳，抵挡两家联军达四个月之久。后来因为智、魏、韩三家出手相救，晋阳才得以解围。

时隔四十二年，晋阳再度面临战火的考验。令人感慨的是，斗转星移，风流水转，这一次进攻晋阳的不是别人，正是上一次解救晋阳的智、魏、韩三家。

在这四十二年间，究竟发生了什么事情，使得昔日的盟友变成今天的敌人？

要回答这个问题，还得从那个名叫荀瑶的人说起。

晋国四卿，智氏一家独大

晋国的六卿执政体制持续长达百年，因公元前497年的中行氏和范氏之乱而被打破。

中行氏和范氏狼狈为奸，本想一举吞并赵氏，却因智、魏、韩三家出手干涉而失败，中行氏和范氏因此被驱逐出局，晋国从此进入四卿执政时代。

四卿之中，一卿为正，称为上卿；三卿为副，称为亚卿。公元前493年，时任上卿的智氏宗主荀跞去世，其子荀申继承家业，上卿之职则由赵氏宗主赵鞅接任。

赵鞅为人宽厚，知书达礼，在他的领导下，四大家族相安无事。这种局面持续了十余年，直到公元前476年荀申去世。

据《资治通鉴》记载，荀申去世前，在选择继承人的问题上很费了一番心思。

如果按照嫡长子继承制原则，这个问题本来没什么好考虑的——正妻所生的长子即为世子。如若正妻无子，则在众多侧室所生的儿子选择一个，原则是子以母贵，女人的地位越高，她的儿子当选的可能性就越大。

但是，随着家族之间的权力斗争越来越激烈，选择一个“对”的而不是“贵”的继承人，显得越来越重要。为了智氏家族的未来，荀申必须在诸多儿子中作出正确的选择。

荀申看中的是荀瑶，理由很简单：荀瑶身材高大，须髯飘逸；擅长驾车，射术超群；多才多艺，技能出众；文思敏捷，能言善辩；坚决果断，敢做敢为。五种美德集于一身，休说继承智氏家业，简直和中国上古传说中后羿这样的神话人物有一拼。

然而荀申的这个决定遭到族人智果的反对，他提出了另外一个人选——荀宵。

荀申对此不理解：荀宵面相凶狠，人们看到他都怕，你怎么会推选他呢？

智果回答：荀宵凶狠，是狠在表面，荀瑶却狠在内心。荀瑶有五种美德，独缺仁义。长得漂亮，武艺高强，能言善辩，才艺出众，敢于任事，这都是好事，但是如果内心无仁义的话，这些美德只会助长他的暴戾之气。恕我直言，如果您一定要荀瑶继承家业，智氏必亡。

荀申考虑再三，还是立了荀瑶为世子。

智果带着家人跑到晋国太史那里，改了族谱，宣布脱离智氏，自称辅氏。这就意味着，此后智氏家族不论兴废存亡，都与他没任何关系了。

直到二十多年后，人们才会拍着大腿，称赞智果是个聪明人。但在当时，人们对他的行为并不理解，他们看到的是，智氏家族在荀瑶的带领下越来越强盛，甚至超越了荀跞和荀申的时代。

公元前472年，荀瑶以亚卿的身份率军讨伐齐国，在犁丘与齐军相遇。战前，他亲驾战车巡视晋军，战马突然受惊，朝着齐军阵营狂奔。以荀瑶的驾车技术，要控制住战马是轻而易举的事，但他意识到，如果这样做，会让齐国人误以为自己胆小，于是他放马疾驰，一直冲到齐军营垒前才掉头。此举极大鼓舞了晋军士气。在后来的战斗中，荀瑶又身先士卒，奋勇杀敌，亲手擒获齐将颜庚，取得了此战的胜利。

公元前468年，荀瑶伐郑。齐国权臣陈恒（即田恒，古代陈、田同音，陈氏即田氏）率军救援郑国。荀瑶得知消息，主动引兵退去，但是派人给陈恒送去一封信。信上说："您的祖先是陈国公子，陈国的灭亡（陈国于公元前478年为楚国所灭），郑国是出了力的（完全是胡说），所以寡君才派我攻打郑国，是为了替陈国报仇。但是您跑来救援郑国，让我感到很不理解。难道您一点都不在乎陈国吗？既然您都不在乎，我又有什么所谓呢？所以我主动撤军了，恕不奉陪。"这封信东拉西扯，不着边际，显然只是为了调戏对方。陈恒阅后大怒，但又想不出什么词来回骂，只得提笔回信说："老是欺负别人的人，不得好死！"

不消说，荀瑶很快赢得了晋国人的好感。该有的他都有了：显赫的家世、尊贵的地位、伟岸的身躯、机智的谈吐、一往无前的勇气、货真价实的战功，还有调弄敌人的闲情逸致。他宛如一颗冉冉上升的新星，光芒四射，照耀晋国，连赵鞅在他面前都黯然失色。

公元前464年，荀瑶再度伐郑，赵鞅派世子赵无恤随行，担任荀瑶的副手。

赵鞅的本意，一是让无恤亲历战场，获得经验和名声；二是向荀瑶表明，晋国日后必定是荀瑶的天下，请他对无恤多多关照。可以说，这既是"知其雄，守其雌"的政治智慧，也是一位垂垂老矣的父亲对儿子的关怀与呵护。

但是，荀瑶对赵鞅的拳拳之心并不以为意。

据《左传》记载，这一战进行得并不顺利。晋军包围了郑国的首都新郑，却遭到郑军的猛烈反击，攻势一度受阻。

战斗最危急的时刻，荀瑶命令身边的无恤出战，带领敢死队强攻新郑的南门。

听到这道命令，在场的人都吃了一惊。冷兵器时代，攻城是一件十分危险的事，强攻更是险上加险。守城者可以凭借着城墙和箭垛保护自己，而进攻者则暴露在箭矢檑木之下，还要扛着云梯等攻城器具越过护城河，极易伤亡。如果没有充分的理由，进攻方一般不会采取这种“杀敌八百，自损三千”的笨办法。

退一万步说，即便是强攻，也不该由无恤来担当。这倒不是说无恤不能冒险，而是没有让一支军队的副统帅去当敢死队队长的道理。

大伙都将目光集中在无恤身上，看他如何应对。

无恤只说了三个字：“主在此。”

主在此，这三个字看似简单，实则可软可硬，大有乾坤——软一点说：“有主将在，我不敢争先。”硬一点说：“你是主将，为什么不自己去？”总之就是我不去，你看着办吧！

荀瑶盯着无恤看了几秒钟光景，突然操起案几上的一个铜酒壶，朝无恤狠狠砸去，发疯似的骂道：“懦夫！贱人！你这样的人居然也能当世子，我真替赵氏感到羞愧。”如果不是无恤躲得快，再加上众将死死劝住，荀瑶非将无恤砸死不可。

无恤灰头土脸回到自己帐中，家臣都很愤怒，摩拳擦掌，要去和荀瑶拼命。无恤用一句话将大伙都劝住了：

“父亲立我为世子，不就是因为我能忍吗？”

强权之下不屈服，不妥协，但也不乱来，这就是在乱世之中的生存法则。

事情到此，本来应该过去了。但荀瑶显然不解恨，从郑国回来后，他专门找赵鞅谈了一次，一本正经地建议赵鞅废掉无恤，另立世子。

赵鞅听了，一脸错愕，不明白眼前这个人是过于颟顸（mān hān）还是过于跋扈。要知道选择继承人乃是家族内政，岂容他人插手？更何况赵鞅现在是晋国上卿，智氏家族虽然强盛，荀瑶也不过是个亚卿，凭什么对他的家务事指手画脚？

荀瑶却没有关注赵鞅的情绪变化，仍在那里滔滔不绝，极力向赵鞅证明：不废无恤则赵氏必亡。

可是赵氏亡不亡跟他有什么关系呢？站在竞争者的角度，赵氏的继承人越是不堪，不是对他越有利吗？

赵鞅半眯着眼睛，听着听着，终于弄明白了：荀瑶这个人，从骨子里头有一种“顺我者昌、逆我者亡”的气质，但凡他看不惯的人，必欲除之而后快。

如果是这样的话，选择外柔内刚的无恤来对付他，倒是没错了。赵鞅睁开眼睛，老练地打了几个哈哈，说了几句无关痛痒的话，便将荀瑶打发走了。

新郑城下的这场冲突，为九年之后的晋阳之战埋下了伏笔。

外柔内刚的赵氏族长赵无恤

其实赵鞅选择无恤为继承人，也是经过深思熟虑的。

赵鞅骨子里头是个旧式贵族，对一切传统事物抱有一种温情与敬意。他当权的时候，晋国公室已经极度衰落，大权完全把控在四大家族手里，但他以上卿之尊，仍然保持了对公室的尊重（至少表面如此），这在那个年代是不多见的。

在选择继承人的问题上，一开始他也是严格遵守周礼的规定，立了嫡长子伯鲁为世子。

那时候，无恤还小，而且是奴婢所生之子，在众多兄弟中，地位最为低下（是以荀瑶称之为贱人）。赵鞅即便不立伯鲁，恐怕也轮不到无恤。

直到有一天，一位名叫姑布子卿的相士来到赵鞅府上。赵鞅将自己的儿子都叫出来，让姑布子卿给他们看相。姑布子卿看完之后便摇头说："您的儿子不少，但都不是大将之才。"

赵鞅很紧张："照您那样说，赵氏岂不是没希望了？"

姑布子卿说："我进来的时候，看到一个小孩在院子里玩泥巴，不知道是不是您的儿子？"

赵鞅赶紧叫人将那小孩带进来，拍着脑袋想了半天才说："这个是我儿子，叫什么来着……对了，无恤。"

姑布子卿站起来说："这位才是真正的贵人。"

赵鞅说："您不是开玩笑吧？这孩子的母亲，是我从狄人那里买来的奴婢，一点也不贵！"

姑布子卿高深莫测地说："天命所赐，虽贱必贵。"赵鞅再问时，他便笑而不答，飘然而去。

赵鞅将信将疑，但是从此之后，便开始注意观察无恤的言谈举止，发现这个小孩确实有与众不同之处。

有一次，赵鞅将自己总结的一些人生格言书写在竹片上，发给儿子们学习。过了些日子去检查，其他人都背不出来，只有无恤倒背如流，还能举一反三，说出自己的见解。

赵鞅很惊奇，便问无恤为什么学得这么好。无恤从怀里掏出一个锦囊，小心翼翼地打开，从里边掏出那几块竹片，说："我每天将父亲的教导带在身边，不时拿出来温习，自然记得牢。"

这件事无疑大大增加了无恤在赵鞅心目中的分量。

过了一些年后，无恤也成年了。有一天赵鞅将儿子们全召到跟前说，他在常山（北岳恒山）埋藏了一件宝贝，谁先找到它，就有重赏。

大家赶紧驾车出发去寻找，唯有无恤不紧不慢，最后一个出发。几天之后，大伙都空手而归。无恤回来之后，却对赵鞅说："我找到了。"

"哦？"赵鞅很高兴地说，"在哪？"

无恤说："您所谓的宝贝，就是我们可以凭借常山之险，吞并代国。"

代国位于今天的山西东北与河北西北交界之处，是白狄人建立的国家。赵鞅为了拉拢代国，将自己的女儿（也就是无恤的姐姐）嫁给代王为妻。但是在他心里，早就盘算着如何吞并代国来扩大赵氏的地盘，同时获得代地盛产的良马。

这么多儿子去找宝贝，只有无恤看穿了他的心思。经过这件事后，赵鞅下定决心，废除伯鲁，改立无恤为世子。

公元前458年，赵鞅去世。无恤办完丧事，还没脱掉孝服，就带人跑到夏屋（今山西省代县），请姐夫代王前来相聚。

代王欣然赴会，他把这次宴请当作无恤上台后向他的示好，没有想到会有什么阴谋。

席间宾主相谈甚欢，代王从无恤的脸上看不出一丝失去父亲的悲痛。如果是中原人，必定能够看出不对劲的地方——父亲去世不久，就算是装也得装出悲伤的样子，怎么能够谈笑风生呢？但是代王显然不懂中原文化，他毫无防备，很快就喝得酩酊大醉，他的随从也喝得东倒西歪。

这个时候上来一队光膀子的精壮厨子，一人拿着一个长把铜勺，给客人分羹。无恤咳嗽一声，用宽大的袖子将脸遮住。代王还没反应过来，脑袋上已经挨了铜勺重重一击，立马脑浆迸裂。他带来的人也被如法炮制，悉数杀死。

无恤迅速兴兵北上，轻而易举拿下代国。

如果要问无恤这一票捞得有多大，其实也不算太大——一百多年后，赵氏的后人赵武灵王在这里设置代郡，下辖区区三十六个县而已。

无恤的姐姐听到代王被杀的消息，呼天抢地，悲痛万分。当无恤派人接她回晋国的时候，她哭泣道："因为是自己的亲弟弟，就忘记杀夫之恨，是不仁；因为自己的丈夫死了，就怨恨弟弟，是不义。"于是跑到一座山上磨笄（jī）自杀了。

所谓磨笄，就是将发笄磨得尖尖的。代地的百姓怜悯这位刚烈的女子，将她自杀的地方称为磨笄之山（今河北省张家口）。而后人以"磨笄"代称后妃自杀殉国，其典故就出于此。

无恤为了姐姐的死，很是内疚。那时候伯鲁已死，无恤便将代地封给了伯鲁的儿子赵周，称之为代君。他这样做，也许是想告诉天下人，赵无恤不是一个无情无义的人，他所做的一切，并非为了自己，而是为了赵氏。

智伯的致命弱点：贪婪与傲慢

赵鞅死后，荀瑶顺理成章地成为了晋国上卿，三位亚卿分别是赵无恤、韩虎（韩不信之孙）和魏驹（魏曼多之子）。

荀瑶一上台，便雷厉风行地干了几件大事。

公元前458年，荀瑶谋划进攻仇由。仇由是狄人建立的山中之国，交通极为不便，战车无法通行。荀瑶命人铸造了一口大钟作为礼物，载在牛车上送给仇由国君。仇由人欢欣鼓舞，在山中开辟道路迎接。道路开好后，晋国大军随着那口大钟一拥而入，消灭了仇由。

公元前457年，荀瑶剑指中山。中山地处今天的河北省中西部，是白狄的一支——鲜虞人建立的国家。据《吕氏春秋》记载，中山军中有一种“力士”，身穿铁甲，手持铁棒，“所击无不碎，所冲无不陷”，战斗力极强。但是荀瑶显然不怕中山力士，一举攻下了穷鱼之丘（今河北省易县），后来又派人攻占了左人和中人（今河北省唐县），使中山遭受重创。

公元前456年，荀瑶又命韩虎、魏驹率军讨伐居住在伊水和雒水之间的戎人部落，攻取卢氏城（今河南省西部），将戎人在伊、雒之间建立的大小政权全部摧毁。这一次行动的意义重大，“自是中国无戎寇”，解决了自春秋时期以来就一直困扰中原的戎患。

应该说，荀瑶新官上任的三把火烧得很旺，赢得了满堂喝彩。有人甚至认为，若荀瑶照着这个路子走下去，必能成为晋国中兴的名臣。

但是很显然，荀瑶的志向不在于晋国中兴。

他将三位亚卿召集起来开了一个会，讨论原来范氏和中行氏的土地归属问题。

这些土地，自从二氏灭亡后，一直由公室代管。荀瑶提出，现在公室人才凋敝，难以管理这么大片的土地，不如分给四大家族来管理。

三位亚卿都无异议——谁会有异议呢？当然，有一个人很有意见，那就是晋国名义上的统治者晋出公（晋定公于公元前475年去世，晋出公是他儿子）。

晋出公一怒之下，向齐、鲁两国发出密函，请求他们发兵“清君侧”，讨伐四大家族。这下捅了马蜂窝，四大家族联手起来，将晋出公赶出了晋国。

国不可一日无君。晋出公出逃后，一个名叫姬骄的公室子弟被立为国君。

姬骄是晋昭公的曾孙，他的祖父公子雍是晋昭公的小儿子，他的父亲公孙忌跟荀瑶的关系很好。因为这层关系，他才被荀瑶选中。姬骄在历史上是如此不重要，以至于在《史记》的记载中，他一时被称为晋哀公，一时被称为晋懿公。而在其他史料中，他又被称为晋敬公。到底哪个才是他真正的谥号，没有人花心思去考证。

荀瑶现在成了晋国的第一人，智氏家族也成为晋国的第一大家族，实力远在另外三家之上。从公室瓜分来的土地，智氏获得最多，超过其他三家的总和。他按捺不住兴奋的心情，大兴土木，给自己盖了一座宫殿。

宫殿落成之日，家臣都来祝贺。有一位名叫士茁的，一直拖到晚上才来。荀瑶半带着醉意，不无炫耀地问士茁："这房子壮观吗？"

士茁回答："壮观是壮观，但是下臣总觉得有些担忧。"

荀瑶说："你有什么好担忧的？"

士茁说："下臣为智氏掌管文书，看到书上说，高山峻岭，不生草木；松柏之地，土质不肥。您这房子造得太壮观了，我怕它不太适合居住。"

士茁这些话，记载于《国语》。该书还煞有介事地说，荀瑶的宫殿建成后三年，智氏果然灭亡，仿佛两者之间有着某种必然的联系。

事实当然不是这样，荀瑶的致命伤绝不是他喜爱豪宅。喜爱豪宅有什么错呢？家大业大了，建所大房子难道不应该吗？

荀瑶最大的问题，还是在于他目中无人。

有一次荀瑶从卫国出差回来，韩虎和魏驹设宴为他接风。好好的一场宴会，却因为荀瑶戏弄韩虎并侮辱其家相（家臣之长）段规，最后不欢而散。

事情具体经过，据明人冯梦龙杜撰，是荀瑶喝醉了，对韩虎说：“我曾经查遍史册，天下与您同名的，只有齐国的高虎和郑国的罕虎，加上您也就三个人。”

韩虎无言以对，段规在一旁听了，很不是滋味，站起来说：“君子以礼相待，不直呼其名，请不要拿我家主人的名字开玩笑。”

那段规生得五短身材，站在韩虎身边，头顶还不到韩虎的胸部。荀瑶也不生气，用手拍着段规的头顶说：“小朋友知道个啥，这不是你玩儿的地方，小心‘三虎’把你给吃了！”说完一阵大笑。

段规气得浑身发抖，但是不敢发作。韩虎则佯装喝醉，闭着眼睛说：“智伯说得对啊！”然后告辞而出。

荀瑶被称为智伯，是他自己要求的。当时的习俗，地位高的卿大夫一般尊称为“子”，如韩虎被称为韩子，魏驹被称为魏子，鲁国的三桓也被称为三子。荀瑶显然认为自己高人一等，不屑与他们为伍，便给自己进了个“伯”——伯者，诸侯之长也。荀瑶的狂妄，由此可见一斑。

宴会结束后，家臣伯国向荀瑶进言：“您今天得罪了韩虎和段规，以后得防着他们一点，否则的话，必有灾难降临。”

荀瑶不以为然：“是不是有灾难，那要看我高不高兴。我不发难，谁敢对我发难？”

伯国说：“恐怕不是这样。《夏书》上说，一个人屡犯错误，结怨于人，虽然矛盾没有显露，也要加以防范。《周书》上说，怨恨无大小。君子注意细节，所以没有大难。今天您在宴席上戏弄了人家，又侮辱他的家臣，还认为他们不敢发难，这可真是大错特错。要知道，连蚊子蚂蚁都能害人，何况是韩虎、段规这样有实力的人！”

荀瑶嗤之以鼻。韩虎算得上有实力吗？也许有，但是跟他比起来，还差得远。四大家族中，韩氏的地盘最小，军力最弱，荀瑶只消伸出一根手指头就可以将韩虎掀翻。段规就更不值一提了，众卿饮酒，他一介家臣，五等残废，居然敢站出来说话，不是自取其辱吗？

荀瑶想到段规那矮小的个子和敢怒不敢言的脸，不禁又是一阵大笑。他完全没有想到，数年之后，就是那个其貌不扬的段规，在关键时刻轻轻地推了一把，便将智氏家族推入万劫不复的境地。

公元前455年，荀瑶又出新招，通过晋哀公——或者是晋懿公，或者是晋敬公，管他呢——向三大家族发出倡议：晋国称霸中原近两百年，现在遭到齐国和越国的挑战，霸主地位即将不保。为了复兴晋国，重振雄风，必须匡扶公室。现在智伯愿意带头捐献一万户土地给寡人，请各位斟酌办理。

三家收到通知，都心知肚明，什么捐给公室，那还不是统统落入荀瑶袋中？

韩虎不想给，倒是段规劝他给，而且不打折扣，给足一万户。他对韩虎说："荀瑶生性残暴，贪得无厌。您如果不给，他必定兴师来讨伐，咱们挡得住吗？不如给了他，他就会再向别人索取，别人不同意，他就会去攻打别人，则韩氏可以免遭祸患，静观待变。"韩虎于是乖乖交出了一万户土地。

魏驹也不想给，想给才怪！但是他的家相任章也劝他："荀瑶巧取豪夺，令众卿都感到心寒。如果我们给他土地，他一定会更加骄横，咱们这几家则因为害怕而团结。一旦战争打起来，他双拳难敌四手，必定灭亡。"于是魏驹也答应了。

段规和任章的见识，无非是明哲保身，将祸水引向别人，期望有人来当出头鸟，好让韩氏和魏氏从中渔利。但问题是，如果谁都不出头呢？那一万户岂不是白白给了？而且这种事情有一就有二，下一次荀瑶再要三万户、五万户甚至十万户呢，你给不给？

韩虎和魏驹都把目光投向了赵无恤，暗自祈祷他千万不要像自己那样没出息。

无恤果然不负众望。荀瑶向他索要的土地中，包括蔺地（今山西省吕梁）和皋狼（今山西省寿阳）。蔺地便也罢了，皋狼是赵氏兴起之地，有赵氏的宗庙在那里，怎么可以予人？无恤断然拒绝了荀瑶的要求。

这也是荀瑶意料之中的事情。因为他本来就没想着给无恤留后路，否则也不会指定要无恤交出皋狼。

九年前，他没能用酒壶砸死无恤，一直引以为憾，现在终于有了实现夙愿的机会。他马上以晋哀公的名义下令讨伐赵氏，同时命令韩、魏两家出兵。

于是有了本书开头的一幕。

晋阳消耗战

虽然无恤早有心理准备，但是面对来势汹汹的三家联军，还是有些不知所措。他将家臣召集起来，想听听大家有什么意见。大伙儿七嘴八舌，有的说要退守代地，有的说最好向齐国借兵，还有的说小不忍则乱大谋，不如同意智伯的要求。只有一个人一直沉默不语，等到大伙都说累了，他才站起来对无恤说：我认为应该火速退往晋阳，凭借晋阳的城墙抵挡智伯一到两年。

这个人名叫张孟谈，时任赵氏家相。在《史记》中，张孟谈被记载为张孟同，那是因为司马迁穷讲究，为避他父亲司马谈的讳而改的。

无恤马上问了张孟谈两个问题：第一，你为什么认为晋阳能够抵挡智伯一到两年？第二，两年之后怎么办？

张孟谈回答："晋阳是当年先主命董安于修建的。董安于才能出众，晋阳被他治理得井井有条，后来的官员都依着他的办法管理，那里城墙坚固，钱粮充足，战备齐全，我说守一两年是保守，实际上能撑个三五年也未可知。至于两年之后的事，您也知道韩、魏两家和智伯并不齐心，只是迫于压力才跟着他来对付咱们。只要咱们能够抵挡两年，他们内部必定出现分裂，那咱们就有机会反击了。"

无恤采纳了张孟谈的建议，于是命令集结家臣和族兵，开赴晋阳。

到了晋阳之后，无恤巡视一圈，回来就大骂张孟谈："好你个大骗子，说什么晋阳钱粮充足，战备齐全，全是扯淡！我去看了，粮仓分明是空的，府库里也没有钱，城墙倒是修得又高又厚，但是已经年久失修。你说，我拿什么抵挡三家大军，拿你的脑袋吗？"

张孟谈还是不慌不忙，等无恤把脾气发完了，才说道："下臣听说，圣人治理国家，藏富于民，不藏于府库；致力于道德教化，不关注城墙有没有修缮。"

"狗屁！"无恤气不打一处来，"这都什么时候了，你还跟我说什么圣人，说什么道德，迂腐！"

张孟谈说："请您现在就下一道命令，令城中百姓自留三年吃用，其余的钱粮一律送到您的仓库里来，并募集志愿者修缮城墙。"

"好，我给你三天时间，把仓库装满；给你十天时间，把城墙修好。做不到的话，把你的脑袋砍下来！"无恤说完，气冲冲地走了。

第二天早上，无恤瞪着一双血红的眼睛来到粮仓视察，眼前的景象让他以为自己还在做梦——十几个巨大的粮囷（qūn）已经被堆得满满当当，而送粮的百姓还在排着长队，等着把粮食送进来。再跑到府库去看，钱也多得装不下了；武库里堆满了武器盔甲，排列到了衙门口。

五天之后，城墙也修补完毕，各类守城器械修整一新，守城将士精神焕发，接受了无恤的检阅。

无恤又高兴又惭愧，将张孟谈召来，大大地表扬了一番。

张孟谈谦虚地说："这并不是我的功劳，而是先主早有远见。董安于去世后，先主派尹铎管理晋阳，尹铎问先主，您是想要我去抽取赋税呢，还是为了将晋阳变成赵氏的保障？先主毫不犹豫地说，当然是要成为赵氏的保障。所以自尹铎以来，晋阳的历任官吏都遵照先主的指示，减少赋税，发展民生。晋阳的百姓过的日子，比天下任何一个地方的都好。现在到了危难时刻，他们岂能不全力帮助您？"

无恤听了，心头一热，眼泪差点掉下来。他赶紧擦了擦眼角，对张孟谈说："城墙修好了，钱粮也充足了，可是要抵御智伯的进攻，咱们还缺少足够的箭矢，怎么办？"

张孟谈说："这个不难。当年董安于修建晋阳城，早就留了一手。官署的垣墙都用上好的牡荆木加固，柱子的基座都用铜水铸成。您只要命人拆毁宫署，抽出垣墙里的木料，熔化柱子的基座，就可以得到大量的造箭材料。"

不消说，赵鞅的藏富于民和董安于的未雨绸缪为赵无恤对抗荀瑶打下了坚实的基础。

公元前455年六月，智、魏、韩三家联军将晋阳围了个严严实实，日夜攻打。然而，三个月过去，晋阳城岿然不动。眼看攻城士兵的尸体在城下堆成了小山，荀瑶不得不改变策略，暂缓进攻。

虽然初战不利，荀瑶仍然觉得胜券在握。他有的是时间，赵鞅给儿子留下的粮食再多，总有吃完的一天。为了稳住韩虎和魏驹这两个并不可靠的盟友，荀瑶向他们保证，一旦攻下晋阳，就将赵氏的领地平均分成三份，每家各得一份。

荀瑶的承诺很诱人，但是韩、魏二人对荀瑶的反复无常心有余悸。当初瓜分中行氏和范氏的土地，不也是说得挺好的吗？可到头来智氏占了大便宜不说，还巧立名目，从韩、魏两家各掠夺了一万户。这一次他会不会故伎重施，谁心里也没谱。

战争如棋局，胜负的关键在于找到棋眼。对于智、赵两家的这场生死博弈而言，棋眼就是韩虎和魏驹。这一点，张孟谈看清楚了，荀瑶在某种程度上也看清楚了，但是他没花更多力气去做韩、魏二人的工作。

有一天，有人到智军大营求见荀瑶。

荀瑶一看到这个人，脸便黑了，冷冷地说："您不是已经改了族谱，不认咱们智氏了吗？为什么还要来找我？是不是看到我即将攻下晋阳，又想回归智氏呢？"

这个人就是智果，现在应该叫他辅果。

辅果没有理会荀瑶的冷嘲热讽，说："晋阳能不能攻克，还是个未知数。我来是为了提醒你，稳住韩、魏二人是这场战争获胜的关键，如果你暗地里买通段规和任章，许诺攻下晋阳后，给他们两个各封一万户土地，可以确保韩、魏二氏不变心。"

辅果把话说完，便转身离去了。他没有幻想从荀瑶这里得到任何好处，只是出于对智氏宗亲的感情，希望在这个关键时刻能够给荀瑶一点提示，仅此而已。

然而荀瑶对这个建议无动于衷。他掰着指头算了一下大账：攻克晋阳后三家平分赵地，现在又要拿出两万户来打赏韩、魏两家的家臣，他岂不是拿得比他们还少？

不划算，巨不划算。

韩、魏反水，三家灭智

晋阳城被围困了一年多，直到公元前453年春天仍然屹立不倒。荀瑶终于失去耐心，他想出了一个缺德的办法，趁着春水高涨，命令士兵挖开晋水的堤坝，引晋水淹灌晋阳城。

这一招立刻见到了效果。

董安于修建晋阳城的时候，考虑到了各种最坏的可能性，唯独没有想到有人会利用晋水来进攻。

大水将晋阳城变成了一片泽国，露出水面的城墙不过三四尺高。再多的积蓄，再好的防备，在大水的冲击下顷刻化为乌有。城中的百姓只能吊起锅来做饭，从水中抢救出来的少许粮食很快被吃光，不久便出现了易子而食的悲剧。

面对这一切，连张孟谈都无法淡定了。

管仲曾经说，仓廪实则知礼节，衣食足则知荣辱。在晋阳城被围的一年多日子里，家臣们对无恤的态度一直是毕恭毕敬，主从分明。然而随着存粮越来越少，饿肚子的人越来越多，这种尊重就变得脆弱了。有的人见到无恤经过也不行礼，只是象征性地抬抬眼皮；有的人跟无恤一起吃饭的时候故意弄出很大声响，示意碗里其实没有多少麦糊糊，而且很多天没吃过肉了。

只有一个名叫高共的人，仍然镇定自若地谨守君臣之礼，没有因为肚皮越来越瘪而产生丝毫怠慢。

无恤看在眼里，记在心上，有一天特意走到高共跟前，拍了拍他的肩膀，轻声说："谢谢你。"

高共将头深深低下去，不让无恤看到他在流泪。

无恤长叹了一声，说："我知道你想说什么，但你什么都不用说。这一切，很快就要结束了吧。过不了几天，大家就会饿得爬不起来了，智伯只要用一袋馒头就能够收买我身边所有的人。那时候，请你不要做傻事，好好活下去，智伯其实也是个很不错的主人。"

说完这句话，无恤抬起头，远远地遥望城外的智军大营，仿佛看到了荀瑶在那里得意地大笑。

荀瑶确实是在大笑，而且笑得忘乎所以。

有一天，他和魏驹、韩虎同坐一辆车视察敌情。看着在大水中飘摇的晋阳城，荀瑶得意地说："原来我不知道水可以灭掉一个国家，现在我知道了。晋水可以淹没晋阳，那汾水就可以淹没平阳，绛水也可以淹没安邑吧！"

荀瑶说完，又是一阵大笑。

平阳是韩虎的居城，在今天的山西省平阳境内。安邑则是魏驹的居城，在今天的山西省夏县境内。韩、魏二人听了，心惊肉跳。魏驹暗暗用手肘顶了一下韩虎，韩虎则用脚踩了一下魏驹的鞋子，两个人都心照不宣。

荀瑶为什么要说那样一句显然会得罪韩虎和魏驹的话？只有一个解释：他太狂妄了，狂妄到失去基本的智商。

或者说，他根本没有把韩、魏二人当作自己的盟友，说那句话就是为了敲山震虎，意思是：你们两个要老实点，否则就会步赵无恤的后尘，到那时平阳和安邑也保不住你们！

事实证明，笑得太早的人，总是笑不到最后。

就在那天晚上，晋阳城中，赵无恤和张孟谈进行了一次谈话。无恤说："粮食吃光，财力用尽，家臣们都快饿死了，咱们恐怕是坚守不住了。我想举城投降，你看我向哪一家投降比较靠谱？”

张孟谈说：“现在还不到绝望的时候，您让我出城去和韩、魏两家谈谈。”

无恤说：“早找他们或许还有希望，现在大势已去，智伯胜券在握，只怕他们根本不肯见你。”

张孟谈说：“我可以先去找段规，只要段规肯见我，我就能见到韩虎和魏驹。”

张孟谈抱着一根木头，漂过洪水，偷偷溜出晋阳城，来到韩虎军中，顺利地见到了段规。他对段规说：“时间紧急，我不跟你长篇大论。赵、魏、韩三家唇齿相依，如果赵氏灭亡，下一步就会轮到韩氏和魏氏，这是迟早的问题，你不要抱任何侥幸心理。”

段规马上将张孟谈引见给了韩虎，又通过任章让他见到了魏驹。

不用张孟谈做太多的思想工作，韩虎和魏驹很快同意倒戈一击，与赵无恤联手对付荀瑶。

但是韩虎仍然有顾虑：“如果这件事被智伯发觉，我们就危险了。”

张孟谈说：“请您放心，话从你们二位口里说出来而传到我耳中，只有在场的五个人知道，绝对不会传到智伯那里。”

他代表赵无恤和韩、魏两家举行了简单的盟誓之后，连夜赶回晋阳，将好消息告诉了无恤。

事实上，韩虎的担心是不无道理的。

第二天一早，韩虎和魏驹出入荀瑶的中军大营，被智氏家臣郤疵（xī cī）撞见。郤疵进到营帐中便对荀瑶说：“韩氏和魏氏必定会背叛。”

荀瑶不信，说：“你怎么知道？”

郤疵说：“我们围城近两年，现在就快到分享胜利果实的时候了，但我从韩虎、魏驹的脸上看不到一丝喜气，反而心事重重，由此断定他们必反。”

但是荀瑶将最后一次挽救自己的机会拒之门外，而且做了一件很傻的事。他将韩、魏二人找来，开玩笑似的问他们：“郤疵说你们要背叛我，有这回事吗？”

韩虎和魏驹当然不认账，反过来造谣说：“这是郤疵的阴谋，他肯定收了赵无恤的好处，要离间我们三家的关系。”

荀瑶笑了笑，没有再说什么。

韩虎和魏驹出去后，又遇到郤疵。郤疵进去便对荀瑶说：“您为什么要把我的话告诉他俩？”

荀瑶大吃一惊，问道：“你怎么知道的？”

郤疵说：“我见他们神情怪异，看见我就迅速开溜，如果不是您告诉了他们什么事，怎么会那样？”

当天夜里，郤疵便离开大营，投奔齐国去了。遗憾的是，荀瑶仍然没有醒悟。

智氏的丧钟已经敲响。

三月初八晚上，一个月黑风高之夜。魏驹和韩虎带着手下摸黑来到晋水的堤坝，将荀瑶留在堤坝上的守军全部消灭，然后挥动镐锹，迅速改变堤坝缺口的方向。晋水奔腾，朝着智军大营涌去。

等到荀瑶意识到发生了什么的时候，整座大营已经被洪水淹没，无数士兵和战马的尸体漂浮在水面上，侥幸活下来的人只顾抱着木头各自逃命。

荀瑶英明神武，机智聪敏，就是没有想到，大水可以淹没晋阳，可以淹没平阳和安邑，同样也能淹没他的大军。这个世界上，真正强大的武器不是河水，而是人心。

洪水此消彼长。晋阳城的地面刚露出水面，赵无恤便率领军队冲出城门，从正面突击智军大营。

这支曾经是晋国最强大的家族武装彻底崩溃了，荀瑶本人也成为赵军的俘虏，被送到无恤面前。无恤命人将他的头割下来，雕刻上漆，做成了一个人头酒樽。

二十年前荀瑶拿酒壶砸向无恤，现在无恤用这种方式证明了一个道理：君子报仇，十年不晚，二十年也不晚。

无恤还向世人证明了辅果当年的决定有多英明，所有智氏族人，不分男女老少，一律被处死；同时在晋国全境设立关卡，追捕漏网之鱼，誓要将智氏家族斩草除根，赶尽杀绝。当然，辅果一家除外，因为他们早就不是智氏族人。

急流勇退的智慧

晋阳城再一次经受住了考验。

赵氏家族也再一次浴火重生，而且变得比以前更强大。在瓜分掉智氏的领地后，赵氏占有的土地比韩、魏两家加起来还多，成为晋国的绝对控股股东。

接下来要做的事，当然是论功行赏。

张孟谈无疑是这次胜利的首要功臣。主张退守晋阳的是他，组织晋阳防务的是他，最危难的时刻冒着生命危险去与韩、魏两家谈判并促使他们倒戈一击的也是他。如果张孟谈认为自己的功劳第二，没人敢说自己第一。

但是，让所有人都大跌眼镜的是，无恤将晋阳之战的首功授予了高共，张孟谈只能屈居第二。

很多人连高共是谁都不太清楚，更不知道他在晋阳之战中作出过什么突出的贡献。即便在后人看来，这位高共也不过是个跑龙套的角色，除了在这件事中出现过，便杳无音信，再无历史记录。他凭什么成为晋阳之战的第一功臣呢？

一时之间，群情激愤，家臣们都有一种被侮辱的感觉。张孟谈本人也很想不通，他直接找到无恤表达了自己的不满："晋阳之难，高共出力最少，谁都可能受赏唯独他没资格受赏，为什么反而让他功居首位？"

无恤说："晋阳被淹的时候，只有高共自始至终对我毕恭毕敬，不失人臣之礼，维护了君臣大义，你觉得他难道不应该受重赏吗？"

张孟谈没有再说什么，默默退下。

他蓦然明白到，无恤并不是真的认为高共有功，而是在向臣下昭告，只有任何时候都对主子保持忠诚的人，才是赵氏家族最需要的人。

所谓奴才，首先必须是奴，其次才是才。

张孟谈没有因为这件事影响自己的情绪，反而以十二万分的热情继续投入工作。在他的领导下，赵氏在新占有的领地上开展了一场轰轰烈烈的"广封疆，开阡陌"的土地改革运动，彻底摧毁原有的井田制，实施新的封建地租制。这一运动大大提高了农民的种田积极性，赵氏家族的经济得到突飞猛进的发展。

当一切都走上正轨之后，张孟谈也做了一件让所有人都大跌眼镜的事——他向无恤递交了一份辞呈。

这回轮到无恤想不通了，连忙将张孟谈请进宫，问他为什么要这样做："你为什么要走？是不是还在怪我将晋阳首功赏给了高共？"

张孟谈笑了："我哪里还记得这些陈芝麻烂谷子？我之所以要辞职，是因为先主有遗训：'五霸之所以能够领袖群伦，不外两条原因：一是国君的权势足以控制群臣；二是不让群臣的权势大到可以影响国君。'现在我声名显赫，位高权重，言能服众，对主上来说不是好事。请您允许我辞去官职，回家去当一名普通的老百姓。”

无恤说：“辅佐君王的人，自然名声显赫；为国立功的人，应该享有尊贵的身份；处理国政的人，必定大权在握。至于大家都服从你，那是因为你忠厚诚信。请你一定要留下，我还有很多重要的工作需要你去做。”

张孟谈说：“咱俩说的不是一回事。您刚刚说的，那是事情成功后的喜悦；而我要说的，是任何时候都用得着的治国之理。我也算博览群书了，翻遍古往今来的史料，但凡成功的时候，愉快的心情都是一样的。可是高兴过后，如果大臣与君主还享有同样的权力，而且能有好结果的，还真没见过。前事不忘，后事之师。您的一片好心，我心领了，治理国家不能感情用事，请认真考虑我的请求。”

顺便说一下，后人将“前事不忘，后世之师”作为成语，即出于张孟谈。

张孟谈走后，无恤把自己关在房间里躺了三天，越想越觉得不是滋味。在他看来，张孟谈此举，显然是对他当年封赏高共的反击，而且是最厉害的一种反击方式。换句话说，如果张孟谈还在纠结于谁是第一，谁是第二，他能够接受，甚至感到欣喜，因为家臣们偶尔争风吃醋无伤大雅，反而有利于主子的统治。但现在张孟谈是拍一拍衣袖，不再奉陪了。奴才炒了主子的鱿鱼，岂能叫他不感到无趣、失落，甚至是愤恨?

突然间，他想到了一个好主意，派使者问张孟谈，国家的政事，如果有臣下不听分派，该如何处置？这话里藏有玄机，看似询问，实际上是威胁：如果你再不服从安排，老子就要动粗了！

张孟谈想都没想，回答道：“那必须处以死刑，曝尸街头。”停顿了片刻，又说，“如果要因此处决我，我死而无憾，别因为我而坏了规矩。”

你爱怎么着就怎么着吧，反正我是吃了秤砣铁了心要走的。

一个人如果不怕死，那就真拿他没办法了。无恤偃旗息鼓，答应了张孟谈的辞职。

据《战国策》记载，张孟谈走的时候，没带走一片云彩——他将所有封地都还给了无恤，跑到自己的老家去种庄稼，过上了日出而作、日落而息的惬意日子。后来无恤遇到什么难题，还跑到乡下去找张孟谈商量，张孟谈也很乐意地给他出主意。所谓功成名就，急流勇退，说的大概就是张孟谈这种人吧！

豫让漆身吞炭

成者王侯败者寇，这倒不是说中国人有多功利，而是因为历史总是由胜利者书写的，所以人们只能看到片面的历史。

以荀瑶为例，在中国历史上，荀瑶被认为是昏庸之主，常被拿来与夫差相提并论。如汉朝陆贾就曾经写道：“昔吴王夫差、智伯极武而亡。”说他们穷兵黩武，自取灭亡。但是，如前所述，荀瑶的致命问题并不在于穷兵黩武，甚至不在于贪得无厌，而是他的情商太低，不懂得尊重人，把自己的盟友和盟友的家臣全得罪了，以至于功败垂成，身死名裂。如果他不是那么狂妄，稍微有一点儿收敛，消灭赵氏没一点问题，接下来再收拾韩、魏两家也不在话下，进而统一晋国也是迟早的事。如果是那样的话，荀瑶便不会与夫差为伍，而是要与齐桓公、晋文公这些强人同列了。

事实上，荀瑶也不是对所有人都不尊重，至少他对自己的亲信家臣就很不错。

据《史记》记载，有一个名叫豫让的人，最早在中行氏和范氏手下干活，因为干得不开心，就去投奔了荀瑶。荀瑶对豫让礼遇有加。晋阳之战后，荀瑶被杀，脑袋还被赵无恤拿去当酒樽。豫让遁逃到山中，听到这个消息，仰天长啸，说了一句流传千古的话："士为知己者死，女为悦己者容。我一定要为智伯报仇。"

为了达到目的，豫让改名换姓，故意犯法被抓，几经辗转，终于成功地被送到无恤府上做奴隶。

有一天，无恤如厕，看到豫让在厕所里低着头打扫卫生，突然心念一动，让卫兵将豫让抓住审问。豫让什么都不肯说，后来人们将他的脸洗干净，把他的胡子刮干净，无恤仔细一看，这不是豫让嘛！不用说，什么都明白了。无恤身边的家臣很紧张，想要杀掉豫让。无恤倒是很大度，说："这是义人啊，我以后小心点就是了。而且，智伯亡而无后，他的家臣要为他报仇，难道不是天经地义吗？"就将豫让放走了。

不难看出，无恤在任何时候都将君臣大义放在第一位，由此也可以理解当年他为什么将晋阳之战的首功授予高共。

豫让仍然不死心，接下来做的事情就有点重口味了：他以漆涂身，让皮肤溃烂；又吞木炭，使声音沙哑。然后穿得破破烂烂，跑到街上行乞。他老婆经过街市，他故意伸手乞讨，结果连他老婆都没认出来，打赏了他一个馒头。

但是，有一个原来的朋友经过菜市场的时候，多看了他两眼，还是从眼神中认出了他。那个朋友抱着他哭道："以你的才能，如果肯委身侍奉赵氏，他必定会重用你。到那时，你再想办法行刺他，不是很容易的事吗？何必这样糟蹋自己呢？"

豫让说："我如果做了他的家臣，就应该对他忠贞不贰，绝不能够虚情假意，用这种卑鄙的手段。”

有一天无恤出巡，豫让得到情报，提前到他必经之路的一座桥下埋伏。无恤来到桥边，马突然受惊，停步不前。无恤说：“豫让必定在附近。”命人搜查，果然在桥下抓获了豫让。

这一次，就算用漂白粉洗，也不能让豫让回到原来的样子了。无恤唏嘘不已：“原来你侍奉中行氏和范氏，智伯消灭了他们两家，你却不为他们报仇，反而投靠了智伯。现在智伯被消灭了，你为何这么执著地要为他报仇呢？”

豫让回答：“我侍奉中行氏和范氏，他们把我当作一般人对待；但是我侍奉智伯，他以国士之礼对待我，所以我也要以国士的身份来报答他。”

无恤长叹一声，说：“你对智伯也算是仁至义尽了，而我对你也算是仁至义尽了。你好自为之吧！”

豫让说：“我死无所谓，但是死之前有一个心愿，请您把衣服脱下，让我刺几剑。那样的话，我就死而无憾了。”

无恤脱下大氅，扔到豫让跟前。豫让在大氅上连刺三剑，然后自杀身亡。

据说，豫让自杀那一天，整个赵地的有志之士都为之痛哭流泪。后人对于豫让，也多是褒扬有加，一句“士为知己者死，女为悦己者容”传唱了千古，至今仍为人津津乐道。

然而也有人很看不起豫让，韩非子就是其中一个，他曾经这样写道：“豫让身为智伯的臣子，对上不能说服主君让他明白治世之道，对下不能统御部众来安定国家。等到智伯被杀了，他才摧残自己的形貌来博取为主君报仇的名声。但是这样做，对于智伯来说，难道有任何意义吗？”

第二章

魏国崛起

洪水渐渐退去，新的一天又重新开始。

被洪水淹没在晋阳城下的，除了荀瑶的大军，还有那个被称为“春秋”的漫长而纷乱的时代。

另一个时代披着宽大的火红长袍，缓缓而来。它被后人称为“战国”。

对于春秋何时结束，战国何时开始，后人有多种不同的意见。具有权威性的意见就有四种：

一、以《史记》六国年表开始的年份，即公元前476年为战国起始之年。

二、以鲁哀公“西狩获麟”之年，即公元前481年作为战国起始之年，因为那一年也是传说中孔子修订《春秋》的终止之年。这样计算，显然是为了让春秋和战国两个时代无缝衔接。

三、以公元前453年智氏灭亡作为战国的起点，因为“智氏灭而三晋之势成，三晋分而七国之形立”。所谓三晋，即赵、魏、韩三家。晋阳之战后，三晋完全将公室架空，实际上已经成为有实无名的国中之国。

四、以公元前403年，赵、魏、韩三家正式列为诸侯（本书很快会讲到）为战国的起点，《资治通鉴》即持此说。

从公元前481年到公元前403年，时间跨度七十八年，分歧可真不小。本书无意对哪种意见更为合理进行投票，因为春秋战国，本是一个时代的两个阶段，其间并没有改旗易帜的标志性事件，生活在那个时代的人们，甚至不知道后人会以“春秋战国”来命名他们的时代。对于他们来说，“活在周朝”也许是更为贴切的描述。毕竟，春秋战国的绝大部分时期，中国名义上的统治者，还是所谓的周天子。

当然，春秋和战国，还是有区别的。如果有时空隧道，让我们可以采访春秋战国之交的中国人，他们也许会有这样的感受：雒邑城中的周天子，似乎越来越不受诸侯待见了。听说原来还有那么几位诸侯，隔个十年八年会带着点礼品去朝觐一下天子，现在基本上没人搭理他了，真是人心不古啊！

原来的诸侯，特别注重祭祀，祭天，祭地，祭祖宗，祭鬼神，祭山川，祭河湖，一年到头祭个不停。卿大夫们也将祭祀看得特别神圣，如果能够从祭祀祖宗的大釜里分到一块祭肉，那可是不得了的荣耀！所谓“国之大事，祀与戎也”。现在呢，只剩下戎了，一个劲发展军备，祭祀只是敷衍了事。长此以往，只怕连祖宗是谁都不知道啦！

最不像话的是那三晋，自从消灭了智伯，就把自己当成晋国的主人了，不断瓜分蚕食公室的土地，仅给晋侯留下区区两座城池。更令人发指的是，他们不去朝觐晋侯，反而要晋侯每年轮流到三家的居城去朝觐，这都什么世道！

齐国的田氏也不是什么好东西！他们以下犯上，把持朝政，目无尊长。可叹当年齐桓公好心收留陈完，没想到两百年后鸠占鹊巢，田氏反而骑到了姜氏头上，是可忍孰不可忍。

春秋时期战争不断，主要目的是争霸。身为霸主者，又要尊王，又要攘夷，还要调解同盟的矛盾，分明是三世修来的好人。到了战国时期，战争更加频密，规模更加庞大，死伤更加惨重，主要的目的不是争霸而是兼并，是大鱼吃小鱼，是红刀子进白刀子出！

还有一件奇怪的事，自打孔丘去世，这世上被称为“子”的人便多起来了，什么墨子、曾子、吴子、鬼谷子……他们或各占山头，广收门徒；或出入宫廷，为诸侯师；或离群独居，著书立说，言必惊世骇俗，行必惊天动地，为这个本来就不太平的世界推波助澜，搅得天下风起云涌。

唉，乱世啊！

魏斯礼贤下士

公元前445年，晋国魏氏宗主魏驹去世，其子魏斯即位。这位年轻的宗主环顾四周，很快发现自己的日子不好过。

日子不好过，倒不是因为穷。赵、魏、韩三家分晋，赵氏获得的领土最多，魏氏排在第二，无论如何不算少。而且魏氏领有的土地，包括河东（今山西黄河以东）、河内（今河南黄河以北）和河南（今河南黄河以南地区），当时统称“三河”，土壤肥沃，良田众多，人口密集，是极为富庶的地区。

问题是，这些富庶之地的面积都不算太大，而且互不相连，还与齐、秦、赵、韩、郑、卫等势力犬牙交错，一旦发生战事，魏氏将四面受敌，首尾难顾。

魏斯就像一个家财万贯却没有围墙的土财主，必须时刻盯紧自己那几口装满珠宝的箱子，生怕它们被别人拿走。而不幸的是，他的邻居中有那么几位，老早就盯上了他的珠宝，只要逮着机会就闯进来偷，偷不成就抢——这样的日子，你说他能过得开心吗？

最让魏斯头疼的，就是西方的秦国。

自秦穆公年代开始，秦国便觊觎三河土地，只是畏于晋国强大，一直不敢轻易动手。智氏灭亡后，晋国实际上已经分裂，秦国趁机向东扩张势力，多次派兵入侵三河。魏氏一方面加强防范，一方面也会派兵越境反击，秦魏双方互有攻守，但总的来说，秦国人占了优势。

《孙子兵法》第四篇第五条记载："地生度，度生量，量生数，数生称，称生胜。"也就是说——土地的纵深决定国家的实力，国家的实力决定可投入作战的人数，部队的人数决定战斗力的强弱，战斗力的强弱则是胜负的关键。

魏氏之所以斗不过秦国，最根本的问题在于没有战略纵深。魏军攻克秦国一城两地，对秦国来说只是皮毛之伤；秦军攻克魏氏一城两地，那就是伤筋动骨，甚至有性命之虞。

如何才能在这个弱肉强食的世界上生存下去？

一个名叫卜商的人出现在魏斯的视野里，他将成为魏斯生命中最重要的贵人。如果有读者对这个人名表示"没听过，真的没听过"——没关系，孔丘听过吧？他就是孔丘的得意弟子，姓卜，名商，字子夏，被世人尊称为卜子。

还是觉得印象不深刻？那好，请看下面几句话：

"四海之内，皆兄弟也！"

“学而优则仕，仕而优则学。”

“贤贤易色。”

“汝为君子儒，无为小人儒。”

前面三句，即出自卜商之口；后面一句，则是孔丘对卜商的告诫。在孔门弟子中，卜商的地位至少可以列入前十名，而且最重要的，他被认为是《论语》的主要编辑者。

有这么一个故事，某一天卜商问孔丘：“巧笑倩兮，美目盼兮，素以为绚兮，这是什么意思？”

孔丘看着院子里的一株桃树，漫不经心地说：“画画的事儿，不也是最后才加以勾勒吗？”

本以为卜商会百思不得其解，没想到卜商马上说：“您的意思，人必须先有忠信之质，然后再用礼去约束自己的行为，是吗？”

孔丘又惊又喜，连声说：“卜商这孩子，我可以跟他谈论诗歌了！”

这个故事记载于《论语》之中。孔丘循循善诱，卜商一点即通，在历史上传为佳话。当然，考虑到卜商本人正是《论语》的编辑，我们也可以怀疑这个故事的真实性。

孔丘死后，卜商游历天下，最终在晋国的西河地方安顿下来，设馆收徒，传授学问。

这个地方，正是魏氏的势力范围。当魏斯听说卜商到来，便主动找上门去拜访。

魏斯第一次见到卜商，请教了一个关于音乐的问题：要我穿得整整齐齐去听周朝古乐，总是昏昏欲睡；但是听郑、卫之音，就精神百倍，乐此不疲，这是为什么？

儒家讲究礼乐教化，周朝古乐多记圣人教谕，被视为乐之典范，孔丘还花了大量时间来整理它们。而郑国和卫国的音乐，多写男女私情，是在市井之间流传的民间小调。

卜商回答："周朝古乐，是用来修身齐家治国平天下的；郑、卫的小调，乃是靡靡之音，毫无节制。您问的是乐，爱的是音，依老朽之见，您是把乐和音搞混啦！"

卜商顺着这个话题，劝魏斯亲近贤臣，远离小人，注意自己的爱好，检点自己的行为。

魏斯大受启发，当场向卜商行弟子之礼，并且邀请卜商到安邑去讲学，担任他的顾问。

卜商欣然应允。

在当官这件事上，卜商和他的老师一样，没有任何扭捏。正如他自己说的"学而优则仕"。如果空有一肚子学问，不通过当官来实施，岂不是等于空谈？

但是，他和孔丘还是有所区别。孔丘终其一生，志在克己复礼，幻想恢复传统秩序，将周礼的复兴作为最高理想；卜商则不拘泥于周礼，只希望能用自己的学问解决现实问题。

换句话说，孔丘是理想主义者，关注"这个世界应当如何"；卜商是经验主义者，关注"如何改良这个世界"。后世有学者认为，卜商的学术主张在某种意义上孕育了战国时期的法家思想。

卜商的到来，给安邑带来一股清新务实的学风，同时还给魏斯带来一批能人志士。这些人或是卜商的学生，或是卜商的朋友，或是卜商的仰慕者。他们听说卜商在魏斯那里受到重用，纷纷来到安邑寻找自己的前途。一时之间，魏斯门下人才济济，形成了战国时期第一个人才集聚中心。

有一次魏斯请卜商的学生田子方宴饮，席间有人奏乐。魏斯精通音律，难免要卖弄一二，说道："钟声有些不协调，左边的高了一点。"田子方笑而不语。魏斯问："先生为什么笑呢？"田子方说："为人君者，不应该把心思放在娱乐上面。音乐嘛，听得明白就行了，像您这样善于鉴赏音乐，我担心会疏于管理朝政。"魏斯点头称善，虚心接受了意见。

一日魏斯的世子魏击出行，遇到田子方。魏击下车行礼，田子方却大大咧咧，一笑而过。魏击很恼怒，拦住田子方说："究竟是富贵者盛气凌人，还是贫贱者盛气凌人？"田子方说："当然是贫贱的人啦，富贵者哪里敢对人无礼！国君盛气凌人就会亡国，大夫盛气凌人就会失去封邑。像我这样贫贱的游士，话不投机，行为不爽，拍拍屁股就告辞了，有什么好操心的呢！"魏击马上向田子方赔礼道歉。

魏斯听说这件事后，感慨地说："如果不是在贤人身边，怎么会听到这样的真知灼见呢！"

段干木也是卜商的学生，一心治学，不想出来做官。魏斯亲自登门拜访，他竟然翻墙而走。魏斯没有因此生气，反而更加尊重段干木，每次经过段宅时，总要在车上起身以示敬意。有人问道："段干木不过一介草民，您何必如此行大礼呢？"魏斯回答："段干木在权势面前不改变自己的节操，有君子之道。他虽然住在茅草房子里，贤名却远扬千里，我怎敢不对他表示敬意？"后来段干木终于答应与魏斯见面，魏斯听他谈治国的大道理，一直站着，几个时辰不敢坐下休息。这件事传出后，魏斯礼贤下士的名声就更响了。

连魏氏的宿敌秦国都感受到了安邑的变化。据说有一次秦厉共公想讨伐魏氏，有人劝道："魏氏现在人才济济，连田子方、段干木这样的名士都在为其服务，恐怕不是用武力能够征服的。"秦厉共公便打消了出兵的念头。当然，这样说有点夸大其词，从此后的历史记载来看，秦国并没有放弃对魏国的进攻。

真正让秦国人有所忌惮的，是一个名叫李悝的人。

李悝变法

公元前425年的一天，一支秦国军队逼近魏氏领地上郡——“郡”是春秋末年的新兴事物，当时三晋都在各自的战略要地设置了郡，主要目的是巩固边防。郡的军政长官称为守，也尊称太守。上郡地处西河，与秦国交界，不消说，就是为了对付秦国而设的。

这支秦军遭到了上郡军民的阻击，两军还未接触，魏军便箭如蝗飞，秦军将领一开始并未在意，但是很快就发现情况不对——魏军射过来的箭又狠又准，而且似乎射程更长，瞬间倒了一大片秦军。他犹豫了片刻，刚想下令撤退，猛地一阵疾风迎面扑来，还没来得及惊呼，脑门上已经中了一箭。

当他从战车上栽倒的时候，眼睛的余光正好扫到了远处那面迎风招展的“李”字大旗。

这支魏军的统帅，就是上郡守李悝。

现存史料的记载中，找不到关于李悝身世的记载，只知道他曾受业于卜商的弟子曾申，算是卜商的徒孙，来到安邑后，受到魏氏家相翟璜的赏识，被推荐担任上郡守。

李悝到上郡不过数年，上郡就发生了明显的变化——粮食产量提高了，社会治安变好了，更重要的是军事力量变强了。

原来，李悝为了提高上郡军民的射箭技术，下令用射箭比赛的方式来判决官司，“中之者胜，不中者负”。在这种激励下，上郡军民个个苦练射箭，培养了一大批神箭手，每次与秦国发生军事冲突，魏军都因射术高超而大占便宜。

因为李悝在上郡干得成绩斐然，翟璜卸任后，魏斯将他召到安邑，继任了家相。

魏斯的初衷，是要李悝将上郡经验推广至整个魏氏领地。他没有想到，这一人事变动悄然拉开了战国时期第一场变法运动的序幕，魏氏政权从此被拉上了富国强兵的快车道，其速度之快，不只是秦国望尘莫及，其余各国也莫不瞠目结舌，望洋兴叹。

李悝是那种给他一个小舞台，他能演好《图兰朵》；给他一个大舞台，他就能整出一场奥运会开幕式的人。

早在上郡工作期间，李悝就通过观察和研究发现，方圆百里的土地，除去山川、村落，约有六百万亩耕地（相当于今天的一百八十万亩）。如果农民精耕细作，每亩可增产粮食三斗，反之则减产三斗，总计差额有一百八十万石。

这个数字在当时意味着什么呢？

一个成人一年的口粮约十八石，一百八十万石可以供应十万人一年的口粮。

寻常年景，一石粮食可以卖三十钱（铜币），一百八十万石就是五千四百万钱。当时一头猪的价格约二百五十钱，五千四百万钱可以买二十一万六千头猪。

一个农民一年衣着费用约三百钱，五千四百万钱可以解决十八万农民一年的衣着费。

要想民富国强，不用偷也不用抢，把自己脚下的地种好就行了。在李悝的领导下，魏氏政权颁布了“尽地力之教”的三条政策：

第一，指导农民同时播种多种粮食作物，以避免单一的品种遇到灾害难以弥补。

第二，命各级官吏督促农民抓紧耕种，及时收割，以免灾害天气影响收成，也不让周围的强盗有可乘之机。

第三，要求农民利用住宅周围的土地栽种桑、果、蔬菜等，扩大副业生产。

在现代人看来，这些措施也许不足为奇，但是在当时意义重大。前面说过，春秋时期的国家大事有两件，即“祀与戎”，战国时期竞争残酷，求老天告祖宗也不管用，国家大事便只剩下“戎”。李悝“尽地力之教”，却是以农为本，将农业生产当作国家的头等大事来抓。

发展农业的同时，李悝强力推行法治，编撰并颁布了中国第一部系统的法典——《法经》。李悝认为，法律最根本的作用是维护社会秩序，让人民安居乐业，不受盗贼的侵犯（王者之政，莫急于盗贼，故其律始于盗贼）。因此《法经》六部，以《盗法》和《贼法》为首，强调对私有财产的保护，同时也强调专制政权下的尊卑等级制度，对各等级划分及其占有的田宅、奴隶等权力都进行了严格规定，超出规定叫作“逾制”，将受到严厉的惩罚。

可惜的是，这部法典的原文早已失传，后人只能通过《汉书》《晋书》的记载窥知一二，因此本书也只好一笔带过。但是可以肯定的是，这部《法经》奠定了李悝的学术地位，使他被后人视为战国时期法家的先驱。数十年后，商鞅由魏入秦，在秦国推行历史上赫赫有名的商鞅变法，就是带着这部《法经》去的。后来秦国的《秦律》，甚至汉朝的《汉律》，都是在这部《法经》的基础上扩充而成的。

李悝还从市场的角度思考粮价问题。他认识到，粮价如果太贱，农民将入不敷出，生活困难；粮价如果太贵，则城市居民负担加重，政府的财政也难以保障。因此粮价无论太贵还是太贱，都不利于维护统治。另外，商人为了追逐利润，囤积居奇，丰年低价购入大量粮食，灾年高价卖出，也导致社会不稳定。

有的人一听到囤积居奇便自然想到——奸商，法办他！但是且慢，商人不偷不抢，买进卖出，违反了哪条法律呢？所谓法办，其实往往是违法办，是对契约精神的践踏，为着看似正义的目的而采用了不正义的手段。作为法家的先驱，李悝没有使用这种粗暴的方式，他决心在法治的框架下解决粮价问题，为此又提出了平衡物价的“平籴（dí）法”。

粮食丰收的时候，政府出钱从农民手里收购余粮；粮食歉收的时候，政府平价卖出余粮，以免出现粮价因收成问题而大起大落，同时使得想投机倒把的商人无利可图。政府在这里是完全通过市场手段来调节市场，对于巩固小农经济、保持社会稳定和维护法律的权威都起到了积极的作用。此后两千多年，历朝历代都广泛沿用这种平籴法，只不过名字有所区别。

魏斯通过卜商吸引人才，通过李悝发展经济，但是在军事方面，魏氏还不够强大。秦国仍然在威胁魏氏的安全，双方摩擦不断，时有大规模战事发生。齐、楚两国也趁火打劫，一有机会便派兵侵略魏氏。

公元前419年，魏氏开始修建少梁城（今陕西省韩城），用以防御秦国进攻。城未建好，秦军就攻了过来，工程被迫停工。战争持续了近两年，直到公元前417年，魏氏才将少梁城建好。秦国针锋相对，在少梁城南修建了繁城，北面修建了籍姑城。

为了一劳永逸地解除秦国的威胁，公元前413年，魏斯主动出击秦国，在郑地（今陕西省华县）大败秦军。齐国马上派兵乘虚而入，毁黄城（今河南省内黄），围阳狐（今山东省阳谷）。楚国则北伐至上洛（今陕西省洛南）。魏斯不得不回师相救，对秦作战取得的胜利被齐、楚两国的入侵抵消，魏氏反而陷入腹背受敌的困境。

魏斯深深地感到，富国强兵，光富国不行，要在这个弱肉强食的年代生存下去，还得强兵啊！

战神吴起

就在这个时候，一个名叫吴起的人出现在他面前。

吴起是卫国人。据《史记》记载，吴起年少的时候，家境还不错。他如果安于现状，也许可以在乡下当一辈子养尊处优的土财主，过着简单而快乐的生活。但是战国乱世给了他一颗不安分的心，他开始负剑走天涯，游历各国，企图混个一官半职，出人头地。

现实是残酷的，数年之后，千金散尽的吴起拖着疲惫的身躯又回到了卫国。同村的人对这位好高骛远的青年充满了幸灾乐祸和不屑，在他们看来，放着好好的日子不过，跑到国外去乱闯，无疑是一种自不量力的行为——这下好了，把祖上积累的一点家业全挥霍掉，连吃饭都有难了吧！

某一天，有人故意逗吴起："哎，吴起，把你的剑卖给我吧，你都快饿死了，还要那破玩意儿干啥？"

吴起勃然变色："你再说一次！"

"哟，叫花子还挺神气嘛！"

话音刚落，血光飞溅，那人的人头滚落地面，眼睛还瞪得大大的。他至死都不明白，开一句小小的玩笑，值得吴起大动杀机吗？

周围的人吓坏了，因为他们平时都嘲笑过吴起。等他们意识到情况不妙的时候，杀戮已经开始。只见吴起挥舞着带血的宝剑，像一头豹子般冲到人群中，所到之处，惨叫连连，不大一会儿工夫，地上已经躺了三十多具尸体。

士可杀，不可辱，尤其是当他腰里别着一把宝剑的时候。

当天夜里，吴起收拾了几件衣服，将家里仅剩的一点钱装在包袱里，悄然离开。吴起的老母亲已经七十多岁，拄着拐杖到村口送他。他在母亲面前捋起袖子，在自己手臂上狠狠咬了一口，发誓说："如果不能当上卿相，我就不回卫国了！"然后头也不回地转身离去。

他也不想想，就算他运气再好，当上卿相也至少要个十几二十年，那时候再回卫国，老母亲还在世吗？何况他的运气一直不怎么好。

此去不是生离，而是死别！

但是吴起已经顾不上这些了，多年来的挫败以及由此带来的耻辱，在他心里燃起了一通熊熊的烈火。他要成功，他要成名，他要让这个世界在他面前颤抖！

带着这样的目的，吴起来到了鲁国，投奔到了曾申门下。

前面说过，曾申是卜商的弟子，李悝的老师。

曾申的父亲则是卜商的同门师兄，大名鼎鼎的曾参，被后人尊称为曾子。

冥冥之中，吴起已经和魏斯发生某种联系。但此时的他，并没有想到顺着曾申这条线去投奔魏斯，而是希望在鲁国找到自己的舞台。

不久之后，卫国传来了消息，吴起的母亲去世了。曾申闻知，马上给吴起放假，还给了一笔盘缠，让他回去奔丧。吴起却拒绝了曾申的好意——臂上的齿印还在呢，他怎么能够忘记自己的誓言？曾申发火了，要知道儒家极其讲究孝道，他的父亲曾参还写过一本《孝经》，是天下闻名的大孝子，对于吴起这种不孝的行为，曾申无论如何不能接受。

"就算是有一千种理由，你也必须回去为你母亲送葬！"曾申对吴起说。

"不行。我发过誓，不功成名就，决不回卫国。我不能违背自己的誓言。"

这段短暂的师徒之谊就此结束。

吴起说一不二，绝非托词，而应该是偏执的性格使然。据《韩非子》记载：吴起还在卫国的时候，有天拿回来一条腰带，要他老婆照着织一条。腰带织成后，吴起问老婆："我要你织一条一模一样的，为什么你织得这么漂亮？"他老婆说："我用的原料没有什么不同，只不过因为是你要用的，所以特别花了心思才织成这个样子。你系起来给我看看，有什么不满意的地方我再改。"满以为吴起会感动，没想到吴起冷冷地说了一句："谁叫你自作主张，不按我的要求做？"接着就命她收拾衣服回娘家去——这都什么人啊？他岳父前来求情，吴起说："我从来都是说一不二，不开玩笑的。"硬是将那女人给休了。

如果那女人知道她的继任者的命运，绝对不会因为被休而哭泣，反而应该感到庆幸。

吴起在鲁国又娶了一个齐国女人为妻。

公元前412年，齐国进攻鲁国，连拔两城。有人向鲁元公推荐吴起，说他善于用兵，可为大将。鲁元公听说吴起的老婆是齐国人，不免犹豫，害怕吴起胳膊向外拐。吴起听说之后，回家就将老婆杀了，提着头去见鲁元公，以表忠心。这就是历史上臭名昭著的"杀妻求将"。

吴起为所有急功近利而不择手段的人树立了一个典范。

吴起确实无耻，但扳不过吴起用兵如神。鲁元公拜吴起为将，命他带兵进攻齐军，结果吴起"大破之"，很快收复了失地，打得齐国人讨饶，主动要求谈判。

鲁元公十分高兴，想重用吴起。有人对鲁元公说："吴起这个人，多疑而残忍，为了博取功名，连自己的老婆都能杀，还有什么做不出来的？"一句话断绝了吴起在鲁国的仕途。

正在吴起心灰意懒的时候，李悝变法的消息传到了鲁国。鲁国的遗老遗少们对此嗤之以鼻，多以为魏氏这是离经叛道，必致大乱。吴起却在黑暗中看到了一片光明。

走吧，反正鲁国也没什么值得留恋的了。

吴起终于离开鲁国，来到了热火朝天的安邑，通过翟璜的引见，见到了魏斯。

魏斯对吴起没有太多了解，但他知道吴起曾经是曾申的学生，和李悝算是同门。于是问李悝：“你对吴起这个人有没有了解？”

李悝说：“我对他早有耳闻，是个贪财好色之徒。但是如果让他带兵打仗，只怕连司马穰苴也比不上他。”

司马穰苴就是田穰苴，是春秋末年齐国著名的兵法家。拿司马穰苴作对比，等于告诉魏斯，吴起是当世第一兵法家。

魏斯听了大喜：“那我就用他为将。”这位勇于变革的英主，深受卜商经世致用思想的影响，决不拘泥于以德取才的旧观念。这倒不是说他不爱德，安邑城中的有德之士已经够多了，卜商、田子方、段干木都是德才兼备的博学鸿儒。现在他需要的是能征善战的将军，是能够将秦国人赶回西方、让齐国和楚国不敢轻举妄动的军事家，至于这个人的品行如何，不在他的考虑范围之内。换而言之，当他需要一条狗的时候，他只管这条狗会不会看家防贼，才不理会它是黑背还是哈士奇。

如果说，李悝是让秦国有所忌惮的人，那么现在，让秦国颤抖的人粉墨登场了。

吴起的军事主张，集中体现在《吴子兵法》里。简明扼要地说——

第一，吴起主张把政治和军事结合起来，对内修明文德，对外积极备战，两者必须并重，不可偏废。换而言之，他认为军事强大的基础是政通人和。

第二，在治军方面，他也强调政治优先，用道、义、礼、仁等儒家思想教育将士为统治者卖命。

第三，他主张兵不在多而在于精，要建立一支“居则有礼，动则有威，进不可挡，退不可追”的精锐部队。为此，必须选募良材，加强训练，重用勇士，赏罚分明。

根据上述指导思想，吴起上任后，立马对魏军进行改革，建立了所谓的“武卒”制度。

武卒即职业军人。春秋时期，职业军人基本由士以上的贵族阶层充任；平民和奴隶则充当义务兵，平时从事生产，打仗的时候则自备武器跟在贵族的战车后面作战。

到了战国时期，随着土地制度改革，各国纷纷由封建社会向专制社会转化，原来的贵族特权被打破，平民通往权贵的道路被打开。吴起敏锐地捕捉到了这一变化，他的武卒制度实际上就是军队的科举制——不分贵贱，不问出身，通过考试择优录取战士。

入选武卒的基本条件堪称苛刻，据《荀子》记载，武卒必须能够披三属之甲（三层铁片编缀而成的铠甲），操十二石之弩，负矢五十支，荷戈带剑，背三天的口粮，用半天时间奔跑百里，而且立即投入战斗。

一旦入选武卒，待遇相当优厚——免除全家的徭役和田宅租税。可谓一人卖命，全家轻松。吴起以这种方式迅速组建了一支战斗力超强的精锐部队。

魏军士兵很快发现，这位新来的将军除了敢作敢为，还有一点与其他将领截然不同。他从来不回家睡觉（估计没人敢做他老婆），吃住都在军营，下到最基层，和地位最低下的士兵同甘共苦。士兵吃什么，他就吃什么；士兵席地而卧，他就绝不铺席子；行军打仗的时候，他不乘车骑马，而是和士兵一起步行，还背着自己的口粮和被子。

有一次，吴起发现一名士兵背上生了脓疮。这种病可大可小，如果不治的话，很可能致命；但是治的话，以当时的医疗知识，只能请人用嘴把脓吸出来。可是谁愿意做这样的事呢，连随军的医士都不愿意。吴起二话没说，掀起那名士兵的衣服，亲自替他把脓吸了出来。

数年之后，同样的事情又发生了一次，这次被吴起救治的士兵是一个刚刚成年的小伙子。他的母亲在家里听到消息，号啕大哭。邻居觉得很奇怪："你儿子不过是个普通士兵，有幸得到将军亲自为他吮吸脓疮，你高兴还来不及，哭个啥？"老太太一边哭一边说："当年他父亲就是因为将军为其吮脓，打仗的时候奋不顾身，战死疆场。现在将军又为这个傻小子吮脓，我不知道他会死在哪里啊！"

养兵千日，用兵一时。公元前409年，魏斯派吴起率领大军进攻秦国。经过吴起整训的魏军锐不可当，势如破竹，先后攻取了秦国的临晋、元里、洛阴、郃阳等五城，并于第二年将秦国的河西地区（今天的陕西省华阴以北，黄龙以南，洛河以东，黄河以西）全部占领。秦军赶紧退守洛水，沿洛水一带紧急构筑防御工事，并且修筑重泉城（今陕西省蒲城）以加强防守。长期以来让魏氏如鲠在喉的秦国威胁，被吴起用了不到两年的时间一扫而空。

魏斯于是设立河西郡，任命吴起为郡守。对于魏氏政权来说，这一战的意义重大，河西大片肥沃土地的并入，使得魏氏经济实力进一步增强，同时具有了广阔的战略纵深，原来那种四面进风、八方受雨的窘境得到了大大的改善。

这一战还带来另外一个后果：秦国受到战败的刺激，深感变革的必要性，于公元前408年火速推行了"初租禾"制度，也就是按照田地的面积征收粮食税。这一改革，相比于东方各国来说已经严重滞后（鲁国推行类似的"初税亩"是一百八十六年前），却悄然拉开了秦国变法运动的序幕。

拿下河西之后，魏斯紧接着发动了对中山的大规模进攻。

魏氏的领地和中山其实不搭界，中间还隔着赵氏的地盘。当时晋国名义上还是一个国家，魏斯以晋国亚卿的身份征讨中山，要求赵氏让魏军通过，也在情理之中。

此时赵氏宗主名叫赵籍。

前面提到，赵无恤攻取代地后，将长兄伯鲁的儿子赵周封为代君，以回报伯鲁让位之情。三家分晋后，赵氏政权得到巩固，无恤不肯立自己的儿子为储君，坚持要把家业传给赵周。但是赵周福薄，竟然先无恤而去。无恤真是厚道，又立了赵周的儿子赵浣为大子。公元前424年，赵无恤去世，赵浣即位，将赵氏居城从晋阳迁到中牟（今河南省鹤壁）。公元前408年，赵浣去世，其子赵籍即位。

当魏斯的使者来到中牟请求借道的时候，赵籍一开始不想答应。大臣赵利劝他："让他们过去呗！他们要是攻而不克，等于削弱自己的力量，对我们赵氏有利；要是攻克了，中间也还隔着我们赵氏，肯定不能长久占领。无论如何，用兵的是他们，得利的是我们，何不做个顺水人情？"

赵籍听从了赵利的建议，允许魏军过境。

乐羊的隐忍

统率魏军进攻中山的乐羊，原本是翟璜的门客，受翟璜保荐担任这次行动的总指挥。

这个安排在魏氏家臣中引起了轩然大波。

因为乐羊的儿子乐舒，一直在中山为官，而且曾在战斗中杀死翟璜的儿子翟靖。

于公于私，翟璜似乎都没有理由推荐乐羊来当此重任。魏斯也很不理解，当他问到翟璜的时候，翟璜轻轻地叹了一声，说道："吴起能够杀妻求将，乐羊难道会公私不分？"

魏斯听明白了，翟璜话里还有一句潜台词：我翟璜难道会因为私人恩怨而放弃人才吗？他没有再犹豫，马上宣乐羊进宫，将讨伐中山的任务交给了乐羊。

魏军分兵三路：乐羊率主力借道赵氏，直奔中山的首都灵寿（今河北省灵寿）；大子魏击坐镇后方，随时准备增援乐羊；吴起则从河西发兵，协助乐羊进军。

中山王被魏军的来势汹汹吓坏了，坚守灵寿不出。

乐羊也不着急，指挥部队将灵寿围得水泄不通，一待就是两年。

两年中，安邑城内议论纷纷，不少人给魏斯写举报信，说乐羊里通中山，根本就不想打仗，故意在那里耗费时间；还有人善意地提醒魏斯，要防备乐羊倒戈一击。魏斯总是微微一笑，不作任何答复。他的用人之道很简单，用人不疑，疑人不用。既然把事情交给乐羊去办，就不能疑神疑鬼，见风就是雨。

另外还有一点，他对翟璜的眼光有信心。李悝、吴起不都是翟璜引荐的人才吗？

时间一长，中山王也急了。他派人给乐羊送去一封信，警告乐羊："如果再不退兵，就把你儿子杀了。"乐羊若无其事地对使者说："我这个儿子从小就不听我的话，什么事情都跟我对着干，我早就不认他了，你们想杀就杀吧！"

中山王咬咬牙，果然杀了乐舒，还将他剁成肉酱，做了一锅肉汤，让人送到乐羊那里。

你不是不在乎吗？那好，就让我们来看看你究竟有多铁石心肠，多不在乎！

乐羊见到那锅还冒着热气的汤，脸上露出一丝不易察觉的悲伤。但他很快掩饰过去，拿起勺子舀了一大勺，当着使者和众将的面一口喝下去，然后将勺子重重地摔到地上，大声说："是时候了，全军进攻！"

这一天日落时分，灵寿城宣告陷落。

捷报传到安邑，魏斯很有感慨地说："乐羊为了我，吃了他儿子的肉啊！"

有人在旁边冷冷地答了一句："他连儿子的肉都能吃，还有谁的肉不能吃呢？"

魏斯听了，打了一个冷战。

后来乐羊班师回朝，受到盛大欢迎。酒宴之后，君臣二人单独谈心，魏斯交给乐羊一个大箱子。乐羊打开一看，里面全是这两年来人家告他的检举信。乐羊将那些信一封一封看完，朝魏斯作了一个揖，说："这次攻克中山，不是下臣的功劳，而是主上您的功劳。"

这不是拍马屁，而是肺腑之言。如果不是魏斯力排众议，坚定不移地支持乐羊，攻克中山是不可能的事。

清人蔡元放评价吴起和乐羊，曾经这样说："乐羊食子，不是出于他的本意，而是不得已而为之；吴起杀妻，却是他自己主动去做的。"言下之意，乐羊是隐忍，吴起是残忍，两个人是有本质区别的。

西门豹治邺

就在吴起攻略河西、乐羊进击中山的同时，翟璜还给魏斯推荐了一个人——西门豹。关于这个人，我想不用作太多的介绍，因为大部分人对他都很熟悉。

魏斯派西门豹担任邺城（今河南省安阳）令，邺城地处三河之中的河内。三河富庶，天下皆知，唯独邺城连年歉收，人民流离失所。魏斯数度替换邺令，都不见成效，他希望西门豹能够替他找到问题的所在，治理好邺城。

西门豹到了邺城，发现当地百姓生活之困苦，远远超出自己的想象，于是深入民间，找当地的长者聊天，问他们为什么会如此困难。

长者对西门豹说了一件匪夷所思的事——原来当地的官员每年都额外收缴百姓一笔"河伯娶媳妇"的费用，总数高达数百万钱。老百姓一年到头种个百十亩地，除去上交各种税费，本来就所剩无几，仅够勉强维持温饱，再加上河伯娶媳妇的费用，便是大大的不够了。

西门豹觉得很奇怪，魏氏的法律没有规定这样一项税赋啊！他问长者："河伯娶媳妇是怎么回事？"

长者告诉他，因为漳水经常泛滥，当地的巫婆说是河伯发怒，每年都要给河伯送去一位妙龄女子给河伯做老婆，以平息他的怒气。那个时候，地方官带着巫婆到各家各户巡视，看到谁家的女儿漂亮，说是河伯看中，扔下一点聘钱就带走。然后给她沐浴更衣，让她坐着草船顺流漂下，行不过数十里，草船浸水，连同女子沉入河底，便算是给河伯娶了媳妇。邺城的百姓，但凡女儿生得漂亮的，都举家迁出，所以这个地方越来越萧条。

西门豹心里暗叫一声“荒唐”，又问道：“就算是这样，也用不了几百万钱啊！”

长者说：“您是真不知道还是假不知道，真正用于河伯娶媳妇的，不过二三十万，其余的都被地方官和巫婆私下瓜分掉了嘛！”

西门豹沉默了半晌，说：“下次河伯娶媳妇的时候，一定要告诉我。”

到了那一天，西门豹来到河边，只见当地官员、巫婆、乡里父老都到了，围观的群众多达两三千人。那巫婆是个七十多岁的老女人，带着十余个女弟子，在那里手舞足蹈地施法。

西门豹看她们表演了一阵，突然说：“把河伯的媳妇请出来给我看看吧！”

当地官员面面相觑，心想这还是第一遭，但是不敢违逆，从帷帐中领出那个哭哭啼啼的女子，送到西门豹跟前。

西门豹瞟了一眼，就大骂道：“你们就给河伯送这么丑的女人？太过分了，太丢咱们邺城人的脸了！这样吧，麻烦大巫亲自走一趟，跟河伯说说，咱们再仔细找找，找个漂亮的过几天给他老人家送去。”

没等巫婆回过神来，几名武卒上前将她举起，合力一抛，扔到了水里面。那巫婆本来不会游泳，又穿得繁琐，在河水里冒了几下头，就沉了下去。

过了一炷香工夫，西门豹说：“咦，大巫去了那么久还不回来，难道是河伯留她吃饭了？再派个人去看看。”

于是又将巫婆的一名弟子扔进河中。

过了一阵，西门豹说："弟子也去了那么久，再派一个人去看看是怎么回事。"

于是又扔了一名官吏进去。

西门豹拿着玉圭（guī，上尖下方的古玉），弯着腰，恭恭敬敬地站在河边，又等了很久。当地官吏在一旁看着，都战战兢兢，不敢说话。西门豹说："这事不好办了，河伯架子大，还得再派人去。"那些人一听，马上跪倒一片，磕着头向西门豹求饶，直磕到血流满地。

西门豹冷笑一声，也不理会他们，过了良久，才说："都起来吧，看来河伯是不想让他们回来了，你们也散了，回家去吧！"

从此以后，邺城再也无人敢提为河伯娶媳妇的事。西门豹趁热打铁，组织百姓开凿了十二条水渠，引漳水灌溉冲洗农田。原来邺城附近的土地，含盐碱量过高，不利于作物生长。经过西门豹引漳水灌溉数年后，土质得到改善，成为适合稻粱生长的良田。西门豹治邺，也成为春秋战国时期土地改良的典范。

据说，当时开凿水渠的工程十分巨大，百姓们开始还挺有积极性，渐渐便产生了厌倦。西门豹的决心却没有丝毫动摇，他对手下说："百姓总是乐于享受成就，却不愿意为此做艰苦的工作。今天邺城的父老兄弟觉得我给他们带来了辛苦，但是一百年之后，他们的子孙后代仍会记得我为他们做的事。"

西门豹太谦虚了。《史记》记载，汉朝建立后，官府为了兴修驰道（古代高速公路），打算对漳水十二渠进行改建。当地的父老坚决不同意，认为是西门豹兴修的工程，"贤君之法式不可更也"。官府顺应民意，最终没有改建，而是花更大的成本让驰道拐弯绕过邺城。

那时候，距西门豹所在的年代，至少也有两百年了。

三晋联军的骇人实力

魏斯现在可以高枕无忧了，有田子方、段干木为他出谋划策，有翟璜为他引荐人才，有李悝为他管理内政，有吴起、乐羊为他开拓疆土，有西门豹为他治理河渠，魏氏政权越来越强大，让天下诸侯莫不羡慕嫉妒恨。

但是魏斯并不就此满足。当他还是世子的时候，跟随父亲魏驹出征，亲历了水淹晋阳，目睹了这个时代的残酷，深知逆水行舟，不进则退，为了魏氏的未来，他必须更加努力地工作。

当务之急，是利用晋国这一名存实亡的感情纽带，将赵、韩两家都团结起来，共同进退。

当时赵氏宗主是赵籍，韩氏宗主是韩虔（韩虎之孙）。

据《韩非子》记载，赵、韩两家曾经发生冲突，都派人向魏斯请求出兵相助。魏斯拒绝了他们的请求，反而将他们请到一起，大谈两家的历史感情。

晋灵公年代，赵盾大权独揽，提拔家臣韩厥为司马，韩氏由此发迹，逐渐进入众卿的行列，成为晋国的名门望族，实乃赵氏提携之功。

晋景公年间，赵氏受到迫害，只剩下“赵氏孤儿”赵武一根独苗，韩厥挺身而出，为保全赵氏家业做了大量工作，也算是知恩图报。

此后不论时局如何变化，赵、韩两家一直唇齿相依，互相依存。公元前497年的范氏、中行氏之乱，如果不是韩、魏两家出手相救，赵氏只怕难逃一劫。公元前453年水淹晋阳，还是韩、魏两家倒戈一击，挽救赵氏于危难。

“赵、韩实为兄弟，如果为了一点小事而破坏两百年的情谊，难道不是太可惜了吗？”魏斯劝道，“何况现在战乱纷纷，强敌环伺，我们更应该加强团结，共同抵御外敌。赵、魏、韩三家，和则同兴，不和则同亡，请两位认真考虑。”

魏斯这番话，可谓动之以情，晓之以理，使赵籍和韩虔大受感动。三家因此结盟，推选魏斯为盟主，而且划定了各自的势力范围——赵国向东，将齐、卫作为目标；魏国向西，以秦国为目标；韩国向南，把郑国当作目标。

战国时期第一个军事同盟形成了，天下人将很快看到这个同盟的可怕力量。

公元前405年，齐国权臣、田氏宗主田白（田恒的孙子）去世，其子田和继承家业。

一直以来对田氏专权感到不满的公室子弟公孙孙在朝会上公开向田和叫板，被田氏家臣田布杀死。公孙孙的兄弟公孙会逃回自己的领地禀丘（今山东省郓城），派人向赵氏求援，表示愿意将禀丘献给赵氏。

禀丘和赵氏领地并不相连，中间还隔着卫国和宋国。但是对于急于东扩的赵籍来说，禀丘是一个极好的桥头堡——一旦占领禀丘，卫国便被完全置于赵氏的控制之下，齐国也大门洞开，还能直接威慑当时天下的物流中心陶地，为赵氏带来丰厚的经济效益。赵籍当然不会放弃这个大好机会，马上派兵越境支援公孙会。

齐、赵两军在禀丘城下展开大战。齐军守土有责，士气高涨，趁着赵军远道而来立足未稳，打了个漂亮的阻击战，迫使赵军退回境内。

赵籍急了，向魏斯发出求援信。

作为同盟而言，赵籍的这一要求其实很不合理。因为齐军并没有入侵赵氏领地，也没有威胁到赵氏的安全，完全是赵氏想占人家的便宜而不得。如果这样的事都来找同盟帮忙，那么两年前韩国讨伐郑国失利，也可以找魏斯帮忙，魏斯成天满足两个同盟的贪欲都忙不过来了。

然而魏斯很爽快地答应了赵籍的要求。他有他的考虑：第一，上次魏氏进攻中山，从赵氏借道，赵氏没有推托；第二，三晋利益相关，他身为盟主，必须拿出实际行动来使赵、韩两家信服；第三，也是最重要的一点，晋阳之战后，三晋实际上已经是三个国家，然而一直有实无名，他希望通过这次行动为三晋正名，给“三家分晋”画上一个完美的句号。

以魏军为主力的三晋联军很快组成。魏将翟角被任命为联军统帅，赵、韩两家各派兵相助，浩浩荡荡开向廪丘。

当时围攻廪丘的齐军统帅就是田布。

面对来势汹汹的三晋联军，田布并不觉得压力大，因为他有两千乘兵车和五万名步兵作为后盾。

在中原大地上，战车一直是战争的主角，也是衡量一个国家武装力量的重要参数，因此有所谓千乘之国、万乘之国的说法。

纵观春秋历史，诸侯之间的战争规模，基本上控制在千乘之内。春秋前期著名的城濮大战，晋国方面出动的兵力为战车七百乘。到了春秋中后期，战争规模不断扩大，晋国以霸主之尊，能够动员的极限也不过战车四千乘，但那也只是为了炫耀武力，没有真正投入实战。

一次将两千乘战车投入战斗，这个规模肯定是空前的。田布将它们排成密集的阵形，向联军发动了攻击，心里充满着必胜的信心。

只有最训练有素的部队，才能以如此密集的阵形发动战车冲锋。任何敢于阻挡它们的人，都会被碾成碎末吧！

何况还有五万名步兵紧随其后，只等战车撕破敌方防线，便跟上去扩大战果。

突然间，意外的事情发生了。

齐军战车离联军还有五六百步远，一阵箭雨迎面扑来，将冲在最前面的几排战车射得人仰马翻，车轱辘乱飞。

田布不知道，韩氏训练了一支特殊的弩弓部队，人人“被紧甲，蹠（zhí）强弩，带利剑”，可以“一人当百”。他们使用的弩弓，是当时极为罕见的脚蹬弩，平射射程可达六百步之外，能够穿透马铠和铁甲。

齐军战车排得那么密集，正好成为韩军的活靶子。

田布久经战阵，虽然大感意外，却也临危不乱，一面举起盾牌遮挡身体，一面猛击战鼓，命令后面的战车不要管前面的伤亡，加快速度冲向敌阵。

弩弓的威力虽然强劲，但是每两次发射之间，都需要时间重新填装弩箭，脚蹬弩尤其难伺候，填装时间是普通弩的三倍。如果齐军战车能够在这个空当间冲到联军阵中，仍有很大胜算。

就在这时候，第二批箭雨飞到，又将齐军的战车放倒了几百乘。这是魏军最引以为豪的武卒用十二石的强弩射出的箭，射程虽然不及韩军远，准度却大大提高，几乎是箭无虚发。

田布的肩膀上也中了一箭，鲜血直流。他强忍住伤痛，干脆扔掉盾牌，声嘶力竭地大喊：“不要停，停下来只有死路一条，继续向前冲，把晋国人统统杀光！”

话音未落，身后却骚动起来。他回头一看，不禁傻了眼，原来是赵将孔青趁着齐军阵形散乱，率领数千名骑兵从两胁包抄，突入了车阵。

赵氏自从吞并代地，就大力发展骑兵。当时各国虽然也使用骑兵，但是规模都不大，而且一般与战车混编，作为战车的补充力量出现。唯独赵氏得代地的良马之利，建立了一支独立于各军种之外的骑兵。骑兵的冲击力不如战车，灵活性却大大增加，突入车阵后更显优势。只见他们怪啸着左冲右撞，逢人便刺，逢马便砍，所到之处，血肉横飞。

眼看齐军车阵陷入混乱，正面的魏、韩两军不失时机地发动了冲锋。魏氏的武卒跑在最前面，这些人都是半日负重行百里的铁人，全副武装奔跑三五百步，快如闪电，杀起人来也是快刀斩乱麻，干净利落。

现在已经不是战斗而是屠杀了。齐军战车全线崩溃，接着引发了步兵的混乱，联军在战场上肆意追杀齐军，直到天黑才罢手。

战斗的结果，齐将田布战死，两千战车全部成为联军战利品。除此之外，齐军还留下三万具尸首。赵军将这些尸首堆积起来，建了两座炫耀战功的“京观”。

有人向孔青建议：与其炫耀武功，不如将这些尸首归还给齐国，看他们要不要。如果要的话，可使齐人胆寒；不要的话，齐国百姓将产生怨恨，“上无以使下”，齐国将彻底丧失抵抗力——这就是所谓的“内攻之法”。

孔青采纳了这一建议。果然，齐国收到这批尸首，就像拿到三万颗烫手的山芋，不知道如何处理。正在彷徨之间，联军乘胜长驱直入，攻陷齐国西部边境的要塞平阴（今山东省平阴），进而攻入齐国长城。

这样一来，临淄无险可守，便岌岌可危了。

如果联军再发动一场攻势，谁都不认为齐国还能抵挡得住一个月。但就在这时，魏斯却突然命令联军停止进攻，而且主动向齐国伸出了橄榄枝。

赵国、魏国和韩国的诞生

胜利者当然是要提条件的。一般来说，不外乎：一、割地；二、赔款；三、签订不平等条约。

齐国上下都做好了心理准备，等着魏斯狮子大张嘴。但是，当魏斯提出的停战条件被送到田和面前的时候，倒是田和张大了嘴，半天合不上来。

魏斯写的是：只要齐侯（齐康公）陪同三晋前往雒邑朝觐周天子（周威烈王），三晋就撤军，归还所有占领的齐国领土，包括廪丘。

就这么简单！

田和抓耳挠腮，百思不得其解。

家臣田括子看出了魏斯的真实意图，对田和说："三晋越过宋、卫两国大举入侵，图的不是齐国的土地，而是想借齐国之名，获得周天子的承认。"

"哦？"

田括子说："您想想看，三晋瓜分晋国，都快五十年了，还没有被正名，他能不急嘛！"

田和吃了一惊："你的意思是，他们想当诸侯？"

田括子意味深长地看了田和一眼，反问道："您难道不想？"

田和愣了一下，说："可是，朝觐天子，难道就能当上诸侯吗？"

田括子说："三晋现在的身份，还只是晋国的卿，没有资格以自己的名义朝觐天子，必须有诸侯引见。别的诸侯带他们去不行，咱们的国君出面，一定行。您别忘了，当年周朝初立，周成王曾经召命齐国的先祖姜太公，‘五侯九伯，汝实征之’，相当于封齐侯为诸侯之长。天子可以不给别人面子，但不能不给齐侯面子。”

田和恍然大悟，心里算了一笔账。委屈齐康公去雒邑走一遭，被占领的土地就回来了，何乐而不为？至于三晋能不能得到周天子的承认，跟他有什么关系？不承认，齐国已经尽力，魏斯无话可说。承认更好，有了三晋的先例，下一步田氏也可以名正言顺地要求天子封为诸侯。只是对不住齐康公这位傀儡了，让人卖了还要帮着数钱……想到这一层，田和脸上露出了一丝阴险的笑容。

于是，公元前404年，齐康公带领魏斯、赵籍和韩虔到雒邑朝觐了周天子（周威烈王）。关于这件事，《吕氏春秋》是这样记载：魏斯“东胜齐于长城，虏齐侯，献诸天子”。说得明白，齐康公是被三晋俘虏了去的。

周威烈王看到这幅场景，不觉悲从中来。齐康公被三晋挟持，周王室长久以来又何尝不是被诸侯挟持呢？以三晋的实力，如果不答应他们的要求，后果恐怕不堪设想。要知道，韩氏的领地基本上将王畿包围，只留有东边的郑国一个缺口（不久之后，这个缺口也消失了），如果三晋要对王室动手，那可是不费吹灰之力，谁都挽救不了。

他没有作太多思想斗争，于第二年（公元前403年）春天老老实实地下达了“命韩、赵、魏为诸侯”的召令。

春秋时期最强大、掌握霸权最长久的国家——晋国，正式分裂成三个新兴国家了。

《史记》对此记载：“九鼎震，命韩、赵、魏为诸侯。”九鼎原本是代表周天子至高无上的权力的，现在天子被迫将卿大夫升为诸侯，确实是史无前例的震动。

司马光编《资治通鉴》，也以“初命晋大夫魏斯、赵籍、韩虔为诸侯”为首章，将这一年作为战国的开始。他还愤慨地写道：“礼莫大于分，分莫大于名”“今晋大夫暴蔑其君，剖分晋国，天子既不能讨，又宠秩之，使列于诸侯，是区区之名分复不能守而并弃之也。先王之礼于斯尽矣！”他也许忘记了，宋朝的建立者赵匡胤，不也是夺了柴氏的天下，才当上皇帝的吗？

第三章

吴起变法

魏斯——也许我们现在应该改称他魏文侯，却没有太多闲暇来品味当上诸侯的喜悦。

公元前400年，三晋联军再度出动，南下讨伐楚国。

进入战国后，楚国不断派兵蚕食郑国，前锋直抵大梁（今河南省开封）、榆关（今河南省新郑附近）。

几乎与此同时，韩氏也在抓紧攻略郑国——公元前423年，韩氏伐郑，杀死郑幽公。公元前408年，又攻取郑国的雍丘（今河南省杞县）。

楚、韩在争夺郑国的问题上早已水火不容。魏斯率领联军讨伐楚国，主要是为了帮韩国出头，同时也是为抑制楚国的过度扩张。

楚军虽然强悍，却抵挡不住气势如虹的三晋联军，被打得节节败退。联军乘胜前进，一直打到方城附近的乘丘才返回。迫于三晋的压力，刚即位不久的楚悼王不得不将榆关归还郑国。

公元前399年，韩景侯（韩虔）去世，韩文侯即位。

郑国利用韩国办丧事的机会，派兵包围了阳翟（今河南省禹州）。但是不久之后，郑国内部也发生动乱，先是郑繻公杀死相国子阳，两年之后，子阳的余党反扑，又刺杀了郑繻公。本来就被楚、韩两国压榨得只剩半壁江山的郑国从此“国分为三”，政治上陷入分裂。楚国抓住这个机会，再度兴兵北伐，又从郑国挖去了一大片领土。

这一次，三晋没能给楚国迎头痛击。因为就在这一年（公元前396年），魏文侯去世了。

魏文侯即位的时候，正是春秋战国之交，天下纷纷乱乱，魏氏虽然三分晋国有其一，却因领土分散、强敌环伺而危机四伏。他以卜商为师，以田子方、段干木为友，大胆起用李悝变法图强，发展经济。又借助吴起的军事才能开拓疆土，向西夺得秦国河西之地，向北将中山纳入囊中，向东讨伐齐国至长城，向南将楚国逼退到方城。他还纯熟地运用政治外交手腕，将三晋紧紧团结在一起，结成了战国前期最强大的军事同盟，迫使周天子承认三晋的诸侯地位。他用半个世纪的时间，开创了魏国百年强盛的基业。

中国式政治：功高盖主

魏文侯死后，大子魏击即位，即魏武侯。

新的领导人上任，第一件事当然是到地方上走一圈，接见当地的官员，笼络一下感情，顺便发表一番讲话，好让大家组织学习。

魏武侯首先来到河西郡，受到郡守吴起的热烈欢迎。吴起还陪同他乘船沿河而下，沿途观赏河西的风光。

这些年来，河西在吴起的治理下，政通人和，百业俱兴，不只当地人民安居乐业，就连洛西的秦国居民也时有偷渡过来谋生的。在中国的古文化中，“远人来服”是大好事，如果连敌国人民都来投奔，更是好上加好。吴起因此声名远扬，原来人们只知道他会打仗，现在知道他是文武全才，由此亦可见魏文侯用人之明。

船到中流，魏武侯有感而发：“山河如此险峻，寡人可以高枕无忧了！”

陪同人员中有个名叫王错的大夫，马上附和道：“当年晋国就是凭借着这山河之险成为天下的霸主，只要您好好经营，必定也能成就霸业。”

王错这个马屁拍得有水平。三家分晋，赵在北，韩在南，魏国分到的地区，包括了原来晋国的都城，所以魏人常以晋人自居。魏武侯也常以恢复晋国的荣耀为己任，听到王错此言，不觉莞尔一笑，问吴起道：“太守以为如何？”

吴起回答：“主上说的话，已经很危险了；王大夫又随声附和，那就更加危险！”

此言一出，满座皆惊。魏武侯皱了皱眉头说：“太守何出此言？”

吴起说：“国家稳定，不在山河之险，而在君侯之德，王图霸业更是如此。当年三苗氏左有彭蠡之波，右有洞庭之水，不修德义，结果被大禹所灭。夏桀居住的地方，左有天门，右有函谷，北有高山，南有伊洛，然而为政不善，结果被商汤所灭。商纣王的领地，前有黄河，后有太行山，不可谓不险阻，结果被周武王打败自杀。所以说，国家的安全和王图霸业，在德不在险。如果主上不修德行，那就真是孤家寡人，这船里的人，全都有可能是您的敌人！”

魏武侯连连点头称善，说：“今天总算听到圣人之言啦！西河的事情交给您办，寡人很放心！”

放心归放心，考虑相国人选的时候，魏武侯却把吴起撂到一边，选择了政绩平平的田文。

吴起很想不通，找上门去对田文说：“我想跟您论论功劳，可以吗？”

田文早有思想准备，说：“可以。”

吴起说：“率领三军之众，将士莫不用命，敌国不敢入侵，您比我如何？”

田文说：“我不如您。”

吴起说：“领导百官，亲近万民，充实府库，您比我如何？”

田文说：“我不如您。”

吴起又问：“镇守西河，秦军不敢东向，韩、赵俯首称臣，您比我如何？”

田文说：“那我更加不如您，我哪有那本事啊！”

吴起说：“我就奇怪了，您什么都不如我，官位却在我之上，这是为什么呢？”

田文装作恍然大悟的样子：“闹了半天，您是想问这个啊？”

吴起说：“正是。”

田文说：“您既然问了，我也不妨直说。您想，主上刚刚即位，在朝中尚未确立威信，百姓对他也不是很了解。这种时候，您觉得他会将国事交给您还是交给我呢？”

说白了，你吴起上马能打天下，下马能治天下，功高盖主，国君对你很不放心，只愁找不到机会限制你的权力，怎么可能让你当相国？别做梦了。

吴起一下子醒悟过来，朝田文作了一揖，说：“相国之位，确实非您莫属。”

这就是中国的历史，一句功高盖主，憋死多少英雄汉！

战争仍在继续。

公元前391年，三晋联军再度讨伐楚国，在大梁、榆关再度大败楚军，魏国从此将大梁据为己有。

公元前390年，齐国讨伐魏国，取襄陵（今河南省睢县）。

公元前389年，秦国出兵讨伐魏国。吴起率步兵五万、战车五百、骑兵三千，在阴晋（今陕西省华阴）大败秦军。

公元前387年，吴起率魏军讨伐齐国，势如破竹，一直攻至灵丘（今山东省滕县），报了三年前的襄陵之仇。

就在这一年，田文去世了。

公叔痤的阴谋

田文的去世让吴起心里又燃起了希望——这一次，无论如何该轮到他了吧！

吴起觊觎相国这个职位，一方面自是贪恋权力，另一方面也是为了一偿夙愿。别忘了，当年他离开卫国，可是发过重誓，不当上卿相，就再也不回来了。这么多年来，他离梦寐以求的卿相都只有一步之遥。然而就是这一步之遥，似乎成了不可逾越的障碍，叫他如何不郁闷？

事实证明，希望越大，失望越大。

魏武侯很快任命公叔痤为新的相国。如果说，前番任命田文还算情有可原的话，这次任命公叔痤，就不只是吴起一个人有意见，朝野之间也有颇多微词了。

大伙普遍认为，年纪轻轻的公叔痤之所以能当上相国，只有一个理由——他是魏武侯的女婿。

有很多人为吴起鸣不平。这些话渐渐传到了公叔痤的耳朵里，由此引起的反应是嫉恨。

公叔痤嫉恨吴起的才能。

吴起有才，举世皆知。然而田文不嫉恨，是因为田文无才，压根没想过要跟吴起比。公叔痤就不同了，从后面的历史看，公叔痤也算是个有才能的人——当然，如果跟吴起比起来，还是差那么一两个级别的。半缸水嫉恨一缸水，世之常理。

公叔痤想害吴起，但是苦于找不到机会。他的心思连仆人都看出来了。有一天，一个仆人对他说："要赶走吴起，其实是件很容易的事。"

公叔痤说："哦？"

仆人说："吴起这个人，很爱惜自己的名声。您可以跟主上说，吴起太有才能了，魏国又不大，而且与秦国搭界，恐怕他不会想长久留在魏国。"

公叔痤白了他一眼，心想魏国确实不算大，但是魏国很富强啊！再说用这种办法，能赶走吴起吗？

仆人看出了公叔痤的疑问，附在他耳边又说了几句话。公叔痤的眉头由皱到舒，连连点头。

不久之后，魏武侯和公叔痤一起吃饭，公叔痤便将仆人教给他的话对魏武侯说了一遍。魏武侯说："寡人也时常在想这个问题，而且听说吴起因为没当上相国，对寡人很有点意见，说不定哪一天他就不干了，跑到别的国家，那可怎么办？"

公叔痤说："是啊，如果此人为别国所用，对咱们魏国来说，可不是闹着玩儿的。"

魏武侯说："那你有什么好建议？"

公叔痤说："依下臣之见，主上不如通过婚姻来稳住吴起，将公主嫁给他。他如果接受，说明他没有异心，他也会更加感念主上的恩德；如果不接受，那咱们就要好好考虑一下该怎么办了。"

魏武侯觉得这个主意不错，他膝下已经成年的公主没有十个也有八个，嫁一个给吴起也没什么大不了的，嫁谁不是嫁？于是同意了公叔痤的提议，马上派人宣召吴起回安邑，准备亲自向吴起提亲。

吴起不知道发生了什么事，风尘仆仆赶回来，一进城就遇到公叔痤。公叔痤很热情地说："听说主上宣召太守，想必将有要事托付，下官特在此迎候，想请您到寒舍一叙，只拉家常，不谈工作，权当为您接风。"

吴起见公叔痤说得如此谦卑，便跟公叔痤坐同一辆车，一起来到了相府。

不消说，晚宴办得十分丰盛，宾主尽欢。正喝到兴头上，门外的仆人突然报道："夫人到！"

夫人自然就是相府女主人，也就是魏武侯的公主。

公叔痤本来笑意盈盈，闻听此言，立马变了脸色，赶紧整顿衣冠，坐得笔直。乐师们唱得走了音，舞女忙不迭地退下，侍酒的仆人也战战兢兢，一副手足无措的样子。席间的空气仿佛由春天一下子进入寒冬。吴起正在惊奇，只见公主昂首挺胸，面若冰霜地走了进来，身后跟着七八名同样面无表情的侍女。

公叔痤连忙迎上去，将公主迎到主座旁边坐下。

公主根本没有正眼看公叔痤，倒是朝着吴起行了个礼，说："贱妾听说相国宴请贵客，便忍不住想来看看，原来请的是河西太守，失敬了！"

吴起连忙答礼。

公主与吴起寒暄了几句，话锋一转，对公叔痤说："相国宴客，怎么不将那姐妹俩也叫来弹唱一曲？贱妾听说，吴太守在河西，食则与将士同灶，住则与将士同席，恐怕没见过那么精致的女人。相国居然藏着掖着，未免太不厚道。"

公叔痤脸色大变，道："什么姐妹俩？我没听明白。"

公主嫣然一笑，说："真是丢人哪！堂堂相国，居然在内人面前装疯卖傻。"

公叔痤头上的汗都出来了，兀自嘴硬道："我哪里装了？"

公主哼了一声，道："是，你没装，想装也装不了，因为贱妾已经叫人将她们卖出去了，而且是卖给代地的狄人，相国想再见到她们，估计是不太可能的了。"言毕一阵大笑。

公叔痤听了，面如死灰，眼睛怔怔地看着公主，不知道说什么好。

公主却若无其事，又跟吴起说了几句话，才起身告辞。

公叔痤看着公主的背影离去，老半天才回过神来，连声对吴起说："惭愧惭愧，见笑见笑！"

吴起也擦了一把汗，说："吴起从军以来，大小数十战，所见敌将无数，尚无一人比得上相国夫人的威严啊！"

两个人又喝了一阵，方才散去。

第二天一早，吴起进宫觐见魏武侯。魏武侯问了一些河西的情况，便道："寡人听说太守自夫人去世，一直忙于军务，不曾续娶，可有此事？"

吴起说："是。"

魏武侯说："既然如此，寡人想将一女嫁与太守为妻，不知太守意下如何？"

吴起一听，昨夜在公叔痤家见到的场景立刻浮现眼前，不禁吓得魂飞魄散，赶紧道："下臣岂敢！"

魏武侯说："您是河西太守、魏国的有功之臣，有什么不敢？"

吴起只是摇头，不肯接受。

魏武侯见他拒绝得干脆，心下已经有七八分怀疑：看来吴起果然有异心，这等送上门的好事都不要。

作为历史的旁观者，我想说，魏武侯这个人的智商委实不怎么高。想想看，即便吴起有异心，就不能娶公主了吗？一个女人能对他有多大约束力？休老婆、杀老婆的事他都干过，甩老婆还不是小菜一碟？

从另一个方面讲，吴起也是聪明一世，糊涂一时。自古以来，夫妻间吵架的事，真真假假，分分合合，戏台上跨马插旗刀兵相见，卸了妆就卿卿我我恩恩爱爱，能当真吗？

情商，情商太低了！

公叔痤第一步见效，第二步立刻跟上。他指使王错等人在朝中不时散布一些吴起的小道消息，污蔑吴起里通秦国，图谋不轨。

信任这玩意儿，有如堤坝，只要出现一个细小的漏洞，便会逐渐扩大，直至整座堤坝崩溃。魏武侯对吴起有怀疑在先，又听了这些人的谗言，基本上相信吴起是要造反了。

吴起那方面，当然也感受到了朝廷的不信任。

公元前387年冬天，魏武侯又派人前往河西，宣召吴起进宫。吴起知道此去意味着什么，他简单地收拾了一下行装，命车夫驾着车，朝着楚国奔去。

此处不留爷，自有留爷处。

车到岸门（今山西省河津），吴起突然命令停车，回首河西，潸然泪下。

车夫安慰他：“以您的本事，舍弃天下，就像扔掉一双破鞋那么简单，为什么会对这个地方如此留恋呢？”

吴起说：“我自从投奔先主以来，大小七十六战，大胜六十四次，未曾输过一阵，为魏国辟地千里。如果主上信任我，让我尽自己的才能，我就能帮他成就霸业。如今他却听信小人的谗言，逼我离开。这河西的大好江山，很快就会落入秦人之手，魏国也要衰落了，我怎么会不难过？”

说完这些，吴起拍了拍车夫的肩膀，说了声：“走吧！”再也没有回头。

大雪纷飞，很快将那两行浅浅的车轮印掩埋。

三晋同盟出现裂痕

对于吴起的离去，魏武侯虽然多少感到意外，却没有认为这是一件多严重的事。

他很快将这件事抛诸脑后，跑到浊泽（今河南省禹州）会见了来访的齐国权臣田和。

田和此次来访的目的很简单，当年他同意齐康公陪同三晋觐见天子，成就了魏文侯当诸侯的梦想，现在该轮到魏国帮他实现梦想了。

魏武侯同意了田和的请求，派出使者前往雒邑，请当时的天子周安王封田和为诸侯；又派人到各国游说，争取其他诸侯的支持。

既然有三晋的先例，又有魏武侯说项，王室在这件事上也没有感到太为难，于公元前386年爽快地册封田和为诸侯（齐太公）。田氏取代姜氏，正式成为齐国的统治者，完成了“田氏代齐”的大业。

田氏代齐，对于赵国来说，是不乐意看到的。

三晋列为诸侯那年，赵国在相国公仲连的主持下，也进行了改革。

公仲连向赵烈侯（赵籍）推荐了三个人——

第一个是牛畜，他主张以仁义治国，大谈王道，被赵烈侯任命为“师”，负责礼乐教化。

第二个是荀欣，他的特长是发掘人才，知人善用，被任命为“中尉”，负责指挥作战和选拔官吏。

第三个是徐越，他善于理财和考核，被任命为“内史”，负责征收田租和考评官员成绩。

不难看出，赵国的改革和魏国的改革一样，一方面通过儒家的“仁义”和“王道”拢聚人心，一方面推行法家的治国理念，走的是儒法结合的路子。

通过改革，赵国也逐渐富强起来。在三晋屡次对楚作战中，魏、韩两国都获得了郑、宋等国不少土地，唯独赵国由于地处北方，没有捞到任何好处。久而久之，赵国对三晋同盟便产生了不满。

公元前387年，赵烈侯去世，其子赵敬侯（赵章）即位；韩文侯去世，其子韩哀侯即位。

赵敬侯一上台，便将首都从河南的中牟迁到河北的邯郸。迁都的目的，自然是要加强东扩的战略，以齐、卫两国为目标，获得更多土地。

这个时候，魏武侯和田和打得火热，还支持他当诸侯，赵敬侯能高兴吗？

同盟之间的裂痕在悄悄地产生。不久之后，魏武侯又亲手将这个裂痕拉得更大。

公元前386年，赵敬侯的弟弟赵朝作乱，企图推翻赵敬侯，自立为君。赵敬侯虽然“好纵欲”，但是“明于所以任臣”，在几位重臣的协助下，迅速扑灭了叛乱，赵朝被迫逃亡魏国。

如果魏文侯在世，必定会以三晋同盟的大局为重，拒不收留赵朝。但是魏武侯显然不这样想，他将赵朝事件当作干涉赵国内政的大好题材，不但收留了赵朝，还派兵协助赵朝围攻赵国新都邯郸。

结果，魏军在邯郸城下被赵军击溃。

不消说，这一战彻底打掉了赵、魏两国的交情。

公元前383年，按捺不住对领土的向往，赵敬侯大举入侵卫国，采取“蚁附”战术围攻卫国首都帝丘（今河南省濮阳）。

所谓蚁附，顾名思义，就是如同蚂蚁一样密集攀附城墙。

《孙子兵法》第三篇第二条记载：“上兵伐谋，其次伐交，其次伐兵，其下攻城。攻城之法，为不得已。修橹轒辒（fén wēn，用于攻城的战车），具器械，三月而后成；距堙（yīn，堆成的土山），又三月而后已。将不胜其忿而蚁附之，杀士卒三分之一，而城不拔者，此攻之灾也。”

攻城已经是下策，不顾己方伤亡的蚁附战术则是下策中的下策。为了表明不达目的誓不罢休的决心，赵军还在帝丘北面修筑了刚平城，作为部队修整和储粮的基地。

情急之下，卫国派人向魏国和齐国求援。

魏武侯真不愧对谥号中这个“武”字，亲率大军前往解救，大败赵军于兔台。

第二年，卫军在齐军和魏军的帮助下，攻破刚平城，并顺势攻入赵境，又攻破赵国旧都中牟的外城。

赵敬侯顶不住了，派人向楚国求援。

此时距魏武侯率领三晋联军在大梁、榆关再度大败楚军正好十年。

改革的代价很惨重

让时间回到公元前387年，吴起踏上楚国领土的那个寒冷的冬天。

楚悼王听说吴起来到楚国，感觉就像天上掉下个宝贝来，亲自跑到边境去迎接，并任命他为宛城（今河南省南阳）守。一年之后，又升任其为令尹，主持楚国军政大局。

进入战国后，中原各国均对官僚体系进行改革，三晋和齐国都设立了相国，执掌国家政务。秦国稍晚一点，但也于公元前309年设立了丞相。唯独楚国一直沿用旧制，始终没有设立相国，而是以令尹为最高军政长官。

若从权力上讲，令尹比相国更大。吴起在魏国求之不得的东西，楚悼王很爽快便给了他，同时交给他的是一项谁都意料得到的任务——

变法吧，把楚国变强大！

这个春秋时期老牌的霸主之国，在对三晋的战争中，屡战屡败，已经尝尽了耻辱。

即便你的祖上曾经富过，即便你地大物博，即便你挥汗成雨、投鞭断流，如果总是因循守旧，故步自封，你很快会领教什么叫“落后就要挨打”。

解除这一魔咒的唯一办法是改革。

吴起接受了这项任务。但是他知道，他在楚国进行变法，比当年他的师兄李悝在魏国进行变法，要艰难十倍。

因为魏国是一个新兴国家，白纸上画图，尽可挥洒自如。而楚国，这个老牌的霸主，就像一辆已经不合时宜的重型战车，即便是让它稍微改变一下方向，都必须大费气力，何况是要拉着它走一条从未走过的上坡路。

吴起发现，楚国最大的问题，在于“大臣太重，封君太众”，也就是大臣势力太大，享有特权的贵族太多，他们“上逼主而下虐民”，严重削弱了国君的权力，也加重了民间的负担，导致楚国“贫国弱兵”，成为一个虚胖的巨人。

楚国要强大，必须先向特权阶级开刀！

但是在古代，触动既得利益者的利益，都会遭到强烈的反对，甚至是反击。

据《说苑》记载，吴起变法前，曾经到息县（今河南省息县）拜访当地的名宿屈宜臼。屈宜臼问吴起将如何治理楚国，吴起向他说了三条方略。

第一，“均楚国之爵而平其禄”，精简政府机构和官员，削减贵族的俸禄，而且改变贵族的世袭制，一般情况下只许传爵三世，三世之后，即为平民。

第二，“损其有余而继其不足”，楚国地广人稀，把旧贵族和他们的随从、奴隶迁往荒凉之地，要他们开荒种田，发展经济。

第三，“厉甲兵以时争于天下”，训练士卒，扩充军备，一待时机成熟就争夺天下的霸权。

屈宜臼听了，毫不客气地说：“我听说善于治国的人，不改变旧法，不改动常规。您现在这样大动干戈，要平均楚国的爵位和俸禄，减损富人的财物，有没有想过要得罪多少人？我还听说，武力是凶器，争斗违反道德，您却要用武力来争夺天下，无节制地放纵自己的欲望，只怕自身难保！”

屈宜臼是当时楚国较为流行的道家学说的代表。

众所周知，道家讲究无为而治，反对用任何积极的政策来改变现状，唯愿天下回到小国寡民的状态，以此消除战争和不幸。所以，也不要简单地认为屈宜臼是在替既得利益者说话，他之所以反对吴起变法，主要是因为世界观根本不同。

真正对吴起变法有切肤之痛的，是广大的楚国贵族。

吴起变法就像一股强烈的风暴掀开了他们的屋顶，将祖祖辈辈遗传下来的特权与财宝席卷而去。他们的眼睛里充满了愤怒，却敢怒而不敢言。因为楚悼王坚定地站在吴起的身后，楚国的百姓似乎也不太反感这位来自魏国的变革家。而吴起那种说一不二的作风，以及关于他如何残忍的种种传说，也使得大家不敢触其锋芒，以身试法。

“绝不能因为某一个人或者某一个家族的私利而损害国家的利益，不能让谗言掩盖忠心，一言一行都必须符合规范，公而忘私，为了国家的富强，可以不计毁誉，一心一意为君王服务。”

“要杜绝一切私下交易，禁止任何裙带关系，扎扎实实改变楚国的风气。”

“不许游说之士进入楚国，不许任何人妖言惑众。”

随着一系列严厉的法令被颁布推行，楚国的风气为之一新。官场上那种私下请托的现象不见了。原来贵族子弟凭借着门第关系就能进入官场，现在则必须凭借真才实学才有可能实现自己的抱负。

吴起上台不过两年，楚国政府收入激增，军队的战斗力也得到大大提升。公元前384年前后，吴起亲率楚军“南收杨越”，将楚国的统治范围扩大到今天的江西省南部、湖南省西部和广西壮族自治区境内。

古老的楚国，再一次焕发出强大的生命力。

公元前382年，当赵国使者将赵敬侯的求救信送到楚悼王面前的时候，楚悼王的脸上露出了一丝嘲弄的笑容。

十年前三晋在大梁、榆关大败楚国，十年后赵国为了对付魏国而向楚国求援，这个世界上真是没有永恒的朋友，只有永恒的利益啊！

他正想检验一下吴起改革之后楚军的战斗力，洗刷多次被三晋打败的耻辱。

公元前381年春天，吴起率领楚国大军北上救赵伐魏。

楚军先头部队深入魏国腹地，渡过黄河，直逼河东重镇州城（今河南省温县）。魏武侯连忙调兵遣将，在州城以西布下防线，防止楚军长驱直入，威胁首都安邑。

就在这时，尚未渡河的楚军主力突然转向东面，出其不意地攻破大梁西北重镇梁门，屯兵林中（梁门之北），饮马黄河，拦腰切断了河内与河东的联系。

赵国抓住这个机会，猛攻魏国的河北地区，火攻棘蒲（今河北省魏县），取得大胜，接着南下河南，攻克黄城（今河南省内黄）。

一时之间，河内危急，河东危急，河南危急，魏国陷入支离破碎的境地。如果秦国再趁火打劫，出兵进攻河西的话，魏国几乎没有任何生存的希望。

然而秦国没有进攻。这倒不是因为秦国人厚道，而是因为河西被吴起治理多年，固若磐石，秦国人不敢轻易进攻。

不知道魏武侯此时有没有对当年逼走吴起感到一丝悔意。可以肯定的是，有一个人十分后悔，这个人就是公叔痤。此后二十年，这种悔意将一直伴随着他，直到他去世的那天。

正当吴起踌躇满志，准备攻克大梁，攻取安邑的时候，一件意想不到的事情发生了。

这一年夏天，楚悼王突然去世。吴起不得不放弃进攻，撤军回国。

魏国获得了一次苟延残喘的机会。

不久之后，楚国的没落贵族又给魏武侯吃了一颗定心丸，保证吴起再也不会成为他的噩梦。

所谓没落贵族，就是那些因为吴起变法被剥夺了财产、限制继承权，甚至被发配到不毛之地开荒种田的人。他们趁着吴起参加楚悼王葬礼的机会突然发难，用弓箭射死了吴起。

据《史记》记载，吴起为了躲避箭矢，跑到楚悼王的灵堂，伏在楚悼王的尸体上。但那些人全无顾忌，照射不误，将吴起和楚悼王都射成了刺猬。

据《吕氏春秋》记载，吴起被射中之后，强忍伤痛朝楚悼王的灵堂跑去，说："让你们看看我的用兵之道！"没等那些人反应过来，他已经拔出箭矢，插在楚悼王身上，叫道："有人用箭射大王的尸体！"大笑三声，气绝身亡。

吴起以这种方式报复了谋害他的人。

依照楚国法律，"丽兵于王尸者，尽加重罪，逮三族"。楚肃王（熊臧）即位后，追究射尸责任，诛杀贵族七十余家。

至于吴起，虽然他为楚国作出了重大的贡献，楚肃王却对其不甚感冒，反而认为他扰乱了朝纲，导致了国内的乱局。为了安抚广大贵族，吴起的尸体被拉出来施以车裂之刑。

关于吴起这个人，历史上褒贬不一。褒者，一是称赞其用兵如神，如尉缭子说："提七万之众，而天下莫当者谁？曰吴起也！"曹操也曾说："（吴起）在魏，秦人不敢东向，在楚则三晋不敢南谋。"二是肯定他作为改革家的功绩，蔡泽这样记述："吴起为楚悼罢无能，废无用，损不急之官。塞私门之请，壹楚国之俗，南攻杨越，北并陈、蔡，破横散从，使驰说之士无所开其口。"韩非子也说："楚不用吴起而削乱。"言下之意，自从吴起死后，楚国便一蹶不振，再也没有雄起过。

批评吴起的，多是对其为人不屑。唐代诗人白居易曾这样写道：“昔有吴起者，母殁丧不临。嗟哉斯徒辈，其心不如禽。”宋人徐钧也嗟叹：“兵书司马足齐名，盟母戕妻亦骇闻。”

总体来说，后人的评价还是中肯的。

吴起留给魏国的遗产

魏、卫和赵、楚之间的这场混战，从公元前383年到公元前379年，持续了整整四年，给魏国和赵国带来严重的创伤。数十年后，苏秦谈起这场战争，不无感慨地说：“刚平被破，中牟被毁，黄城被克，棘蒲被烧，都不是魏国和赵国的意愿。可是，事情就这么发生了，两国可着劲儿互相攻击的时候，难道就没有想过后果吗？”

对于魏国来说，后果还不仅仅是这些。前面说过，魏国和中山之间隔着赵国，当年魏文侯进攻中山还得从赵国借道。魏、赵交恶后，赵国断绝了中山与魏国本土的交通，魏国便失去了对中山的控制。中山的原住民狄人趁机起事，赶走魏国官吏，史称“中山复国”。

魏、赵两国打得不可开交的时候，韩国保持了中立的态度，抓紧时间扩张自己的地盘。

公元前385年，韩国攻郑，取阳城（今河南省登封）；又攻宋至彭城，俘虏了宋君。公元前375年，魏国伐楚，双方交战于榆关。韩国趁机入侵郑国，将郑国灭掉，并迁都于新郑。

赵国继续向东北扩张。公元前377年，赵攻中山，战于房子（今河北省高邑）。公元前376年，赵又攻中山，战于中人，获得了中山的大片土地。

公元前372年，赵国再度入侵卫国，攻取七十三个乡镇。魏武侯伐赵救卫，在蔺地（今山西省离石）大败赵军。

公元前370年，魏武侯去世了。

魏武侯即位的时候，接手的是一个当世第一强国。但是他用人失察，逼走吴起在先，外交失误，得罪赵国在后，以至于楚国有机可乘，差点陷魏国于危亡。

魏武侯死的时候，尚未指定继承人，他的两个儿子魏罃（yīng）和魏缓争夺君位，又陷魏国于分裂。

当时赵国的国君是赵成侯（赵敬侯之子），韩国的国君是韩懿侯（韩文侯之孙）。

有人对韩懿侯说："魏国的两位公子争夺君位，您难道没听说吗？现在魏罃得王错之助，占据上党，拥有了半个魏国，与魏缓打得不亦乐乎。您如果现在出兵，就能将魏国置于您的控制之下，机不可失，时不再来！"韩懿侯听了很高兴，于是联络赵成侯，两国联合出兵，在浊泽打败魏军，将魏罃包围。

在下一步如何处置魏国的问题上，赵成侯和韩懿侯发生了分歧。赵成侯的意思是杀掉魏罃，以割地为条件，立魏缓为君。韩懿侯则想让魏罃和魏缓分治魏国，"魏分为两，不强于宋、卫，则我终无魏之患矣"。两人各持己见，都不能说服对方。

韩懿侯一怒之下，引兵退去。魏罃趁机反攻，将赵军赶出了魏国，并且杀死了魏缓，自立为国君，即历史上的魏惠王（为什么不是魏惠侯而是魏惠王，以后会讲到）。

司马迁写到这段历史，不禁替魏国捏了一把汗："魏惠王之所以幸免于难，魏国没有被分裂，完全是因为赵、韩两家意见不统一。如果采用任何一家的策略，魏国必分。所以说，国君至死不指定嗣君，这个国家就很危险了！”

经历了这件事之后，三晋同盟就彻底解散了。

公元前362年，魏相公叔痤讨伐赵、韩，在浍北大败两国联军，生擒赵将乐祚，取得赵国的皮牢（今山西省翼城）、列人、肥（均在今河北省肥乡），报了当年浊泽之仇。魏惠王十分高兴，亲自到城外迎接公叔痤，要赏他良田百万亩。

公叔痤拜谢了魏惠王的好意，却坚持不要赏赐，说：“这一战的胜利，完全是因为士卒用命，勇往直前，视死如归。下臣只是趁着敌人有所疏忽，猛击战鼓，不敢懈怠而已。”

魏惠王说：“士卒们表现好，是因为您平时训练得好，那也是您的功劳。”

公叔痤起身离座，正色道：“能够把士卒训练成这个样子，非下臣所能为，而是另外一个人的功劳。”

“谁？”

“吴起。”

公叔痤接着说：“如果不是吴起当年打好基础，制定了一整套治军方略，魏国怎么可能有今天的胜利呢？下臣不过是站在吴起的肩膀上，稍微尽了一点力而已。您要赏，就赏给吴起吧！”

魏惠王点头称善。

这时候，离吴起在楚国被杀都已经有十九年了。魏惠王命人遍访魏国，找到吴起的后人，硬是赏了二十万亩土地给他们。

如果吴起泉下有知，多少会觉得是个安慰吧。

第四章

商鞅变法

公元前362年，公叔痤在浍北大败赵、韩联军，回到安邑，未及休息，又被魏惠王派到少梁去迎战秦国人。

原来，秦国自公元前408年实行“初租禾”以来，也进行了一系列的政治改革。公元前384年，秦献公宣布“止从死”，废除了实行三百多年的殉葬制度。公元前375年，改革户籍制度，将农民按五家为一伍的编制，编入国家户籍。同时推行县制，先后建立了栎阳、蓝田、蒲等县，以加强中央集权。

秦国逐渐强大后，又忍不住打起了魏国的主意。公元前366年，魏惠王命人在武都（今陕西省华县）筑城，被秦国派兵破坏。接着秦国又在洛阴（今陕西省大荔）大败魏军，这也是自吴起镇守河西以来，秦国人首次在河西获得胜利。公元前364年，秦国更是攻入河东，在石门（今山西省运城）大败魏军，斩首六万。公元前362年，魏国和赵、韩战于浍北，秦国便趁机讨伐魏国的少梁。

这种局面，在魏文侯时期是不可想象的。

魏惠王寄希望于公叔痤挟浍北大捷之威，将秦国人赶回西方去。然而事与愿违，少梁一战，魏军大败，连公叔痤都被秦军俘虏（战后被放回）。秦军乘胜追击，攻占了庞城。

这样一来，魏国的河东地区被秦、赵、韩三国包围，只有上党一线可与河内连通。一旦赵、韩联合攻魏，切断上党交通，再加上秦国的进攻，河东就危险了。

魏国的首都安邑，正在河东。

公元前361年，魏惠王作了一个正确的决定，将首都从安邑迁到了大梁（今河南开封）。从此，魏国又被世人称为梁国，魏惠王也常被称为梁惠王。

"要么重用卫鞅，要么杀了他"

就在这一年，魏国的相国公叔痤去世了。

公叔痤去世前，魏惠王亲自到相府去探望。对于这位两朝老臣，魏惠王是充满了尊敬和感激之情的。所谓探望，既是为了告别，也是为了听他的政治遗言。

或者更直接一点说，就是想知道谁可以接他的班，成为魏国的下一任相国。

公叔痤向魏惠王推荐了一个人："下臣的中庶子卫鞅（商鞅）可当大任。"

所谓中庶子，即相国的侍从秘书。魏惠王见公叔痤提出这么一个名不见经传的小人物，不禁有些失望，说："卫鞅吗？寡人怎么从未听过这个名字？"言下之意，如果是个人才，多少会有些名气，怎么可能一直埋没在相府，连他这个国君都没听说过呢？

公叔痤抓住魏惠王的手："此人博古通今，勤奋务实，有经天纬地之才，又熟读先相国李悝的著作，了解魏国的各项规章制度，名为相府中庶子，实则是下臣的主心骨。国家的大事，有很多都是他替下臣出主意。下臣多次想将他推荐给您，但始终因为一己私念，最终还是将他留在了身边，所以他才没什么名气。他的才能，下臣是最清楚的，您如果重用他，必成霸业！"

魏惠王沉默不语。

公叔痤长叹一声，示意屋子里其他人都退下，压低了嗓门对魏惠王说："您如果实在不想用他，就杀了他吧！"

"啊！为什么？"魏惠王大吃一惊。

"下臣一生之憾事，就在于当年让吴起活着离开魏国，以至于让楚军横断河东，饮马黄河，几陷魏国于危亡。卫鞅的本事不在吴起之下。对于这样的人，您要不就予以重用，要不就一刀杀掉，以免为他国所用，后患无穷！"

公叔痤说着，本来已经失神的眼中突然露出一道凶光。魏惠王不禁打了一个冷战，心想这老头子病得不轻，开始说胡话了。区区一个卫鞅，翻得起那么大的风浪？再说了，无缘无故杀掉一个中庶子，国人会怎么看待这件事？不会说他滥杀无辜吗？

他安慰了公叔痤几句，便离开了。

魏惠王走后，公叔痤马上命人将卫鞅找来。

卫鞅和吴起一样，是卫国人，而且是卫国公室的后代，所以在某些史书上又被称为公孙鞅。公元前361年，卫鞅不过二十九岁，是个消瘦的年轻人，却已经担任公叔痤的中庶子多年。由于长期与位高权重者打交道，他养成了一种谨言慎行的习惯，脸上鲜有喜怒哀乐，让人很难捉摸得到他在想什么。

公叔痤见到卫鞅便说："刚刚国君来过，问我有谁能够继任相国，我向他推荐了你。"

卫鞅面无喜色，只是向公叔痤拱了拱手，表示感谢。

公叔痤说："想必你也猜得到，国君没有同意我的意见。"

卫鞅说："是。"

"所以，我又向他建议，如果不能重用你，便把你杀掉。知道我为什么这样说吗？因为你太有才了，我怕你日后为他国所用，对我魏国不利。"

卫鞅没说什么，只是眼神闪烁了一下，很快便恢复正常。

公叔痤接着说："你为我服务那么多年，到我临死的时候，却不能给你一个前途，反而要陷你于险境，真是很对不住。但我必须那样说，因为我深受魏国的恩惠，又是两朝相国，必须站在魏国的立场上来考虑问题。"

卫鞅说："既然是那样，您为何又要告诉我？"

公叔痤说："于公，我建议国君杀死你；于私，我却不能看着你这样白白死掉。赶紧收拾东西离开魏国吧，越快越好！"

卫鞅摇摇头，说："我不走。"

"为什么？你难道要在这里等死吗？"

"国君不会杀我的。"卫鞅平静地说，"他既然不听您的建议重用我，就是不相信我的才能，自然也用不着杀死我。"

这次谈话之后没几天，公叔痤便去世了。

果然如卫鞅所料，魏惠王根本忘记了有这么一个人物存在。公叔痤死后，他必须亲自打理国家事务，每天都忙得不可开交。作为迁都大梁的后续战略，他极力图谋在中原开拓领土，为此频频出访和发动战争。

公元前361年，魏、赵两国达成协议，魏国将榆次和阳邑（今山西省太谷）交给赵国，同时取得赵国的泫氏（今山西省高平）。不久赵国又将旧都中牟交给魏国，以此获得魏国的繁阳（今河南省内黄）、浮水。

公元前357年，魏军包围韩国的宅阳，迫使韩昭侯（韩懿侯之子）与魏惠王结盟，韩国将平丘、户牖、首垣等地割让给魏国。魏国还从韩国获得了轵道（今河南省济源）和郑鹿（今河南省浚县），从此打通太行山的交通。

这样一来，魏国在中原的土地就连成了一大片，形成了十分有利的局面。

在国内，魏惠王继续深化改革，励精图治。一是兴修水利，开发良田。在他的统治时期，魏国开凿著名的鸿沟，即从黄河开凿运河通向圃田泽（当时中牟附近的大湖），又从大梁城外开凿渠道从圃田泽引水灌溉农田，大大改良了河内的生产条件。二是加强军备，强化武卒制度。三是派将军龙贾在大梁以西修筑长城，用于防备秦国的入侵。

通过这一系列举措，魏国逐渐走出低谷，再度立于强国之林。公元前356年，魏惠王迎来了事业的第一个高潮。

这一年春天，鲁、宋、卫、韩四国国君联袂来到大梁朝觐了魏惠王，承认他是中原的霸主。

春风得意马蹄疾的魏惠王根本没有注意到，那个名叫卫鞅的前任相府中庶子，已于三年前悄悄离开了魏国。

最大的难题：变法还是不变

卫鞅是听到秦孝公的《求贤令》，才携带着李悝的《法经》从大梁动身前往秦国的首都栎阳（今陕西省西安）的。

公元前362年，秦军攻占魏国的庞城之后，秦献公便去世了，继承君位的是年仅二十一岁的大子渠梁，也就是秦孝公。

秦国在春秋时期，有过一段短暂的辉煌，那就是秦穆公称霸的年代。然而自秦穆公死后两百余年，由于晋国持续强大，秦国基本上被晋国隔断了与中原的联系，只能偏安西陲，久而久之，竟然被中原各国视为狄夷。

进入战国后，晋国解体，秦国趁机向东扩张，侵夺魏国的领地，又遭到吴起的迎头痛击，反而丢失了富庶的河西地区，可谓得不偿失。

秦献公上台后，秦国经过一系列改革，国力有所增强，几次对魏战争都取得胜利，并迫使魏国迁都大梁。然而，和东方列强相比，秦国仍然十分闭塞落后，几次局部战争的胜利，也没有从根本上改变秦、魏之间力量的对比。魏国仍然控制着河西地区，而且在魏惠王的领导下，又在中原获得了广阔的战略空间，对秦国形成了强大的压力。

秦孝公就是在这种情况下发布了《求贤令》：

“当年我秦国的先君穆公自岐山、雍城兴起，施行德政，振奋士气，向东平定晋国之乱，饮马黄河；向西称霸于戎狄，辟地千里。天子赐予霸主称号，诸侯各国都来朝贺，为后世开创了基业，何等光大辉煌！然而到了厉公、躁公、简公年代，接连几世不得安宁，国家内忧外患，被三晋夺去了河西的土地，诸侯也都看不起秦国，没有比这更大的耻辱了。献公即位后，安定边境，迁都栎阳，就是为了东伐三晋，收复失地，恢复我大秦的光荣。寡人每念及此，便深感痛心。如果有谁能够献出富国强兵之策，我必封官加爵，列茅分土！”

一时间，天下英雄纷纷涌入秦国，身形消瘦的卫鞅混迹于其中，并不显得特别引人注目。

他通过秦孝公的宠臣景监见到了秦孝公。

第一次见面，谈了不到十分钟，秦孝公便哈欠连天，将卫鞅打发走了，而且责怪景监：“你推荐的人狂妄无知，胡说八道，有个屁用！”

景监很郁闷，回来之后便问卫鞅：“你都跟主上说什么了？”

“帝道。”卫鞅说，“不过看来他根本听不明白，没说几句就打哈欠了。”

景监说：“什么天道地道，我一概不懂。但我要告诉你，别在主上面前故弄玄虚，要说就说点实在的，他最不喜欢别人夸大其词、信口开河了。”

卫鞅想笑又不敢笑，说：“请您再给我一次机会，我一定给他说点实在的。”

景监倒也耐烦，过了五天，又安排卫鞅和秦孝公见了一面。没想到，两人聊了没几句，卫鞅又被赶出来了。

不消说，景监又挨了秦孝公一通批，回来问卫鞅：“这次你又说什么了？怎么又被赶出来了？”

卫鞅说：“这次我说的是王道，还是不对他的胃口。”

景监说：“那咋整？”

卫鞅说：“请您再给我争取一次机会，相信我，一定会让主上满意的。”

过了些日子，景监果然又安排卫鞅见到了秦孝公。会见结束后，秦孝公对景监说："你的这位客人，原来倒也有些学问，今天聊得挺开心，你让他过几天再来找我。"

景监松了一口气，回来告诉卫鞅。卫鞅不觉莞尔一笑，说："我已经摸到主上的脉搏了。"

景监问："你都说啥了？"

卫鞅说："霸道。您有所不知，帝道王道，都是长治久安之策，然而须假以时日，不可急于求成。霸道则有如猛药，药力强，见效快，然而急功近利，恐留后患。主上是个性急的人，这次我给他下了点猛药，下次再加码，直接给他说强国之道，必成大事。"

几天之后，卫鞅和秦孝公进行了一次长谈。据《史记》记载，这一次，秦孝公完全被卫鞅吸引住了，听得出了神，习惯性地想用手肘撑住席前的小方几，却撑了个空，摔倒在卫鞅面前。

卫鞅给秦孝公开的药，其实就是魏国李悝变法加楚国吴起变法的升级版，大而言之，有四项内容：

一、重视农耕，发展经济。

二、奖励军功，提升军队战斗力。

三、剥夺贵族特权，强化中央集权。

四、废除人治，推行法治。

但是，光说服秦孝公还不行。长久以来，秦国的政治把持在贵族元老手中，国家大事，甚至包括国君的废立，都是由他们说了算。例如秦怀公本来是流亡的公子，就是被贵族们从晋国迎回来当国君的，后来又被他们抛弃，遭到围困而自杀。秦简公也是从晋国迎入的。

秦孝公的父亲秦献公，原来也是流亡在魏国，长达二十多年，目睹了魏国的变法与强大。后来被秦国的贵族迎立为君，才将魏国的政治理念引入秦国，实施了一系列的改革。

可想而知，公元前359年，秦孝公准备任用卫鞅变法，必须先过国内的贵族元老这一关，而他们，对于一个从魏国来的卫国人主持大局，并且一上来就叫嚷着要剥夺他们的特权，无疑是强烈反对的。

交锋在朝堂上直接展开。

秦孝公说了一段开场白，大概意思是，国君的责任是守护社稷，臣子的责任是维护国君。今天我找你们来，是想告诉你们，如果秦国要强大，必须变法，但是变法是大事，我怕天下人议论，所以想听听你们的意见。

卫鞅马上说，怕这怕那，什么事都干不了，主上既然决心要变法，就不要管天下人怎么议论。而且高人行事，本来就容易遭到世俗非议；有真知灼见者，一定会受人嘲笑。蠢人等到事情发生后都弄不明白是什么道理，智者却能预见将要发生的事情。这也是为什么不可以和老百姓去共同谋划新生事物，而只能和他们共享成功的快乐。所以说，圣人只要能够使国家强盛，就不必沿用旧的成法；只要能够对老百姓有利，便不必遵循旧的礼制。说一千道一万，主上您还是走自己的路，让别人说去吧！

秦孝公故作矜持地点了点头，刚说一个“对”字，上大夫甘龙便说：“这件事要慎重！”甘氏是秦国的名门望族，甘龙本人在秦献公时期出力甚多，也算是当年的改革派。但是，对于卫鞅那种推倒重来的激进式变法，他还是感到吃不消。甘龙对秦孝公说，自古以来，圣人不通过移风易俗来教育民众，智者不改变已形成的法令来治理国家，不如保持原有的风俗，袭用旧有的礼制，因势利导，徐徐而进，这样老百姓能够保持安定，官吏们也容易接受。

“您所说的，乃世俗之见。”卫鞅的措辞甚为锋利，“平常的人自然安于旧俗，书生则拘泥于书本上的见识。这两种人，让他们奉公守法还可以，但是不能和他们谈论变法图强，因为他们根本听不懂！”

甘龙勃然大怒，以手按剑，作势欲起。卫鞅神色如常，继续侃侃而谈：“敢问上大夫，夏、商、周三代的礼制难道相同吗？当然不同，而且有很大区别，可为什么它们都能治理天下？春秋五霸的法制都一样吗？也不一样，各有各的特色，可为什么他们都能称霸一方？这些问题，在座的诸位大夫想过没有？自古以来，聪明的人制定法度，愚蠢的人拘泥于成法；贤能的人变更礼制，平庸的人被礼制约束，不是吗？”

甘龙听着，按剑的手不觉松开，半晌沉默不语。另一名重臣元老杜挚见状，大声说：“没有百倍的利益，就不言变法；没有十倍的功劳，就不能轻易更换旧制。遵循过去的法度，不容易犯错误！”

“您想的是不犯错误？”卫鞅脸上露出一丝嘲讽的笑容，“的确，什么事情都一成不变，最不容易犯错误。可是您想，夏桀、商纣，他们因循旧制，不也是亡国了吗？商汤、周武，他们积极变革，最终还不是得到了天下？请你们睁开眼睛看看这个世界，竞争有多残酷！魏国通过变法而强大，夺取了秦国的河西，至今没有归还。如果你们还停留在不犯错误的认识上，那么接下来，魏国人就会继续蚕食秦国的土地，直到让你们走投无路！”

杜挚也被说得哑口无言。

甘龙、杜挚在秦国德高望重，这两个人被说服（至少表面上），意味着卫鞅变法的主要障碍被扫除。

接下来要做的事情，就是要考验卫鞅的真才实学了。但是在实施变法之前，他还有一件重要的事要做。

他要找一个人，一个搬得动木头的人。

变法前须取信于民

公元前359年的一天，秦国首都栎阳的南门人头涌动，热闹非凡。原来新上任的左庶长卫鞅发布了一则告示，全文如下：

“有能将这根木头搬到北门者，赏金十两。”

告示旁边确实竖着一根三丈长的木头，还派了两名卫兵把守。围观的百姓有数千人，大伙议论纷纷，就是没有人上前去搬那根木头。

“这是左庶长在变着法子消遣咱们哪！”所有人都这样认为。确实，从南门搬根木头到北门，花不了一顿饭工夫，连汗都不会出，怎么可能赏金十两？赏十个铜钱就不错了。

到了下午，有个文官过来，奉左庶长之命，在告示上加了个“五”字，将赏金十两提高到五十两，然后顾自摇着头笑着走了——连他也不相信这是真的。

有个在栎阳城中当搬运工的小伙子，围观了半天之后，终于鼓起勇气走上前，在众人的嘲笑声中扛起了木头。按照他的想法，搬根木头嘛，就当是锻炼身体，至于有没有赏钱，那都无所谓。

数千人都跟着他从南门来到北门看热闹。

北门那儿，也有两个卫兵站在城墙下。看到小伙子过来，有一个卫兵便上城楼去禀报。没过多久，卫鞅便在一群官吏的簇拥之下来到城墙下边。

“这根木头，是你从南门搬过来的？”卫鞅问道。

小伙子腼腆地点点头。

数千人都屏住了呼吸，就像是看一台精彩的舞台剧，终于等到了高潮部分一样。不用说，他们心里面比台上的演员还期盼戏剧的结果，等待着看到小伙子失望的表情，然后爆发出一阵集体狂笑。

卫鞅微笑着环视了大伙儿一圈，招了招手，立即有人端着一个朱漆的盘子上前。盘子上边盖着一块红布。卫鞅亲手揭开它，并将盘子端到小伙子跟前。

“这是你的了。”

当天阳光灿烂，在场的所有人都被那五十两黄金反射的光芒刺得睁不开眼。

小伙子差点晕厥。

这件事情很快传遍了全国，听到的人无不咋舌，一方面是对这小伙子的好运气艳羡不已——五十两黄金，作为一个平民而言，几辈子都不用干活了；另一方面则是——原来左庶长是这样一个说话算数的人啊！

只有一个从魏国河西地区来的老头儿，听到这件事后捶胸顿足，连声说：“为什么我不在场，为什么我不在场？”

据《韩非子》记载，吴起担任西河郡守期间，秦国有个哨所靠近魏国境内。这个哨所的守军时常袭击魏国农民，但是又不值得征调部队攻打它。于是吴起就在北门外放了一根车辕，下令说：“谁能把车辕搬到南门外，就赏赐他上等田地、上等住宅。”起初没有人去搬它，最终有个人把车辕搬到南门，吴起立即按照命令行了赏。不久吴起又在东门外放了一石红豆，下令说：“谁能把红豆搬到西门，赏赐如前。”百姓们都抢着去搬。最后吴起下令道：“明天要攻打秦军哨所，能冲锋陷阵的，就任命他做大夫，赏赐上等田地和住宅。”百姓们争先恐后参战，一个早上就把哨所攻占了。

卫鞅立木赏金，取信于民，自然是从吴起那里学来的。

变法的重点之一：农民问题

立木赏金后不久，卫鞅就正式粉墨登场，上演他的变法大戏了。

他和李悝一样，认为农业是国家的基础，要想国家强大，首先必须保证粮食生产。因此，他颁布了第一条法令——《垦草令》。

自古以来，农民种田，是天经地义的事。但是要让农民多种田，只种田，努力开荒种田，除了种田不作他想，就需要用点特别的手段了。

首先是从思想上实行愚农政策，让农民变得易于摆布。

卫鞅认为，对于发展农业来说，最大的威胁来自于知识。农民的本性和可贵之处就在于无知，一旦有了知识，就必定不甘于种田，会去想其他的事。因此必须改革秦国原来那种重视学问的风气，将做学问的人排除在政权之外，不让他们有上升的空间，这样农民就不会想做学问，也就不会变质了。

他特别警惕儒家学派的影响，命令各地官吏焚烧儒家的经典著作《诗》《书》等——坑儒的事他也许没有做过，但在焚书这件事上，他比秦始皇还早一百多年。

他还下令取缔农村的一切休闲娱乐活动，因为那些娱乐既浪费时间，又容易导致道德败坏。他必须确保农民“意一而气不淫”，将全部精力用到农业生产上。

总之，在卫鞅的理想中，农民既没有知识，也没有感情，就是一群会种田的机器。但是，仅仅通过愚农政策，还是很难达到这个目的，必须有相应的强制手段来迫使农民就范。

他规定，生产粮食布帛多的家庭，可以免除徭役。这相当于对先进生产者的奖励，也是《垦草令》中为数不多的奖励措施之一。卫鞅更擅长使用的是惩罚。紧接着这条奖励措施之后，就是对落后生产者或者不务正业者的恐吓：凡因从事工商业或不生产导致贫困破产的，连同妻子儿女收入官府为奴。

农田之外的山川湖泊，一律被收归国有，农民被严格禁止进入。山上有鸟，河里有鱼，但是不许农民捕猎，由此断绝农民想在种田之外找点副业干的幻想。

事实上，农民除了家里和田里，基本上哪儿也去不了。因为卫鞅还建立了中国历史上最早的流动人口管理制度，禁止百姓擅自迁徙。走亲戚也罢，逃荒也罢，必须经过官府批准。旅客住店，必须有官府出具的介绍信。旅店如果收留无证旅客住宿，店主人与旅客同罪，一并送入法办。

但这些还不够。卫鞅算无遗策，为了保证农业生产，还针对商人、官吏和贵族制定了多项限制措施。

商人首当其冲。卫鞅认为，商人不事生产而谋取重利，对社会大大不利，必须从重打击。他规定商人必须向官府登记奴隶的名字和数目，以便官府摊派徭役；对市场上流通的酒肉课以重税，比商品成本高十倍；最重要的是，不准私自贩卖粮食，防止商人垄断市场，牟取暴利。在他主政期间，秦国“商无得籴，农无得粜”，粮食生产和销售完全被国家把持，法家式的经济体制已见雏形。

对于官吏的限制主要有两方面：一是精简机构和人员，减少寄生虫；二是强化廉政，不许官吏干扰农业生产。

贵族是卫鞅变法中重点打击的对象。他刻意加重贵族的赋税，要求贵族子弟必须和平民百姓一样服徭役，而且解除徭役的条件比平民百姓还高。禁止贵族、官吏雇用仆人，迫使贵族子弟必须亲自劳动。他甚至规定，公室子弟如果没有军功，不得列入宗室，不能享受贵族的特权。

可想而知，《垦草令》一下，天怒人怨。贵族恨得直咬牙不说，农民也很有意见。各地百姓跑到栎阳来申诉的多达数千人。大子嬴驷在一帮贵族元老的撺掇下，公开对卫鞅的变法表示不满。

当然嬴驷不会申诉，他的抗议方式很简单——犯法。至于是犯了哪条法，正史上没有记载，本书也不能杜撰，总之这件事闹得很大，全国人都知道了。

嬴驷扔给了卫鞅一个烫手的山芋。

卫鞅如若视而不见，则威信扫地，变法权当笑话；如若要依法行事，大子是未来的国君，且看他如何判大子的罪。

卫鞅却是一点也不为难。

在征得秦孝公同意后，他下令将大子的两个老师——公子虔和公孙贾抓起来，一个判了劓刑（割鼻子），一个判了黥型（脸上刺字）。

大子犯法，当然不能与民同罪，但是大子的老师可以当替罪羊。卫鞅用近乎铁腕的手段，向世人表明了变法的决心。

而在这铁腕的背后，是秦孝公坚定不移的支持。

《垦草令》实施三年，效果逐渐显现。秦国地广人稀，荒地众多，经过三年的强制开发，大片荒地变成农田，农业产量大幅提高，国家的仓库里堆满了粮食，老百姓的收入也有所增长，“家给人足，乡邑大治”。再加上贵族的权力被限制，知识分子被赶走，农民们很容易便获得了心理上的满足感。原来那些申述专业户现在又跑到栎阳来，敲锣打鼓给卫鞅送万民伞。

卫鞅很高兴，问他们：“现在不觉得新法有什么不方便的地方了？”

“方便得很，方便得很。”

“那就好。”卫鞅回头对官吏说，“把这些人的名字都记下来，将他们全部迁到边疆去戍边。”

所有人都傻了眼。

“原来你们批评我，我没有出声，是因为新政推行尚未见成效，我忍住了。现在你们表扬我，我却要将你们迁去戍边，你们肯定很想不通。那我就告诉你们，国家大事不是你们这些农民应该议论的。做得不好，轮不到你们指手画脚；做得好，也不需要你们歌功颂德。希望你们以后安守本分，做好自己的工作，不该看的书不要看，不该说的话不要说，总之乖乖地照着官府的话去做就好了。”

从此之后，无人再敢议论朝廷的政令。

变法的重点之二：天天严打

《垦草令》实施之后，一系列法令陆续出台，卫鞅变法全面铺开。

可以肯定的是，卫鞅在秦国颁布的法令，基本上以李悝的《法经》为基础，但是加入了很多创新的内容，大大超越了李悝。总的来说，管得更宽了，管得更严了。

前面说过，秦献公年间，秦国已经实施户籍法，按五家为一伍的方法编制全国户籍。卫鞅则在此基础上，建立了相互告发和同罪连坐的连坐制度。

简而言之，一人犯法，全家有罪，邻居受牵连。对罪行知情不报者，或者藏匿罪犯者，处以腰斩之刑，全家财产充公。但是如果有人向官府告发罪行，则告发的人不仅可以免罪，还能够受到重赏，赏格等同于在战场上获得敌人的首级。

连坐法一经颁布，秦国人人自危，学习法律的自觉性大幅提升，与违法犯罪现象作斗争的积极性空前高涨。在互相检举揭发这件事上，卫鞅无疑是始作俑者。此后两千余年，历朝历代的统治者都将连坐法视为统治人民的不二法门。

在量刑方面，卫鞅主张轻罪重罚，认为这样可以使得国人连轻罪也不敢犯，重罪就更不敢犯。

比如说，偷盗牛马者，死刑！（因为牛马是生产资料）

一步超过六尺者，重罚！（罪名是破坏度量衡）

往街上倒垃圾者，黥型！（倒垃圾影响他人，容易引起争斗，而“私斗”在秦国是绝对禁止的）

总之，在卫鞅的治理之下，秦国天天都是严打，每个人都是小心翼翼的，连吐口痰都要三思而后行。

但是严打的成绩是显著的。新法推行后，秦国“道不拾遗，乡邑大治”“民勇于公战，怯于私斗”，成为当时治安最好的国家。

不消说，变法的手也伸向了军队。

卫鞅大刀阔斧，改革了秦国的等爵制度，将爵位分为二十个等级，由下而上分别是：

第一级公士，第二级上造，第三级簪裹，第四级不更，这四级相当于原来的“士”。

第五级大夫，第六级官大夫，第七级公大夫，第八级公乘，第九级五大夫，这五级相当于原来的“大夫”。

第十级左庶长，第十一级右庶长，第十二级左更，第十三级中更，第十四级右更，第十五级少上造，第十六级大上造（又称为大良造），第十七级驷车庶长，第十八级大庶长，这九级相当于原来的“卿”。

第十九级关内侯，第二十级列侯（或称为彻侯），是原来没有的，相当于诸侯。

每一个等级都与军功挂钩，无论贵族还是平民，都站在了同一起跑线上，根据军功来享受爵秩。

军功的计算很简单，以在战场上斩获的敌人首级多少来确定。凡是斩得敌国甲士首级一颗者，赐爵一级，赏田一顷，赏宅基地九亩，配备跟班一名；如果不要这些赏赐，想要做官的，可以当俸禄五十石的官。如果斩得五个甲士首级，不但可以升爵，还可以升官；累功做到大夫，便可以当县长，国家还赏赐六个奴隶，那就相当舒服了。

当然，所谓甲士，也不是一般的敌人，至少是魏国的武卒这一级别的战士。即便如此，卫鞅定的赏格还是很具诱惑力的，对于那些梦想着跻身于贵族的平民来说更是打开了一扇晋升的大门。这个政策一推行，秦国的士兵就像打了鸡血一般，在战场上突然变得活跃起来，不但想打仗，敢打仗，而且敢打硬仗，专挑敌人的精锐部队进攻，前仆后继，虽死无悔。秦国人“狠”的名声，就是从那个时候获得的。

有赏就有罚，连坐法也被引入军中。

在秦国军队中，五人为一伍，由伍长统率；五十人为一屯，设有屯长；再上则有统领百人的“百将”、统领五百人的“五百主”等。

一伍中如果有一个人在战场上逃跑，其余四人就要受刑罚；但是如果谁能斩得敌人首级一颗，本人可以免除刑罚。

屯以上的部队都设有斩首指标。以屯为例，如果在一场战斗中得不到一颗敌人首级，屯长和百将都是要被杀头的；如果得到敌人首级三十三颗以上，则算是完成了国家下达的任务，屯长可以升爵一级。军队围攻敌人的城池，斩首级八千颗以上，或在野战中斩首级两千颗以上，整支军队统统有赏，所有军官都升爵一级。

卫鞅还建立了“短兵”制度。

短兵即卫队，每个五百主有短兵五十人，率千人的将领和享受千石俸禄的县令都有短兵一百人，国尉有短兵一千人，大将有短兵四千人。如果将官战死，全体短兵都要受刑罚——当然，如果某位短兵得到敌人首级一颗，本人也是可以免罪的。

相对于孙武、吴起等人而言，卫鞅在军事方面显然稍逊一筹，但是他通过制度设计弥补了这一缺憾。而这些制度的核心内容只有两个字，就是“赏”与“罚”。

赏要赏得令人眼红，罚要罚得让人胆寒。

隐藏在秦国人身上的狼性，就这样被激发出来了。这种狼性造就了一个无比强大的秦帝国，也为它的灰飞烟灭埋下了伏笔。

变法的重点之三：土地改革

俗话说，是骡子是马，拉出来遛遛。

公元前358年，秦国对韩国发动了进攻，秦军大败韩军于西山（今河南省熊耳山）。

三晋之中，韩国最弱。因此，这一战的胜利并不能充分体现卫鞅变法的成绩。

“打败韩国算什么啊？有本事找魏国去练练。”朝中甚至有这种风言风语。

秦孝公何尝不想打败魏国？做梦都想。当初他招贤纳士，力主变法，不就是为了从魏国手里收复河西失地吗？然而，无论是他还是卫鞅都有一个清醒的认识，那就是魏国的实力仍然远在秦国之上。如果没有合适的机会就贸然进攻，只怕费力不讨好。

《孙子兵法》第四篇第六条记载：“胜兵若以镒称铢，败兵若以铢称镒。胜者之战，若决积水于千仞之溪者，形也！”

镒与铢皆为计量单位，一镒为二十四两，一铢为二十四分之一两，二者相差576倍。孙武的意思，只有实力对比完全对我方有利的情况下，才能够主动进攻。而且攻势一旦发动，就要像从千仞高山上决开积水一样，飞流直下，给予敌人致命一击。

卫鞅在静静地等待，等待一个能够让秦国人痛痛快快打一场大仗的机会。

这一等就是四年。

四年间，魏国的形势又有了新的变化。一位名叫庞涓的青年将领脱颖而出，带领魏军东征西讨，攻城略地，所向披靡。其势头之劲，远远超过老将公叔痤，堪比当年的吴起。

魏国无疑变得更加强大了。

公元前354年，赵国进攻卫国，夺取了富丘及漆地（均在今河南省长垣）。

自魏武侯时代开始，卫国就一直依附于魏国，借以抗衡对其虎视眈眈的赵国。这一次，卫国也不例外地向大梁派出了求援使者。

魏惠王迅速作出反应，派庞涓带领八万大军进攻赵国，而且命令鲁、宋、卫等仆从国出兵相助。单从八万这个数目看，魏惠王恐怕不仅仅是为了救援卫国，而是为了消灭赵国才派出如此庞大的军队的。

庞涓本来就善于用兵，手下有了八万精锐之士，更是遇佛杀佛，逢神杀神，没过多久就打到邯郸城下。

就在这个时候，卫鞅突然出手了。数万名秦军在他的带领下，以迅雷不及掩耳之势扑向河西重镇元里（今陕西省澄城），歼灭守军七千人，并顺势攻占少梁。

捷报传到栎阳，举国欢腾。

但这仅仅是个开始。公元前352年，卫鞅升任大良造。在他本人设计的爵位等级中，大良造是十六级的大官，相当于楚国令尹，集军政大权于一身，也可以说是国君的副手。他马不停蹄，再度出击，率军突入河东地区，一举攻克魏国旧都安邑。

与此同时，秦国的变法继续朝着广度和深度发展。

公元前350年，秦孝公命卫鞅仿照鲁、卫两国都城的样式，营建新都咸阳。

公元前349年，秦国迁都咸阳，并颁布了一系列新的变法命令，其中最著名的有四条：

第一条，废井田，开阡陌。

这里需要简单说明一下。周朝封建旧制，百步为亩，亩的界线即阡陌；百亩为顷，顷的界线叫作封疆。所谓井田制，是将九顷土地按照“井”字形平均划分为九块，中间一块为公田，周边八块为私田。私田由八家各自耕种，公田由八家共种。

井田制在春秋时期其实已经开始解体，取而代之的是地租制，即将土地分给农民，所有者收取一定的粮食或租金。但是在秦国，直到公元前408年才开始实施“初租禾”，也就是地租制。

卫鞅变法后，秦国农业发展很快，很多荒地被开垦出来，他决心彻底摧毁井田制，确认自耕农的土地所有制，以促进小农经济发展，增加国家的地租收入。

废井田，开阡陌，即将原来的农田边界统统破除，改百步一亩为二百四十步一亩，重新建立边界，再分给农民去耕种。国家以法令的形式，确定农民对土地的私有权，并且允许自由买卖。换而言之，分田分地了。

可想而知，分到土地的农民对卫鞅是何等感激！

第二条，推行县制。

卫鞅将秦国境内的乡邑、村庄整合为四十一个县，由中央政府直接管理。人口满万户之县，设置县令；不满万户，设置县长。县令、县长之下，还设有县丞（管理民政）和县尉（掌管军务）。这一改革在现在看来稀松平常，在当时却意义重大。

卫鞅本人曾得意地说，各县都有固定的管理模式，则人人必须遵从，奸官不敢耍花样，接替的官吏也不敢变更制度，因犯错误而被废黜的官吏也不敢狡辩。

一句话，原来的人治，变成了现在的法治。

第三条，统一度量衡。

卫鞅变法前，秦国各地的度量衡不统一。为了保证国家的赋税收入，减少信息误差，卫鞅对长度、面积、体积等，都制定了统一的标准。

第四条，征收人头税。

据《史记》记载，公元前348年，秦国“初为赋”，也就是按户按人口数量征收军赋。卫鞅规定，男子成年之后，要向官府登记，缴纳户赋。

这项改革的出发点，据说是针对地主来的。

卫鞅认为，地主不事劳作，单凭地租就可以过着优裕的生活，家里还养着众多吃闲饭的人，对发展农业十分不利。因此，必须按人头征收赋税，加重那些闲人的负担，迫使他们也从事劳动。

事实上，地主对于那点人头税，并不在乎。倒是农民又被加重了负担，比原来更加辛苦。

真正得利的还是国家。

《史记》记载，卫鞅升任大良造之后，秦国国力强盛，兵精粮足，大有取代魏国称霸天下之势。秦孝公十九年（公元前343年），“天子致伯”，即当时的天子周显王派使者赐予秦孝公“伯”的称号。秦孝公二十年（公元前342年），“诸侯毕贺”。秦国终于走出山坳，得到中原各国的承认了。

第五章

孙膑与庞涓斗法

上一章写到，魏惠王派庞涓带领八万大军围攻邯郸，结果被卫鞅钻了空子，连失少梁和安邑两城。

关于这件事，有一点可以肯定，那就是卫鞅确实是钻了空子——如果庞涓和魏军主力还在国内，卫鞅未必敢与之正面交锋。

闻道有先后，术业有专攻。卫鞅的专长是政治，若以兵法而论，他在当世最多排到第十名。而庞涓的兵法至少可以排到当世第三。在双方部队势均力敌的情况下，第十兵法家无论如何是打不过第三兵法家的。

现在问题来了。庞涓围攻邯郸是公元前354年的事，也就是这一年，卫鞅率军侵犯河西，攻克少梁。而安邑陷落，已经是两年之后的公元前352年。这两年间，庞涓难道一直在邯郸城下，不能回师来救魏国吗？要知道，安邑是魏国旧都，它的失陷对于魏国来说，不仅仅是战争的失利，更是对士气的严重打击，就算是攻克邯郸也未必能补偿。

答案是，当世第三兵法家庞涓流年不利，在攻打邯郸的过程中被当世第二兵法家横插一杠，打得落花流水。庞涓本人也成为俘虏，泥菩萨过江，自身难保。商鞅抓着这个机会，乘虚而入，轻而易举地将安邑纳入囊中。

鬼谷子的锦囊妙计

当世第二兵法家名叫孙膑，是庞涓的同门师弟。说起这两个人的事，当然免不了要说到他们的老师——当世第一兵法家鬼谷子。

鬼谷子姓王名诩，因为隐居在鬼谷（关于鬼谷在哪，是一本糊涂账，有人说在河南登封，有人说在鹤壁，有人说在山东，还有人说在河北，众说纷纭，难有定论），所以号称鬼谷子。

战国乱世，百家争鸣。儒家以政治见长，道家以修身为本，法家以改革图强，兵家以奇谋制胜，墨家以博爱济世，阴阳家通晓天文地理，纵横家往来各国搬弄是非……但是这位鬼谷子，很难将他归于哪一家，因为他似乎无所不通，无所不能。据冯梦龙介绍，鬼谷子“通天彻地，有几家学问，人不能及”——

一是数术之学，掐指一算，便知天机，能通晓过去，能预测未来，这是阴阳家的勾当。

二是兵法，六韬三略，变化无穷，布阵行兵，鬼神莫测，这是兵家的本事。

三是辩术，博闻强记，明理审势，一张嘴吃遍天下，胜过十万雄兵，这是纵横家的饭碗。

四是养生术，修身养性，吸天地之精，采日月之华，延年益寿，长生不老，这是道家的妙处。

鬼谷子一生只收了四位门徒。前期是庞涓和孙膑，主要研习兵法；后期是张仪和苏秦，学的是纵横之术。

庞涓和孙膑同时学艺。若论年龄，庞涓年长于孙膑，算是师兄；若论学业，却是孙膑略胜庞涓一筹，更得鬼谷子真传。这倒不是因为庞涓不努力，事实上，庞涓是个非常勤奋的学生，但是有三个因素决定了他比不上孙膑：

第一，庞涓天赋不如孙膑。

第二，孙膑乃孙武的嫡系子孙，家学渊源，底子本来也比庞涓扎实。

第三，庞涓过于急功近利。

一个人心浮气躁的时候，在学业上总是很难达到巅峰的。后来庞涓觉得自己的本领也学得差不多了，便下山回到魏国，当上了魏惠王的将军。孙膑则继续留在师门深造。

魏惠王迁都大梁后，外交上威逼利诱，军事上频频出击，国势日益强盛。庞涓凭借着在鬼谷学到的本领，屡立战功，迅速成长为魏军的主要将领。

作为一个农村出来的凤凰男，庞涓应该感到满足了。

然而，在庞涓的内心深处，始终记挂着一个人，那就是他的同门师弟孙膑。

文无第一，武无第二。每一个在战场上获得显赫声名的人，都在小心翼翼地防范着有可能出现的挑战者。庞涓对自己的兵法极其自信，但是他知道，如果这世上还有人能够打败自己，那就只有师傅鬼谷子和师弟孙膑。

鬼谷子隐居深山，不问世事，这个威胁可以排除。但是孙膑就不同了。孙膑是齐国人，又是孙武的后代，他如果出山，最有可能为齐国所用，无论是对魏国还是对庞涓，都是一个劲敌。

为了防患于未然，庞涓写了一封热情洋溢的信给孙膑，邀请他到大梁来与自己共事。

他想，只要将孙膑置于自己的控制之下，不为别国所用，也就不存在威胁了吧！因此，他的这封信写得十分诚恳，许诺孙膑如果到魏国来，将由他直接推荐给魏惠王，委以重任。如果有可能的话，“弟为大将，兄甘为副，联手纵横天下，安定乱世，岂不快哉”！

孙膑收到庞涓的信，完全被字里行间展现出来的同窗之情打动了。更何况，大丈夫生逢乱世，谁不想干一番事业，快慰平生呢？他很兴奋地将信拿给师傅鬼谷子看，请求下山前往大梁。

“既然是庞涓如此热诚相邀，你便去吧！”鬼谷子看完那封信，漫不经心地说道。

对这种冷淡的态度，孙膑多少感觉有点吃惊。他拜倒在师傅面前，说：“如果您认为弟子学艺不精，不堪担当大任，弟子这就给师兄回一封信，推辞了便是。”

“哪里，”鬼谷子叹了一口气道，“你在我门下苦读这么多年，早该去世间一试身手，否则学问再多，也不过是空谈。只不过你在山中多年，不知世途凶险，此去是福是祸，连我也不敢猜度。这样吧，我送你一个逢凶化吉的锦囊，你把它收藏好，非到万分危急关头，切不可拆开。”

孙膑就这样揣着师傅给的锦囊来到了大梁。

兄弟俩见面之后，庞涓的热情接待，很快将孙膑心里那一丁点疑惑打消了。

第二天，孙膑就被庞涓带到朝上，见到了魏惠王。

“这是我的师弟孙膑，乃兵圣孙武子之后，才能胜于我十倍，请主上任命他为上将军，我甘愿为副。”庞涓这样介绍道。

魏惠王听了，心里泛了一个嘀咕。庞涓的本事，他是见过的，如果说这世上还有人胜过庞涓十倍，那肯定是夸大其词。眼前这位孙膑，白白净净，斯斯文文，究竟有多大本事，却是看不出。再说了，孙膑是齐国人，庞涓是魏国人，即便孙膑真有本事，相比之下，那也还是庞涓比较可靠。想到这一层，魏惠王便对庞涓说：“孙先生初来乍到，尚未立功，如果马上任命为上将军，恐怕众人不服。寡人之意，请孙先生先担任客卿，就在庞将军帐下用事，待立了功劳，再委以重任不迟。”

所谓客卿，不是什么具体的官职，相当于高级顾问，地位不低，然而没有实权。庞涓显然不满意这个结果，孙膑却拉了拉他的袖子，主动跪下去，向魏惠王谢了恩。

他知道，庞涓做到这一步，已经是尽了力；而魏惠王封他为客卿，也是给了庞涓极大的面子，否则的话，一个名不见经传的齐国人，未立寸功，凭什么在魏国的朝廷里担任客卿呢？客卿虽然是客，但好歹也是个卿，自大夫以下的官员见到他，都得老老实实作个揖，肃然而立哪！

“没关系，是金子总会发光的。”从朝中出来，孙膑拍着庞涓的肩膀，反倒是安慰起庞涓来了。

他没留意到，庞涓听到这句话，眼中快速闪过一丝凶光。

在接下来的几个月中，孙膑跟着庞涓出入朝廷，渐渐熟悉了魏国的情况。

自魏文侯兴起以来，魏国就一直是中原强国。魏武侯时期，虽然国势有所衰落，但是基础从未动摇，三河地方仍是天下粮仓，魏国的武卒仍然能征善战。魏惠王上台后，对内励精图治，对外积极进取，迅速扭转颓势，重振先祖雄风，成为名副其实的中原霸主。

这一切，当然与庞涓的努力分不开。孙膑望着庞涓那张因为久经战阵而铺满风霜的脸，总是充满着崇敬之情。他希望，自己有朝一日也能像庞涓一样，指挥千军万马，为魏国开疆辟土，锻造一个前所未有的强大国家。

在魏惠王召开的军事会议上，孙膑尽情发挥自己在鬼谷学到的知识，提出了很多让人眼前一亮的建议。

“这位孙武的后人，果然不同寻常。”魏惠王心里暗想。然而纸上谈兵和实战是两码事，如果有机会的话，就让他带领一支军队，到战场上一试身手吧！

当魏惠王将这个想法告诉庞涓，庞涓很振奋地说：“他不会让您失望的！”

可是，不久之后的某一天，一封截获的密信被送到魏惠王的案几上，孙膑的命运突然来了个一百八十度的大逆转。

信是写往齐国的，落款人是孙膑。

信的内容，是报告魏国的军事部署，以及对朝中的一些大臣的评价。如果齐国人得到这封信，毫无疑问，将对魏国大大不利。

这封信被设计得很巧妙，妙就妙在它在暴露了孙膑是齐国派来的间谍之余，却将庞涓对魏国的忠心写得明明白白。换而言之，孙膑叛国，庞涓是毫不知情的。

案子从一开始便被办成了铁案。人证物证俱全，作案的动机也很明确——孙膑本来就是齐国人，为齐国当间谍，那还不是理所当然的事？

按照魏国的法律，孙膑本来应该被判处死刑。但是庞涓拼命说情，终于说服魏惠王法外开恩，仅仅判处孙膑刖刑加黥刑。当然，说“仅仅”也许太轻描淡写。黥刑便也罢了，不过是在脸上烙个戳，疼一疼也就过了，还可以扮酷说是文身。刖刑则极其残忍，乃是将犯人双足齐齐砍断，从此变成废人一个。

当然，还有一种说法，刖刑不是砍去双足，而是挖去膝盖骨，使得犯人看似完好，实则小腿以下已经无用。本书对此不予探讨，姑从前说。

据冯梦龙推测，庞涓之所以留孙膑一条命，主要还是想将孙膑圈养在府中，好让他给自己讲解鬼谷子注解过的《孙子兵法》。

但是孙膑很快便发现，自己所遭受的苦难，全是庞涓一手策划的阴谋，将《孙子兵法》讲完之日，便是庞涓卸磨杀驴之时。情急之下，孙膑打开了师傅授予他的锦囊。

里面只有一块丝绸，上面写着“装疯”两个字。

孙膑看着这两个字，不觉悲从中来，涕泪交流。这一天傍晚时分，当仆人将饭菜端到他面前，他吃了两口，突然口吐白沫，满嘴胡言乱语，将几个碗全打翻在地。

庞涓闻讯赶到时，他正在满地打滚，一下子号啕大哭，一下子乐不可支，一下子又安安静静地坐在那里，目光呆滞，旁若无人。

如此疯癫了数天。庞涓当然也不是傻瓜，他知道，孙膑是不是真疯，不能光看表面现象，还得用科学的方法检验。办法很简单，将他拖到猪圈中，让他与群猪为伍，看他的反应。

不用说，孙膑与猪同槽而食，甚至抓起一把猪粪就往嘴里塞，很快就和猪们混得如胶似漆。

庞涓啧啧地摇了摇头，脸上带着一种嘲弄的笑容，心满意足地走了。从此以后，他再也没把孙膑当一回事，手下人也渐渐放松了对孙膑的看管。再后来，孙膑被赶出了庞府，流落到街头，靠人家施舍为生。

唉，人生如戏，全靠演技啊！

公元前355年，魏惠王的车队浩浩荡荡开过大梁的梁囿大街。他也许没有留意到，孙膑蓬头垢面地斜躺在路边，嘴里塞着半只刚刚乞讨到的馒头，正在有滋有味地咀嚼着。

秋日的阳光暖洋洋地打在孙膑身上，让他感到了一丝久违的惬意。

魏惠王、齐威王的斗宝比赛

魏惠王此行，是为了出访齐国，与齐威王会晤。

齐国自田和被立为诸侯，又传了数代，于公元前357年传到了齐威王（田因齐）手上。

齐威王的父亲齐桓公（田午，并非春秋时期的齐桓公），是位注重学术研究的君主，在他统治时期，齐国建立了中国历史上赫赫有名的高级学府——稷下学宫。

稷下学宫因靠近临淄的稷门而得名。它也许是中国历史上学风最为开放的学术机构，堪比古希腊哲学家柏拉图主持的雅典学院。

在学宫中，诸子百家都可以登台演讲，可以互相争辩，不同的声音在这里出现，没有所谓的统一思想，公室也不插手学者们的学术研究。事实上，自齐桓公以后，历代齐国统治者都对稷下学宫采取了宽容和保护的态度，允许学者们“不治而议论”“不任职而论国事”，最大限度地保持了学术的独立性，使学宫成为战国时期百家争鸣的滥觞之地。

齐威王自幼在稷下学风的熏陶中长大，见识自是不凡。

据《史记》记载，齐威王善于弹琴。即位后不久，有一个名叫邹忌的人带着一张古琴前来求见。

当时齐威王正在自弹自唱，自得其乐。邹忌在堂下听了一段，也不待宣召，大步走到堂上，击掌称赞齐威王弹得好。

对于君臣之间来说，没有比这更无礼的举动了。齐威王勃然大怒，将琴推开，一只手按在剑柄上说：“你只看见寡人弹琴的样子，还没有仔细听，凭什么说寡人弹得好？”

邹忌说：“我听您弹琴，大弦庄重温和，小弦高亢清脆，持弦紧而有力，放弦松而有度，琴声悠扬和谐，曲折婉转，有如四季更替，周而复始，让人情不自禁叫好。”

齐威王不觉莞尔一笑，松开了剑柄，道：“看不出，你倒是个懂音乐的人。”

邹忌说：“何止是懂音乐？治理国家、安抚百姓的道理也尽在其中了。”

齐威王眉头一皱，心想这个人还真是不识趣，我说你懂点音乐，已经是给你个台阶下了，你却不知进退，大言不惭地在这里胡说八道！于是不客气地说：“那你说说，治理国家，安抚百姓，跟弹琴有什么关系？”

邹忌说：“大弦庄重温和，那是君主的气度不凡；小弦高亢清脆，有如臣下的精明干练；持弦紧而有力，放弦松而有度，象征着国家的政令有张有弛；琴声悠扬和谐，曲折婉转，说明国家政治昌明。治国如同弹琴，事情不同，道理相通。”

齐威王听了，点头称善，将他留在朝中参与政事。

这件事之后三个月，邹忌被封为相国。

稷下学宫中有位名叫淳于髡（kūn）的学者，以善辩而闻名。有一次见到邹忌，便拦住他道：“听说您很善于说话。我有一些愚蠢的想法，能不能跟您说一说？”

淳于髡长得矮小，站在邹忌面前，就像一个侏儒。邹忌却不敢有任何轻视，一本正经地说：“我洗耳恭听。”

淳于髡说：“一个人，周全则事事如意，不周全则身败名裂，是这样吗？”

邹忌说：“是这样。我会牢记您的教导，在国君面前小心谨慎，不失礼数。”

淳于髡说：“将猪油涂在车轴上，车轮就转得快，有这么回事吗？”

邹忌说：“是的，我会跟同僚搞好关系。”

淳于髡说：“把胶涂在弓上，可以黏合弓体，但是不能以此弥合裂缝。”

邹忌说：“您说得太对了，我会和人民群众融为一体，从中获得智慧。”

淳于髡又说：“狐皮袍子破了个洞，千万不要用狗皮去补。”

邹忌说：“有道理，我会谨慎地选拔人才，不让小人有机会混入朝中。”

淳于髡说：“大车不经常加以矫正，就不能承载重量；琴瑟如果不时时加以调整，就不能弹奏出优美的音乐。”

邹忌不禁笑了起来，回答道：“感谢您的教诲，我一定会修明法令，加强督察，整顿吏治。”

淳于髡没有再说什么，默然退下。回到家门口才对自己的仆人说：“这个人了不得，我给他打了五个哑谜，他回答我就像回声一样快。用不了多久，他就会名闻天下，成就一番大事业的！”

说句题外话，所谓“髡”，是古代的一种刑罚，即将头顶周围一圈头发剃掉以示侮辱。淳于髡出身卑微，家境贫寒，长大后娶不起老婆，只得给人家当了上门女婿，又受过髡刑，却能够在稷下学宫登坛讲学，还敢和当朝相国当面耍花腔，足见当时齐国风气之开放。

邹忌得了淳于髡的教诲，果然将整顿官场作为头等大事来抓。不久之后，就发生了“烹阿封即墨”的事件。

据说这一年齐威王将全国地方官七十二人召集到临淄进行考核，其中即墨大夫和阿（ē）大夫（阿即今天山东东阿）两人的成绩最特别。即墨大夫名声最差，民主评议得分最低；阿大夫名声最好，民主评议得分最高。到了齐威王总评的时候，结果却大大出人意料。

对于即墨大夫——“自从你去即墨，到寡人面前说你坏话的人络绎不绝。然而寡人暗地里派人调查，即墨治安良好，人民安居乐业，官府没有积压的事务，一派和谐的气氛。由此可见，你没有走上层路线，通过买通寡人的左右来获得好评。”大笔一挥，赏了他封邑一万户。

对于阿大夫——“自从你去了阿地，时不时有人说你能干，但是寡人明察暗访，发现阿地的田间长满荒草，老百姓生活困苦。卫国派兵犯境，你竟然隐瞒不报。但是大家对你的评价却很高，难道你不是买通了寡人的左右来为你说好话？”命人当庭架起一口大油锅，将阿大夫和那些为他说话的人一并投进去给烹了。

自此之后，“齐国惧震，人人不敢饰非，务尽其诚”，齐国的气象焕然一新。

邹忌推荐人才，整顿吏治，取得了良好的成效之后，将注意力转向了国家统治机器的最高层——齐威王本人。

《战国策》中记载了一个有名的故事：

邹忌身高八尺有余，体貌俱佳。某天早晨，邹忌对着镜子穿好衣服，左看右看，对自己的仪态十分满意，于是问他老婆：“我与城北徐公比，谁漂亮？”

他老婆说：“当然是您了，徐公哪里比得上您呢？”

城北徐公，是齐国有名的美男子。对于妻子的回答，邹忌又高兴又不自信，于是偷偷问他的小妾：“我同徐公比，谁漂亮？”

“哟，这还用问吗？当然是您漂亮！”小妾说着，在他的脸上捏了一把。

这天正好有客人来访，邹忌向客人问了同样的问题。

客人仔细端详了他一阵子，才一本正经地说："实话实说，徐公比不上您。"

后来徐公来了，邹忌仔细地看他，自己觉得不如人家漂亮。再照镜子看看自己，更是觉得相差甚远。晚上翻来覆去睡不着，躺在榻上想着这件事，突然领悟："妻子认为我漂亮，是偏爱我；妾认为我漂亮，是害怕我；客人认为我漂亮，是有求于我。"

第二天邹忌上朝，对齐威王说起这件事，说："我知道自己肯定不如徐公漂亮，可是我妻子偏爱我，我的妾害怕我，我的客人有求于我，所以他们都说我比徐公漂亮。如今齐国地方千里，城池众多。宫中的妃子、近臣没有谁不偏爱您，朝中的大臣没有谁不害怕您，全国范围内的人没有谁不有求于您。由此看来，您是最容易受蒙蔽的啦！"

齐威王正色道："你说得对！"

于是下令：大小官吏百姓能够当面指责寡人过错的，受上赏；书面劝谏的，受中赏；能够在公共场所批评议论寡人的过失，并能传到寡人的耳朵里的，受下赏。

命令刚下达，许多大臣都来进谏，宫中门庭若市；几个月以后，还不时地有人偶然来进谏；满一年以后，即使有人想进谏，也没有什么可说的了。

魏惠王便是在听说这件事后，才产生了要到齐国与齐威王一晤的念头的。

两国君主会谈结束，在临淄郊外狩猎娱乐。

魏惠王突然问了齐威王一个问题："您有什么宝物吗？"

"宝物？"齐威王一下没反应过来。

“是啊，像我这样的小国之君，还拥有十颗举世罕有的明珠。”魏惠王说着，示意齐威王看他车盖上缀着的十颗“径寸之珠”（直径达一寸的珠子）。

“哦？这十颗珠子难道有什么特别之处？”齐威王的好奇心也被勾上来了。

“别小看这些珠子。”魏惠王脸上露出一丝得意，“一到晚上，它们就会发出耀眼的光芒，足以照亮前后各十二乘车的距离，连火把都用不着。齐国乃东海大国，不会连这样的宝物都没有吧？”

“有的，有的。”齐威王微微一笑，说，“只不过我的宝物和您的有所不同。”

“那也拿出来让我见识一下啊！”

齐威王说：“我的大臣中有一位檀子，派他守南城，楚国不敢东向，泗上十二诸侯（鲁、宋、邹、滕等小国）都来朝觐；有一位盼子，派他守高唐，赵人不敢越过黄河来捕鱼；还有一位黔夫，派他守徐州，燕国和赵国百姓前来投奔的有七千余家；更有一位种首，让他管理治安，齐国道不拾遗，夜不闭户。这些人，都是我的宝物，我用他们来照亮齐国千里之地，何止是照亮前后十二乘呢？”

魏惠王听了，脸“腾”的一下就红了，赶紧咳嗽两声，掩饰过去。他不知道，就在他与齐威王斗宝的时候，有一颗在魏国蒙尘的珍珠，已经被出使大梁的齐国使臣藏在车厢里，正在日夜兼程赶往齐国。

田忌赛马

公元前355年冬天，一位名不见史册的齐国使臣在大梁的大街上遇到了沿街乞讨的孙膑。两个人用齐地方言交谈了几句，齐国使臣马上意识到自己遇到了一位奇人。当他完成使命，启程返回齐国之际，将孙膑装在自己的辎重车内，轻易地逃过了魏国边境的检查。

抵达临淄之后，孙膑被安置在将军田忌家里。

田忌姓田，自然是齐国公室子弟。不过这位公室子弟近两年混得不太如意，因为他和相国邹忌的关系一直处理不好。当然，这和邹忌整肃官场没有关系。田忌既不是贪官，也不是浑蛋，他和邹忌的矛盾纯属私人恩怨。

很多时候，关系不和，并不需要解释。

第二年春天，孙膑作为田忌的门客，陪同田忌参加了在临淄郊外举行的赛马会。

赛马是当时齐国极为流行的贵族活动。比赛规则为：双方各出赛马三匹，分别比三次，三局两胜。齐威王本人也热衷于这项活动，派人搜刮和训练了几匹好马，在赛场上与各位官僚贵胄一较高下。田忌每次与齐威王对赌，都必败无疑。

这一次，他毫无悬念地又以三比零的战绩输给了齐威王。

但是他很快又回到赛场，要求与齐威王再比一场，而且把赌注加大十倍。

齐威王歪着脖子看了他半天，说："田忌，你这是在向我变相行贿吗？"

田忌说："下臣岂敢？即便是行贿，那也是向您身边的大臣行贿，哪有向您行贿的？"

齐威王说："那也不行，你肯定是换了三匹马来再比。而我的马已经跑过一次了，不公平。"

田忌说："马还是刚刚那三匹，不含糊。"

齐威王叹了口气，道："既然你非要这样，那我就只能奉陪了。不过事先说好，回去被老婆骂，可怨不得我。"

比赛再度开始。

第一局下来，齐威王的马又大胜，甚至比刚刚那场胜得更多，冲线的时候，足足超出田忌的马十个马身。

齐威王嘲弄地看了田忌一眼："不行啊田忌，你的马士气低落，表现比刚才还差啊！"

田忌抹了一把额上的汗说："现在还难言胜负，您等着瞧。"

第二局下来，田忌的马却是小胜。

齐威王"咦"了一声，道："有进步啊！"

田忌似乎也颇为意外，说："真有进步啊！"

第三局开始了，两个人的眼睛都瞪得大大的，全场观众也都紧张地看着赛场。只见两匹马开始还齐头并进，难舍难分。跑过一半的路程，田忌的马便领先了，先是一个马头，接着半个马身。齐威王的骑师见状，拼命扬鞭策马，想挽回局面，但是始终差那么一点，眼睁睁看着田忌的马以微弱的优势赢得了这场比赛。

"不对，不对！"齐威王气得跳起来，"田忌你肯定是做了什么手脚，否则不可能赢寡人。"

田忌说："没有。"

齐威王说："不做手脚，你怎么会那么有把握加大赌注？你老实说，到底使了什么花招？”

田忌说：“真的没有使什么花招。只不过……下臣的门客孙膑给下臣出了一个小小的主意罢了。”

“什么主意？”

“他把您的马和下臣的马都分为上、中、下三等。第一局以臣之下马对您的上马，所以大输；第二局以臣之上马对您的中马，所以小胜；第三局以臣之中马对您的下马，又是小胜。所以就……嘿嘿！”

齐威王愣了半晌，骂道：“好你个田忌，居然在家里藏着这样的能人，不推荐给寡人！马上请他过来，寡人要见见他。”

孙膑就这样见到了齐威王。

两人见面，嘘寒问暖的话就不赘述了，唯独需要说明的一点是，孙膑的祖上孙武，原来是齐国田氏的分支，因此孙膑与齐威王也算是同宗关系。

齐威王听过孙膑的故事，唏嘘不已，但是又颇感怀疑——那庞涓率领魏军东征西讨，名震天下，被誉为当世之雄，孙膑的才能难道还胜过庞涓？

带着这样的疑问，他向孙膑请教了几个军事问题。

齐威王首先问：“如果两军对峙，旗鼓相当，且都严阵以待，请问先生该如何破局？”

孙膑回答：“可以派小股部队进行骚扰，只许败不许胜，引诱敌军进攻，让敌军暴露出弱点，再集中力量突击。”

齐威王一听，有点门道！便又问道：“如果双方力量不对等，有什么原则可循吗？”

孙膑说：“有。”

齐威王说：“假如是我众敌寡，我强敌弱，该怎么办？”

孙膑马上向齐威王作了一个揖，说："这是明君才会问的问题。优势在自己这边，还小心翼翼地问怎么办，说明您对待战争很慎重，乃国家之福。下臣的祖上孙武子著兵书，第一句便是'兵者，国之大事，死生之地，存亡之道，不可不察也'。身为国君，在任何时候都必须对战争慎之又慎，即便看起来极有把握，也要小心行事，因为国之存亡，往往只在一念之间。"

孙膑接着说："如果是我众敌寡，最好是故意摆出一副军容不整的样子，扰乱敌人的视线，让敌人觉得有机可乘，主动寻战。这样的话，敌人失去警觉，好比鸡蛋碰石头，我军趁机掩杀，可大获全胜。"

齐威王又问："如果是敌众我寡，敌强我弱呢？"

孙膑说："那就长兵在前，短兵在后，严阵以待。"

齐威王说："那么，以一击十，可以做得到吗？"

孙膑说："攻其不备，出其不意，可以做得到。"

齐威王来了兴趣，又问道："在先生看来，要在战场上立于不败之地，主要取决于什么因素？"这个问题明显和前面的具体问题不同，已经上升到"兵道"的层次，是要考孙膑对战争规律的理解。

孙膑很干脆地回答："恒胜有五。"也就是常胜有五要素——一是统帅全权指挥；二是知道胜负的条件；三是得到士卒的拥护；四是将帅同心协力；五是能够正确判断敌情。

话题既然打开，孙膑便不待齐威王发问，继续滔滔不绝地讲下去："兵多，国富，武器精良，这些都是获胜的有利条件，但并不一定能够获胜，关键还是要掌握战争的规律。自古以来优秀的将领，能够让敌人分兵，也能够让敌人按兵不动，因此即便处于劣势，也可以找到获胜的机会。

"地形平坦，则多用战车；地势险阻，则多用骑兵；居高临下，则多备弓弩。没有什么兵种可以横行天下，关键是因地制宜，使用正确的兵种。

“正确使用骑兵，可以轻易获得主动。敌人立足未稳的时候派骑兵发起冲锋，可以出其不意；敌人已经列阵，派骑兵迂回到敌阵背后，可以攻其不备；敌人溃散之后，骑兵可以自由追击。除此之外，还可以将骑兵用于战略用途，袭击敌军的粮道，烧毁敌国的桥梁，掠夺敌人的村庄……骑兵的优势在于能离能合，能聚能散，忽然而来，呼啸而去，神鬼莫测。大王如果想富国强兵，一定要优先发展骑兵，方可与诸侯一决高下。

“进攻第一，防守第二，被动的防守不如主动的进攻。虽然孙武子将攻城当作世间最艰难的事，但我这个后辈的认识有所不同。近百年来，中原各国都在兴建前所未有的大城，它们人口众多，商贾云集，积聚丰厚，乃兵家必争之地。在平时的训练中，要将攻城作为重点科目，同时加强对攻城器械的研究和开发，切实提高部队的攻城能力。”

齐威王听得入了迷。不知不觉，两个人已经聊了一整天。

齐威王问了最后一个问题：“我想百姓都听我的话，该怎么办？”

孙膑笑了：“您言必有信，百姓自然服从。”

至此，齐威王对孙膑完全信服了。他对孙膑说：“请先生看在同宗的面子上，就留在齐国吧。寡人想拜先生为将军，统领齐国军队。”

孙膑指了指自己那双并不存在的脚，又指了指脸上的印记，说：“在下这副尊容，如果担任了将军，岂不是让齐国蒙羞？”

“那就请您担任寡人的军师，在幕后出谋划策吧！”齐威王也不强求，很快抛出另一个方案。

孙膑没有再推辞，但是提出一个要求：“齐、魏之间必有一战。在那一战发生之前，请允许下臣仍旧秘密居住在田忌府中，不公开露面。而且，下臣在齐国的事，知道的人越少越好。”

“为什么？”

“为了庞涓。”

孙膑说着，轻轻地合上了眼睛，仿佛想起了他在大梁的痛苦岁月。

围魏救赵

上一章写到，就在这一年（公元前354年）冬天，赵国进攻卫国，攻占富丘及漆地。卫国向魏国求援，魏惠王派庞涓率领八万大军伐赵救卫，包围了赵国的首都邯郸。

据《战国策》记载，大夫季梁本来外出办事，听到魏惠王要讨伐赵国，半路上又折了回来，顾不上整理衣服上的褶皱，拍掉头上的灰尘，就跑到宫里去见魏惠王，劈头盖脸地问道：“听说您已经下令庞涓讨伐赵国，有那么回事吗？”

魏惠王说：“是，怎么啦？”

“为，为什么？”

“赵国无故侵略卫国，寡人重振先君的霸业，出面主持公道，有何不妥？寡人还想问你呢，派你去出使楚国，怎么现在就回来了？”魏惠王不满地看着季梁。

“是这样的——我在路上遇到一个朋友，正驾着车往北走。我问他去哪，他说去楚国。我就奇怪了，楚国在南边，你往北走怎么可能到得了楚国呢？可他说没关系，他的马好。我说，马是好马，可这不是去楚国的路啊！他说，他不差钱。我说那还是不行，两码事。他又说，他的车夫技术很好。我便不再说话了。您想想看，他把方向搞错了，马又好，钱又多，车夫技术也好，这不是离楚国越来越远嘛！您现在要重振先君的霸业，想取信于天下诸侯，却又仗着兵精粮足去攻打赵国，这和想去楚国却拼命往北走有什么区别？”

成语“南辕北辙”即出于此。

可惜的是，季梁苦口婆心，却阻挡不住魏惠王炫耀武力的雄心壮志。即便是后来秦国乘虚而入，攻占了魏国的少梁，也没有动摇魏国攻占邯郸的决心，反倒是促使庞涓加快了进攻的节奏。

在这种情况下，公元前353年春天，赵成侯的使者来到了临淄，请求齐威王派兵救援赵国。

齐威王为此召开了专题会议。

相国邹忌反对救赵，他认为魏军势大，庞涓又善于用兵，齐军未可与之争锋。

大夫段干朋等人则主张救赵，主要理由是魏国已经十分强大，如果再攻克邯郸，将赵国置于控制之下，甚至吞灭赵国，将对齐国构成严重的威胁。

双方各执一词，争执不下。

但是到了第二天，邹忌又突然改变主意，同意了段干朋的意见。个中原因，是邹忌的一位门客公孙阅当天晚上对他说了一番话。

公孙阅说：“此番伐魏，田忌必定为将。如果战争获胜，则您也有功。如果战争失败，田忌不是战死就是逃亡，命运全掌握在您手上。这样的事情，您又何乐而不为呢？”

邹忌不是圣人——世界上本来也不存在圣人，公孙阅的话很轻易便打动了他。是啊，何不让田忌这个傻瓜去冲锋陷阵呢？输赢只是国家的输赢，对他邹忌来说，却是旱涝保收。

田忌很快被任命为远征军的统帅。这支军队的人数和庞涓带领的军队一样，也是八万人。就当时而言，这已经是齐军可以出动的极限了。

孙膑则以军师的身份，坐在轮椅上随军出征，这也是中国战争史上首次出现的军师的形象。很多人对《三国演义》中诸葛亮摇着羽扇坐着小车的形象感到疑惑，会提出“他又没有残疾为什么要坐轮椅”之类的问题，答案已经写在这里——五百年前，军师的祖师爷孙膑就是这么出场的。

田忌领受了命令之后，便立即整顿军马，准备开赴邯郸城下与庞涓决战。

孙膑却给了田忌一个否定的意见。

“恕我直言，魏国武卒横行天下数十年，所向披靡，胜多败少。如若正面交锋，八万齐军绝对不是八万魏军的对手。”

“可是救兵如救火，咱们如果不去邯郸城下，还能去哪？”田忌对此表示不解，“而且，庞涓将军师害成这个样子，难道您不想早点将他的头砍下来，快意恩仇吗？”

孙膑摇摇头：“个人恩怨总是要解决的，可当务之急不是找庞涓算账，而是如何打败魏军。我实话跟您说，庞涓虽然阴险，却不失为一代名将。我军如果不远千里赶去救火，他严阵以待，以逸待劳，击败我军不过是举手之劳。”

“就算是军师也斗不过他吗？”

“胜败条件一目了然，就算是家师鬼谷子到场也无济于事。”

“那我们该怎么办？邯郸的形势已经万分危急，如果我们再按兵不动的话，邯郸必破无疑。主上怪罪下来，你我都担当不起。”田忌想到邹忌对自己的态度，不觉眉头紧皱。

“当然不是按兵不动。”孙膑说，“我们是来解围的，不是来打架的。解围是个技术活，弄不好便会身陷其中，反受其乱。我的建议是，避实就虚，不要去邯郸，改为直接进攻大梁。”

“大梁？”田忌眼前一亮。

“没错。庞涓围攻邯郸，带走了魏国的精锐，连秦军进攻河西都不回防，可见其志在必得。但是如果我们进攻大梁的话，他绝不可能置身事外，必须赶回来救援。这样一来，邯郸的压力就小了。而我们以逸待劳，在魏国与庞涓决战，主动权操纵在我们手里，获胜绝非难事。”

这就是历史上著名的“围魏救赵”之计。

在一本名为《三十六计》的小册子中，“围魏救赵”被列为第二计，其原文为：“共敌不如分敌，敌阳不如敌阴。”意思是，攻打集中的敌人，不如将其分散再打；打击气势旺盛的敌人，不如待其士气低落再动手。应该说，这既是孙武用兵的原则，也是孙膑兵法的精髓。

田忌听从了孙膑的建议。

从齐军跨出国门的那一天起，孙膑就开始不断地使用各种手段迷惑庞涓。

先是向南进攻魏国战略要地平陵（今山东省定陶）。平陵虽然城池不大，然而人口众多，商贾云集，历代魏君都十分重视经营平陵，将城墙修得又高又坚固，留有重兵防守。从齐国出兵进攻平陵，途中还要经过宋、卫两国之间的市丘，辎重队伍很容易遭受攻击。因此，从表面上看，齐军一出国便进攻平陵，显然是不明智的。这就给庞涓造成了一种“齐军无人”的假象。

部队接近平陵的时候，孙膑又命令主力停下，千里迢迢从临淄和高唐调来地方部队担任主攻。结果可想而知，齐军被打得铩羽而归。

消息传到邯郸城下，庞涓不禁冷笑一声，认定齐军主将田忌不过是个草包。

但是几天之后，形势突然发生变化。一支齐军战车部队绕过平陵，轻装疾进，直接突入大梁城郊，烧掠了十几个村庄，而且放出风说，齐军主力部队即将到来，准备血洗大梁，一泄当年禀丘战败（公元前405年）之恨。

大梁城内人心惶惶。魏惠王沉不住气了，派人给庞涓送去一封密信，令他火速回师救援大梁，稳定局势。

庞涓收到密令，将半个月以来收到的信息作了一番分析，得出一个孙膑极想要他得出的判断：齐军不过是乌合之众，无非是想趁火打劫，从魏国捞到一点好处罢了。

那样的话，邯郸之围可以不解，只需他带领少量部队火速返回国内，便可一举击败齐军。

他不知道，齐军所有的行动背后隐藏着一个最大的秘密，那就是他的昔日同窗孙膑正端坐在中军大帐中悄悄操纵着一切。这件事被列为最高机密，就连齐军中也只有少数几位高级将领知道。

庞涓决心快刀斩乱麻，命令魏军主力继续围攻邯郸，自己则带领两万部队偷偷离开了邯郸城下，日夜兼程赶回魏国。

《孙子兵法》第七篇第二条记载："卷甲而趋，日夜不处，倍道兼行，百里而争利，则擒三将军，劲者先，疲者后，其法十一而至；五十里而争利，则蹶上将军，其法半至；三十里而争利，则三分之二至。"

简而言之，以当时的交通运输条件，急行军必定导致士兵大量掉队。急行一百里，掉队百分之九十；急行五十里，掉队一半；急行三十里，掉队三分之一。因此，急行军乃是兵家大忌，没有十足的把握不可轻易使用。

但是庞涓已经顾不上这么多，他只想快点赶回国内击溃齐军，好让魏惠王放心。

当他带着一万余名疲惫不堪的魏军赶到桂陵（今河南省长垣）的时

候，等待他的是八万名吃饱喝足、气定神闲的齐军。

战斗的结果可想而知，魏军被击溃，庞涓本人也成为俘虏。

他被押解到齐国的中军大帐。在那里，他见到了田忌，还有一个坐在轮椅上的人。

庞涓先是惊愕，接着大笑起来。“果然是你，果然是你！”他用一种几乎是歇斯底里的声音说，“从这场战斗一开始，我就怀疑是你在背后操纵这一切。除了你，还有谁会这样不遗余力地用各种手段将我从邯郸城下骗到这里来？只有你，只有你有这个本事让我上当。我真后悔，当初在大梁为什么没有杀掉你，为什么要留你一条性命？杀掉你我就是天下第一了……不，你其实并不比我强，对吗？如果你比我强，又何必费尽心思将我骗到这里来，又何必躲躲藏藏不敢现身，何不在邯郸城下与我光明正大地决一死战？你还是怕我，怕我在战场上打败你。你害怕人家会说，鬼谷子最得意的弟子是庞涓，孙膑只是个废物，是个懦夫！”说罢又是一阵狂笑。

孙膑只是怜悯地看着庞涓，静静地等他把话说完。他不想对庞涓的话进行任何反驳。这些年来吃过的苦头使他明白人间的险恶，也明白人类的各种雕虫小技。庞涓歇斯底里也罢，装腔作势也罢，对他来说不起任何作用。他知道，自己只要轻轻一挥手，刀斧手便会将庞涓拖出去，转身拿进来一颗血淋淋的人头。但他不想那样做，他甚至不想以其人之道还治其人之身，将庞涓的双脚砍下来，再在庞涓脸上烙上一个硕大的印记。那样的话，他与庞涓又有什么区别？

他命人将庞涓押下去，暂且关押起来。

田忌忍不住问孙膑：“您难道就这样放过他？”

孙膑说：“邯郸局势未明，留着他还有用处。”

果然，几天之后消息传来，邯郸陷落了！

原来就在桂陵之战的同时，围攻邯郸的魏军发动一次总攻，以摧枯拉朽之势攻破城门。赵成侯不得不带领文武百官突围而出，逃往代地避难。魏军战斗力之强，委实不是吹的。

此后，韩国出于害怕齐国势力西扩，也加入了魏国的阵营。公元前352年，魏、韩联军在襄陵（今河南省睢县）打败齐、宋、卫三国联军（可见孙膑也不是百战百胜的）。

战争持续了两年。公元前351年，楚宣王派大将景舍调停各国争端。齐、魏、赵等国在漳水之滨缔结了和平条约，史称“漳水之盟”。

作为交换条件，齐国将庞涓送回了魏国，魏国则将邯郸交还了赵国。楚国从中渔利，获得魏国在睢水流域的大片土地。

对此，《吕氏春秋》评价道：（庞涓）围攻邯郸三年，士民疲惫，国家空虚，舆论批评，诸侯耻笑，魏国从此走上了下坡路。

魏文侯建立的百年霸业，根基已经松动。

第六章

商鞅之死

漳水之盟暂时解决了赵、魏、齐等国之间的矛盾，至少表面上看起来如此。

但是对于魏国来说，战争尚未结束。公元前351年，秦国再度出兵进攻河西，攻克上郡的战略要地固阳（今陕西省延安）。公元前350年，魏军在大将龙贾的带领下发动反攻，双方在定阳（亦在今陕西省延安境内）展开大战。几个回合下来，秦国人发现，虽然魏军在桂陵之战中遭到失败，实力却损失不大，仍然是一块难啃的硬骨头。魏将龙贾也不是等闲之辈，曾经主持修建大梁以西的长城，是一位攻守兼备的将才，在战场上挥洒自如，多次打得秦军丢盔弃甲。

双方打了一年之后，秦国主动提出和谈。秦孝公和魏惠王在彤地（今陕西省华县）举行会盟，缔结了和平条约。魏惠王终于跌跌撞撞地稳住了局势。

公元前348年，刚刚即位一年多的赵肃侯来到阴晋与魏惠王相会，赵、魏两国的关系得到进一步加强。

此后数年，中原基本无战事，魏国抓紧时间休养生息，原本就富庶的三河地区又呈现出一派繁荣的景象。到了公元前344年，魏惠王感觉到元气恢复得差不多了，又忍不住蠢蠢欲动，准备以朝觐周天子为名，召集鲁、宋、卫、邹等“泗上十二诸侯”举行会盟，重图霸业。

就在魏惠王紧锣密鼓地筹备会盟的时候，秦孝公突然派了一位使者来到大梁。这位使者不是别人，就是当年魏相公叔痤门下中庶子、现任秦国大良造的卫鞅。

自立为王的逢泽之会

卫鞅的来访在很大程度上打乱了魏惠王的部署。

按照魏惠王的本意，召集诸侯会盟，一是抬高自己的身价，二是“以西谋秦”，想发动大家都来与秦国为敌，共同挥兵西进，抢占秦国的土地，将秦国打回“老、少、边、穷”的原形，甚至从地图上抹去。

卫鞅一来，便对魏惠王说：“寡君听说您要举行诸侯会盟，共同朝觐周天子，特派下臣前来表示祝贺。寡君特别交代下臣问一下，秦国虽然偏小，但也是周朝的诸侯，这种尊崇王室的大好事，为什么不知会他也来参加？”话说得委婉，实际上是在告诉魏惠王，你心里打什么主意，秦孝公全知道。

魏惠王也是江湖老手了，马上说：“寡人不只是没邀请秦国，也没有邀请齐、楚、赵、燕、韩等国。之所以这样，是因为魏国是个小国，势单力薄，虽然有尊王之心，却也知道自己的斤两，不敢对大国发号施令。寡人这样回答，不知道秦伯是否满意？”

周朝的封爵，有公、侯、伯、子、男五等。三晋虽然是后起之秀，却都被封为侯爵。而秦国虽然早就立国，却一直是伯爵，是以魏惠王称秦孝公为秦伯。

卫鞅说：“您谦虚了。魏国沃野千里，物产丰富，带甲三十六万，北克邯郸，西围定阳，分明是天下第一强国。”

千穿万穿，马屁不穿。听到卫鞅这样说，魏惠王不觉微微一笑，面露得意之色。

“但是，令下臣感到疑惑不解的是，以魏国之强而召集诸侯会盟，为什么只请宋、卫、鲁、邹这样的小国？这些国家诚然便于驱使，却不足以支撑您的王图霸业。”

卫鞅说到“王图霸业”四个字，偷偷地看了魏惠王一眼，只见他两眼放光，一副踌躇满志的神情，显然已经被打动了。他赶紧趁热打铁，继续说道：“依下臣之见，您不如向北争取燕国，向东讨伐齐国，则赵国必然死心塌地跟从你；向西争取秦国，向南讨伐楚国，则韩国也会听从您的指挥。您以伐齐、楚之心来顺应天下之志，则王图霸业已现。您大可以穿上王服，登上王位，以王者之尊率领天下诸侯图谋齐、楚。”

“王者之尊？”魏惠王打了一个激灵。谁都知道，普天之下，莫非王土，这个“王”指的是周天子。虽然自周平王东迁以来，群雄并起，早就没有人将周天子放在眼里，但是诸侯再大，也只是诸侯，最多到周天子那里讨个方伯（霸主）的称号，用以号令天下，还没有人敢将这个“王”字加在自己身上。当然，楚国是个例外，它一开始就自认是化外之国，还在山旮旯里茹毛饮血的时候就自封为王，中原各国打心眼里是看不起的，也是不承认的。现在卫鞅提出魏惠王也可以称王，魏惠王激动之余，不禁又打了一个问号：这样做，行得通吗？

卫鞅看出了魏惠王心里的犹豫，不紧不慢地说了一句："下臣出访之前，寡君明确表示，您若称王，秦国愿意拥戴。寡君虽然不能亲自赴会，但是一定会派公子代表他参加，以示尊重。"

读过《三国演义》的人也许记得，东汉末年，天下三分已成定局之际，孙权曾经派人给曹操送去一封信，劝他称帝。曹操大笑，说："是儿欲踞吾著炉火上邪！"

意思是，这小子是想把我放在火炉上烤啊！

魏惠王却没有曹操的智慧，他完全被秦孝公的诚意打动了，乐滋滋地接受了卫鞅的建议。

他就没想想，秦孝公能对他安什么好心吗？

不久之后，由魏国召集的诸侯大会在逢泽（今河南省开封）召开。宋、鲁、卫、邹等国诸侯参加了会盟。秦孝公没有食言，派公子少官前来祝贺。

就在这次的会盟上，魏惠王"广公宫，制丹衣，旌建九牌，从七星之旟"，也就是扩建宫室，制作王服，竖立天子的仪仗，过足了当天子的瘾。

同时他也犯下了即位以来第三个大错。

第一个大错：不听公叔痤的建议，既不重用卫鞅，又没有杀掉卫鞅，以至于其为秦国所用，成为魏国最大的威胁。

第二个大错：误以为孙膑里通齐国，判处其刖刑，结果孙膑果真为齐国所用，在桂陵大败庞涓。

这第三个大错，是最为严重的一个：中了卫鞅的嫁祸之计，妄自尊大，自立为王，成为天下人的公敌。

逢泽之会的消息传开，第一个不乐意的就是周显王。

周显王在位的年代，因为内部权力斗争，王室实际上已经被一分为二，即东周和西周两个小国，各自为政。饶是如此，周天子在名义上还是天下的共主，所有诸侯从理论上讲都是他的臣下。在历史上，即使是齐桓公、晋文公、秦穆公这样的一代枭雄，立下过盖世奇功，也不敢挑战天子的名位，反而是打出尊王攘夷的旗号，争当王室第一忠臣。现在这个魏罃，祖上不过是晋国的臣子，当上诸侯也才三代，仗着手头有些兵甲，竟然妄自称王，真是太狂了！

作为魏惠王的盟友，韩昭侯也不乐意了。三晋本为兄弟，一同封侯，互相是平等的主体。现在魏国称王了，韩国岂不是比魏国低了一等，往后这交道还怎么打？

韩昭侯公开宣称，不承认魏国的王号。

齐国和楚国，不消说，很乐意看到魏惠王干这种得罪天下人的傻事。而魏惠王接下来的行为，又进一步加重了天下人对他的反感。

公元前342年，他有些迫不及待地发动了对韩国的进攻。

马陵之战，庞涓殒命

魏军以穰疵为将，在南梁和霍城（均在今河南省汝州）打败韩将孔夜，遂长驱直入，逼近韩国的首都新郑。

韩昭侯派使者向齐威王求救。

齐威王仍旧是召开会议，听听诸位大臣有什么意见。在救不救韩国的问题上，大家的意见是统一的，那就是一定要救。但至于何时出兵相救，则发生了分歧。

大夫张丐认为，迟救不如早救，如果齐国不及时出兵，韩国很有可能屈服于魏国的强大压力，臣服于魏国。

田忌则认为，韩国虽然战争失利，实力仍然存在。齐国如果现在就贸然介入，等于替代韩军接受魏军的进攻，反而有可能受制于人。不如先静观待变，等到韩、魏两军都筋疲力尽了，齐国再出手救援韩国，可以事半功倍。

田忌的观点其实就是孙膑的观点。回想起来，上次魏军围攻邯郸，孙膑也是不紧不慢。他很清醒地认识到，邯郸或者新郑陷落，并不是什么不得了的事，重要的是打击魏军的有生力量。

“可是，”张丐反驳道，“一旦韩国失去信心，投降了魏国呢？魏国的力量岂不是更加强大，对齐国的威胁岂不是更大？”

关于这一点，田忌也想到了。他对齐威王说：“我们可以派使者去新郑，向韩侯表达救援之意，坚定其抗敌的信心。至于什么时候发兵，不要急着给他一个准确的日期，让他知道我们不会坐视不理就行了。”

换而言之，先给他们画张饼充饥吧！

齐威王采纳了田忌的建议。说来也怪，韩国人收到齐威王开来的这张见票不付的支票，如同打了鸡血一般，士气立马高涨起来。半年之间，韩军组织了五次大规模反攻，结果……全失败了。

公元前341年春天，当魏、韩两军打得筋疲力尽的时候，齐国终于出手。

这一次出手仍然是田忌与孙膑这对老搭档，用的也是“围魏救赵”的老计谋。齐军再度越过宋、卫边境，直扑魏国首都大梁。

与上次不同的是，这一次魏国国内并不空虚。魏惠王马上派大子魏申为统帅，庞涓为上将军，带领十万大军迎击齐军。

当然，所谓大子为统帅，不过是挂个名来见习罢了。军中一切事务，还是由庞涓全权负责打理，再以大子的名义发号施令。

事隔十二年，鬼谷子的两位门徒再度刀兵相见。

齐、魏两军在平陵附近相遇。庞涓摆开阵势，正想大干一场，却突然得到情报，齐军已经拔寨起营，向北逃窜。

庞涓一时没弄清楚孙膑葫芦里究竟卖什么药。他小心翼翼地派出小股部队，前进至齐军营地，确认没有埋伏之后，才率领大部队跟进。

在齐军营地中，庞涓命人仔细清点了齐军做饭时留下的灶眼，得出一个结论——田忌和孙膑率领的这支部队，不下十万之众。单从人数上讲，双方势均力敌。但是，齐军甚至没跟魏军接触就跑了，除了怯懦，似乎找不到其他理由。

“孙膑这小子，还是不敢和我正面交锋啊！”

庞涓心里暗自得意，命令全军紧跟齐军，寻找机会决战。

追了一天，庞涓再度清点齐军留下的灶眼，惊奇地发现，齐军竟然减员一半，只剩下五万多人了。

第三天晚上，庞涓再去数灶，判断出齐军仅剩不到三万人。毫无疑问，齐军一路北窜，一路不断有人开小差。只三天的时间，便逃亡了六七万人。

这里已经临近齐魏边境。庞涓看着那些星罗棋布的灶眼，突然产生了一种担心：再有两天，齐军就将逃回国内，下一次再在战场上遇到孙膑，就不知道是什么时候了。

十二年前在桂陵被俘的耻辱，一直深深烙在庞涓心上，甚至连睡觉都会时常梦到当时的情景。但他始终坚持一点，当年如果不是孙膑狡诈地藏在暗处，让他放松了警惕，他绝对不会输那一仗。

这就好比狮子正与狗作战，藏在草丛中的毒蛇却出其不意地咬了狮子一口。

他要向世人证明，他就是那头威震天下的狮子，而孙膑不过是一条阴险狡诈的毒蛇。狮子有可能因为一时疏忽而被毒蛇咬伤，但是如果来一场面对面的决斗，狮子一定会将毒蛇碎尸万段。

这一次，就让我们之间的恩怨作一个彻底的了结吧！让世人知道，我庞涓才是鬼谷子最得意的门生，才是天下第一兵法家。

带着这样的想法，庞涓命令步兵就地安营扎寨，自己和魏申只带着数千名精锐骑兵，快马加鞭去追击齐军。

他没有意识到，这样一来，他又犯了和上一次同样的错误。

庞涓轻装前进的第二天，来到了齐、魏、卫三国边境一个名叫马陵的地方（今山东省范县）。

马陵道路狭窄，地形险恶，路的一边是山林，另一边是深沟。庞涓抵达的时候，已经是黄昏。数千名骑兵不得不下马，排成两列纵队蹒跚前行。

突然间，先头部队停了下来。庞涓跑到前面一看，原来是一棵大树被砍倒了，横在路中间，将道路挡得严严实实。

“还愣着干什么？赶快把树搬开！”庞涓吼道，“齐军这点伎俩难道就能挡住魏国武卒的步伐？”

“上将军！”有人小声说道，“这树有点古怪。”

庞涓走上前，暮色中，只见那树的中段有一片树片被剥掉，露出白白的一块，而且似乎还写着一行字。

庞涓满怀疑惑，命人点燃一个火把，就着火光一个字一个字地读道：“庞涓死于此树下……”话音未落，无数弩箭飞来，射得魏军人仰马翻，乱成一团。

所谓士兵逃亡减灶，原本就是孙膑故意安排的假象。事实上，从齐军进入魏国的第一天起，孙膑就给庞涓设下了一个局。他通过不断的战略欺骗，牵着庞涓的鼻子，一步一步来到他早就挖好的陷阱中。

在这个陷阱周围，埋伏了整整一万名弓弩手。数千名魏军就算插上翅膀，也飞不出齐军的包围圈。

庞涓见此情景，万念俱灰，拔出宝剑，自刭而亡。庞涓一死，魏军更无斗志，纷纷放下武器投降，魏申也成为齐军的俘虏。

庞涓的遗言只有一句话："遂成竖子之名！"意思是，终于让这小子成名啦！

他至死都认为，孙膑不过是侥幸赢了他。

写到这里，有必要对田忌和孙膑的"后事"作一番交代。

据《战国策》记载，马陵之战后，孙膑问了田忌一个问题："将军有意干一番大事业吗？"

田忌心里一惊，问道："军师所说的大事业是……"

"将军与成侯（邹忌被齐威王封为成侯）的矛盾，齐国皆知。您若没有立功倒也罢了，偏偏您两度打败庞涓，闻名于天下。成侯本来就视您为眼中钉，这一战之后，更是必欲除之而后快。您现在这样回去，只怕是凶多吉少。"孙膑仍旧是不紧不慢的语气。田忌听了，却出了一身冷汗。

"依在下之见，您现在手里握着十万大军，将士们都视您为神明，甘愿为您牺牲性命，您切不可束手就擒。可派一部分老弱病残的士兵把守主地（今山东省淄博）。主地道路狭窄，车辆只能勉强通行。正所谓一夫当关，万夫莫开，即便是老弱病残，也能以一当十，万无一失。然后您背靠泰山，左有济水，右有高唐，辎重可直达高宛（今山东省桓台县），再派一支精锐的车骑部队奔袭临淄，则整个齐国都在您的控制之下。到那时候，成侯必定出逃，齐侯也只能听命于您——这就是在下所说的大事业。"

"这……这不是要我造反吗？"田忌惊恐地看着孙膑。

"此乃形势逼人，您不这样做，就只能等着成侯来算计您。"

田忌连连摇头："军师快别说了，我田忌深受国恩，怎么可能做出这样大逆不道的事情来？天下人会怎么看我？我又有何面目见祖宗于地下？”

他最终没有采纳孙膑的意见。

自幼受忠君爱国思想教育的田忌也许不了解，对于鬼谷子和他的门徒来说，天下就是一个棋局，帝王将相也罢，贩夫走卒也罢，不过是棋局上的棋子，在价值上没有区别。他们超脱于世事之外，略带着一丝悲悯，一丝嘲讽，甚至是一丝冷酷，致力于设计和解开一个又一个的“珍珑”[①]。庞涓之所以不如孙膑，并不是因为他的兵法不够强，而是因为他太过于“入世”，太热衷于名利，以至于自己也变成了一颗棋子，最终被孙膑的棋子吃掉。而在孙、庞之后，鬼谷子的另外两位高徒也已经悄然出山。与前两者相比，他们虽然不善于用兵，却更擅长于运筹帷幄，纵横捭阖，把“天下”这局大棋下得风生水起。

事实证明，孙膑是有先见之明的。

马陵之战后，田忌作为英雄回到了齐国。某一天，有人带着重金来找临淄街头最有名的算命先生，自称是田忌的部下：“将军二败庞涓，名震天下，现在欲举大事，请您占卜一下，看看凶吉如何。”算命先生信以为真，给他算了一卦。不料那人刚走不久，邹忌的门客公孙阅就带着人闯进来，将算命先生逮捕，直接送到齐威王那里问话。田忌得到消息，没抱任何幻想，赶紧收拾家当逃到了楚国。

据国学大师钱穆推测，孙膑也跟随田忌一同来到了楚国，从此不问世事，潜心著书。传世之作《孙膑兵法》的大部分内容，应该就是在楚国完成的。

---

① 围棋术语，也称玲珑，是全局性的布局设计，构思奇巧。最著名的当然是金庸先生在《天龙八部》中设计的“珍珑棋局”。

商鞅作法自毙

马陵之战后，魏国就一蹶不振了。

公元前341年冬天，卫鞅向秦孝公上了一书："秦、魏两国，互为心腹之患，不是你死就是我活。魏国占据崤山以东的肥沃土地，与秦国划河而治，形势有利就进攻秦国，形势不利就向东扩展。现在秦国主上圣明，国家昌盛；而魏国刚刚被齐国打败，尚未恢复。此时不进攻魏国，更待何时？只要能逼得魏国向东撤退，秦国就可占据崤山之固，黄河之险，进而控制东方诸国，一统天下，完成帝王之业！"

秦孝公对卫鞅一向言听计从，便派他为统帅，带领秦军进攻河东，威逼大梁。

魏惠王派公子卬（áng）为将，迎战卫鞅。

秦、魏两军在河东对峙。卫鞅派人给公子卬送去一封信。信上说："当年我在魏国担任中庶子，与您相处得很快乐。现在却各为其主，刀兵相见，实在是于心不忍。我想请您到营中一聚，小酌几杯，共叙旧情，订立盟约，化解兵戈，然后各自撤兵，互保平安，则两国百姓有福。不知您意下如何？"

公子卬欣然赴约。应该说，这既是对卫鞅的信任，也是对和平的期许。然而卫鞅却是个不怎么念旧情的人。公子卬一进秦营，便被埋伏的武士扣押起来。秦军趁机发动进攻，魏军群龙无首，被打得大败。

这一战对于魏国来说，无疑是雪上加霜。为了换取和平，魏惠王被迫向秦国妥协，归还了秦国部分河西土地。

到了这个时候，魏惠王才想起二十年前公叔痤对他说的话，不觉悔恨交加道："寡人恨不用公叔痤之言也！"

回想起来，魏文侯年代，天下英雄齐聚大梁，盛极一时。自魏文侯死后，魏国先后逼走吴起，放跑卫鞅，错失孙膑，把那个年代最杰出的三位人才都拱手送给敌人。魏国由强盛转为衰落，难道不是意料之中的事吗？要命的是，此后一百余年的历史中，魏国当权者似乎没有吸取教训，仍在犯着相同的错误——这是后话，在此不提。

这一战也将卫鞅在秦国的仕途送到了顶点。得胜回朝后，秦孝公封赏给他于商（今天陕西省商洛一带）十五座城邑，号称"商君"。因此，卫鞅在历史上也被称为商鞅。

具有讽刺意味的是，商鞅为了维护秦国的中央集权，剥夺了众多旧式贵族的特权和封邑。秦孝公封赏给他十五座城邑，等于让他拥有了一个国中之国，他却欣然接受，丝毫不觉得有什么不妥之处。

当时有个叫赵良的人，在秦国颇有名望，到商鞅府上拜访。商鞅刚受封赏，春风得意，对赵良说："当初秦国的风俗和戎狄一样，父子不分家，男女老少同居一室，是我用礼法规范秦人的行为，使他们男女有别，分房而居。我组织国人修建宫室城阙，把咸阳营造得像鲁国、卫国的都城一样漂亮。在您看来，我治理秦国，与当年的五羖（gū）大夫相比如何？"

羖即公羊。春秋时期，秦穆公年间的贤臣百里奚，据传是用五张羊皮的价格从楚国买回来的，被世人称为五羖大夫。

赵良说："那五羖大夫出身贫寒，秦穆公以奴隶的价格将他买回来，委以重任，凌驾于万人之上，秦国却没有人不满意。他在任期间，秦国对内施行德政，对外恩威并施，四方诸侯都来朝觐。但是他从不居功自傲，出门不坐车，酷热不打伞，走遍国内不带随从。他死的时候，秦国人无不痛哭流涕，连小孩都无心玩耍。他的功劳永载史册，他的德行让后人永远铭记。可是您呢，身为秦国的大良造，不为百姓造福，却大兴土木营造宫室，惩治大子的老师，用严酷的刑法残害百姓，这是自招怨恨，积聚祸患啊！自古以来，教育百姓比命令百姓更能深入人心，而您一味使用刑法来恐吓百姓，让大家服从于您的权威。您只要出门，身后就跟着数十辆战车，车上都是全副武装、身强力壮的卫兵，沿途还要布置警卫，非如此不敢出门。恕我直言，您的处境就好比早晨的露水，很快就会面临消亡的危险，怎么能够跟五羖大夫相比呢？”

商鞅默然不语。

“您如果想活得长一点，就把封地交还给国君，找一个偏远的地方耕田种树，颐养天年。如果仍旧贪图荣华富贵，独揽大权，一旦时局发生变化，秦国想要杀您的人还少吗？”

赵良话说到这个分上，商鞅仍是沉默。毕竟，急流勇退说起来容易，做起来却很难，甚至比逆流而上更难一百倍。从另外一个方面讲，他并非不知道自己得罪了很多人。可是改革如果不得罪人，那就不叫改革了。只要秦孝公还站在他这一边，还信任他，得罪谁他都无所谓。

然而，老天好像跟商鞅开了一个大大的玩笑。公元前338年，也就是这次谈话之后不到半年，秦孝公突然去世了。

据《战国策》记载，秦孝公去世前，曾经提出要把君位传给商鞅，但是被商鞅拒绝。秦孝公此举，究竟是出于真心实意，还是出于试探，后人无从得知。

秦孝公死后，大子嬴驷继承君位，即历史上的秦惠王。

前面已经说过，秦惠王和商鞅之间，存在一段不愉快的经历。这件事情虽然已经过去很久，但一直深藏于秦惠王心中，从来没被放下。

关于这一点，商鞅无疑也是心知肚明的。经过一番思量后，他主动向秦惠王提出要告老还乡，要回到自己的封地去过太平日子。

和很多聪明一世糊涂一时的人一样，商鞅的如意算盘是，权力我不要了，但是富贵还是给我留着吧！

秦惠王差点就答应了他的请求，可就在这个时候，秦惠王的老师，当年被商鞅割了鼻子的那位公子虔出来说话了。

“大臣功高盖主，就会危害国家的安全。如今秦国的男女老少，只知道有商君的法律，不知道有国君的权威。商君早就凌驾于国君之上，成为秦国的主人了。他现在提出告老还乡，不过是以退为进，想回到自己的封地去积蓄力量，时机一到就会向您反扑。”

公子虔自从被割了鼻子，一度闭门不出，整整八年没有见客，后来找人装上一个面具才敢出门。他对商鞅的恨，可以说是恨到骨子里头了，现在终于守得云开见日出，自然不遗余力要把商鞅往死里整。

秦惠王的另一位老师，被商鞅判了黥刑的公孙贾也不失时机地跳出来，向秦惠王提供了一些商鞅要谋反的“证据”。

在两位老师的轮番轰炸下，秦惠王很快发出了一道逮捕商鞅的密令。当然，卫士们从宫中出发前往商君府的时候，商鞅已经得到了情报。他换上一身平民的衣服，从自家的后门溜出来，迅速离开了咸阳，取小路直奔自己的封地于商。

他心里想，凭借着于商十五邑的武装力量，应该可以与秦国军队一战吧！

商鞅日夜兼程，途经蓝田的一个小镇的时候，又累又饿，于是找到镇上唯一一家客栈投宿。

“你是谁？从哪里来？到哪里去？”

客栈老板一连问了他三个问题（这三个问题足够让康德、黑格尔们思考一辈子），商鞅早有准备，报上一个假名字，说自己打咸阳来，要去商城走亲戚。

老板费劲地登记完这些信息，把手一摊："拿来！"

"什么？"商鞅愣了一下。

"介绍信啊！"老板白了他一眼。

"什么介绍信？"商鞅有点紧张了，从包裹里掏出十几个铜钱，要塞给老板。

老板连连摆手："你究竟是真不明白还是假不明白？商君早就颁布了法令，没有官府开具的介绍信，一律不准住店。我要是收留了你，我就得坐牢了！"

"啊？"商鞅使劲拍了拍自己的脑袋，颓然走出了客栈。走到没人的地方，不觉长叹了一声，自言自语道："没想到这商君的新法，是这么害人啊！"

成语"作法自毙"即出自于此。

商鞅回到于商不久，秦惠王的大军也就到了。如前所述，商鞅长于政治，对打仗却并不十分在行，再加上力量对比悬殊，很快败下阵来。

此后他带着族人仓皇出逃，一度想投奔魏国。但是魏国人记恨他欺骗公子卬，以卑鄙的手段赢得河东之战，又将他们赶回了秦国。

最终，商鞅在彤地（今陕西省华县）被秦军杀死。他的尸体被拉回咸阳，处以车裂之刑。但是秦惠王仍感到不解恨，又将商鞅的族人全部处死。

这也就是所谓的灭九族了。

秦国的旧贵族们欢欣鼓舞，额手称庆，以为这下要变天了。但是耐人寻味的是，秦惠王杀掉商鞅之后，却没有对商鞅颁布的法令作任何的更改。

山还是那座山，梁还是那道梁，秦国还是那个秦国，商君之法仍然是每一个人必须遵守的最高规范。

秦惠王不是傻瓜。商鞅制定的一切法令，无非是为了加强中央集权，使秦国变得更强大，为什么要废除呢？他杀掉商鞅，不过是为了安抚一下广大贵族受伤的心灵，以便更好地沿用商鞅的治国之道。

秦国已经走上了改革发展的快车道，不可能再走回故步自封的老路上了。

永别了，商鞅，你已经完成了使命，接下来的工作，就让我们来完成吧！

魏相惠施的诡辩术

商鞅之死，并没有让魏国松一口气。

正如韩非子所言："楚不用吴起而削乱，秦行商君法而富强。"吴起死后，楚国就中止了改革，国势又逐渐衰弱；而商鞅死后，秦国的改革却没有停步不前，秦国的国力越来越强大，对东方诸国构成了严重的威胁。

公元前338年冬，秦军攻魏，在岸门（今山西省河津）大败魏军，俘虏魏将魏错。秦军的这次攻势，是在秦孝公去世的同一年发动的。自古以来的习俗，国有丧事，不动刀兵。秦国人显然已经不在乎这些繁文缛礼，反倒是将这次胜利当成了对秦孝公最好的祭奠。

公元前337年，秦惠王正式即位①。受到岸门之战的震动，楚威王、韩昭侯、赵肃侯等诸侯不约而同来到咸阳，向秦惠王表示祝贺。这就意味着，秦国实至名归，已经取代魏国，成为新的天下霸主。

① 古制，先君去世的当年，仍以先君名号纪年，新君于次年正月登基改元。

西有秦，北有赵，东有齐，南有楚，强敌环伺的魏国如何才能在这个弱肉强食的世界上生存下去？历史仿佛经历了一个轮回，一百多年前，魏斯刚刚即位时面临的难题，现在又困扰着魏惠王，让他辗转反侧，寝食难安。

这个时候，相国惠施给魏惠王提出了一个建议：联合齐、楚，共抗强秦。

关于惠施，有必要介绍一下。

惠施是宋国人，战国时期诸子百家中名家的主要代表人物。在中国所有的哲学流派中，名家也许最接近西方意义上的哲学，他们所关注的焦点问题是：名与实的关系。

惠施曾经提出一些颇有意思的命题，比如说：

“至大无外，谓之大一；至小无内，谓之小一。”用现代的话语来说，大一就是宇宙，宇宙之外，是个不存在的概念；小一就是物质，物质不可再分，万事万物不过是物质的不同形式的排列组合。

“大同而与小同异，此之谓小同异；万物毕同毕异，此之谓大同异。”万物皆由物质构成，所以叫作“毕同”；但是物质的排列组合不同，叫作“毕异”。万事万物的对立统一，就是所谓的毕同毕异。

“我知天下中央，燕之北，越之南也。”燕国在当时被认为是最北的国家，越国则是最南的国家，可天下的中央为什么在燕之北和越之南呢？惠施解释，所谓中央，就是到两端距离同长的那个点。既然天下是无限的，任何一个点到天下两端的距离也都是无限，所以任何一个点都可视为中央。

“日方中方睨，物方生方死。”太阳到正中的同时，就已经开始西斜了；一件东西刚刚产生，同时又在走向死亡了。换句话说，人刚一生下来，就奔着死亡而去了。生与死不过是同一件事，没什么值得大惊小怪的。

不难看出，惠施的这些命题，有点不食人间烟火、自娱自乐、玩弄文字游戏的意味。但现实生活中的惠施，绝非消极避世之辈，反而积极投身战国乱世，希望能找到自己的用武之地。

有一个故事可以说明，惠施的诡辩术还真能解决实际问题。

据《韩非子》记载，有一个叫田驷的人欺骗了邹君，邹君想派人杀掉他。田驷害怕了，请惠施出面调解。惠施于是跑到邹国去说项。他与邹君之间的谈话是这样的——

惠施："假如有人拜见您，却闭着一只眼睛，怎么办？"

邹君："那还用说，当然是杀掉。"（邹国领地不大，邹君的脾气却不小）

惠施："那么，瞎子两只眼睛都闭着，您为什么不杀他？"

邹君："瞎子那是没办法睁开眼嘛！"

惠施松了一口气："田驷这个人呢，骗东骗西，就是个骗子，说话没一个准，如同瞎子眼睛不能睁开一样，是举世皆知的。既然是这样，您为什么还要恨他呢？"

惠施的意思很明白，这个人一开口就是撒谎，你却还会上当，责任当然在你了。

在惠施的雄辩面前，邹君无言以对，只好放过了田驷。

惠施在魏国政坛上崭露头角，是在桂陵之战后。

据《庄子》记载，桂陵之战中，庞涓被擒，魏惠王十分震怒，想派刺客前往齐国刺杀齐威王，以报一箭之仇。重臣们听到这个计划，都觉得十分荒谬，但是看到魏惠王正在气头上，谁也不敢劝阻。只有犀首公孙衍站出来说："您好歹也是万乘之君，怎么能够像匹夫一样报仇呢？请给我二十万人马攻打齐国，我为您俘虏他的人民，掠夺他的牛马，让他虚火上升，坐卧不安，然后攻入临淄，占他的江山社稷。至于田忌这小子，我要用鞭子狠狠抽他的背，打断他的脊梁，好替您出这口恶气！”

所谓犀首，是将军的称号，类似于龙骧、虎贲。公孙衍对魏惠王说这番话，倒也不是吹牛。为什么这样说，以后还会讲到，请先记住这个名字。

惠施当时在魏国朝中担任大夫，听说魏惠王又要打仗，便向魏惠王引见了一个人。

这个人姓戴，字晋人。

戴晋人一见到魏惠王就说：“我不是来谈政治的，我是来讲故事给您解闷的。”

魏惠王说：“那你就讲吧！”

“您知道世界上有一种动物叫蜗牛吗？”

“当然知道。”

“故事是这样的——”戴晋人瞪大了眼睛说，“蜗牛的左角上有一个国家，名叫触氏；右角上也有一个国家，名叫蛮氏。这两个国家为了争夺地盘，动不动就打仗。一战下来，伏尸数万，胜利的一方追逐失败的一方，追了整整半个月才返回。”

魏惠王听了，忍不住大笑：“你在瞎说些啥呀？你如果是为了逗寡人开心，你的目的已经达到了，可以去领赏了。”

“别，千万别！”戴晋人说，“我可不是来开玩笑的，我说的都是真事！如果您不信，我再跟您说说。”

“好吧。”

“请问，您认为天地四方上下有尽头吗？”

这是一个典型的惠施式的问题。毫无疑问，戴晋人的这一套说辞，是惠施早就安排好的。

“没有。”魏惠王想都没想就回答。

“那么，从无穷无尽的地方遨游回来，回到华夏大地，您会有一种若存若亡的感觉吗？”戴晋人接着问道。

魏惠王闭上眼睛，仿佛魂游太虚，半晌才说：“还真有那种感觉。”

“华夏大地有个魏国，魏国有个大梁城，大梁城中有位国君。您说，这国君与触氏、蛮氏有区别吗？”

魏惠王愣了一下，说：“没有。”

戴晋人不再说什么，起身告辞，只留下魏惠王独坐在那里，魂不守舍，怅然若失。

是啊，和苍茫天地比起来，犀首将军和二十万雄兵算得了什么呢？不过是沧海一粟罢了。齐国和魏国的恩仇又算得了什么呢？不过是蜗牛角上的争端罢了。

过了一阵子，惠施走了进来。魏惠王这才回过神来，对惠施说：“您推荐的这位先生，真是位大人，即便是圣人也不如他啊！”

惠施说：“是啊，即便是尧舜，在他面前也不值一提。”

不消说，魏惠王打消了派公孙衍攻齐的念头，从此对惠施刮目相看，后来便任命惠施当了相国。

公元前337年，当惠施向魏惠王提出联合齐、楚，共抗强秦的计划时，实际上已经悄然拉开了合纵的序幕。

所谓合纵，就是东方诸国联合起来对付越来越强大的秦国。与此同时，面对合纵的威胁，秦国也采取了针锋相对的措施，即分化合纵，与其中的某一国结成联盟，然后再各个击破，称之为连横。为此而游走于各诸侯国之间的外交家、政治家、军事家，也就被称为纵横家。

当然，惠施还谈不上是纵横家（真正的纵横家很快要登上舞台）。他只是凭着一种天生的狡黠，希望通过外交手段将齐、楚两个大国玩弄于股掌之上，为魏国争取生存空间。

换而言之，惠施想要达到的目标是：一、齐国亲近魏国，楚国也亲近魏国；二、当秦国欺负魏国的时候，齐、楚两国会站在魏国这边；三、齐、楚两国互相仇视，水火不容。这得多高超的手腕啊！

在惠施的劝说下，公元前336年，魏惠王拉上韩昭侯，以及一群小国诸侯，前往齐国朝觐齐威王。

这一年距马陵之战仅五年。马陵之战中，庞涓被杀，魏申被俘（后来也被杀死），魏惠王视之为奇耻大辱，现在却低三下四，主动去朝觐人家，可谓忍辱负重。

然而齐威王并不买他的账，避而不见。

齐国朝中也有人看穿了惠施的阴谋。大夫张丑就曾经劝告齐威王，无事献殷勤，非奸即盗，魏惠王此来的目的不纯，表面看似臣服，实际上是想转移矛盾，让齐国成为楚、赵等强国的敌人。

些许小事难不倒惠施。他打听到齐威王的小儿子田婴受到宠爱，在齐威王面前很有发言权，便花重金买通了田婴。通过田婴说项，魏惠王等人终于如愿见到了齐威王。

公元前335年，魏惠王和韩昭侯轻车熟路，再一次来到齐国朝觐。

公元前334年，魏惠王和韩昭侯再度入齐，在徐州见到了齐威王。魏惠王向齐威王提出了一个建议："齐国乃姜太公之后，有大功于周室。君侯您德被天下，诸侯咸服，我等愿意尊您为王。"

齐威王听了，耳热心跳。这是正常的生理反应，因为魏惠王正端来一个火炉子，要把他放在火上烤呢！

这个炉子，当年商鞅端给魏惠王，魏惠王欣然接受。现在魏惠王又转赠给齐威王，齐威王扭捏了几下，半推半就，终于一屁股坐了上去。

战国时期第二个自封的王产生了。当然，也不完全是自封，因为至少还有魏惠王“劝进”的因素在其中。

为了报答魏惠王的劝进，齐威王也承认了魏惠王的王号。这就是历史上所谓的“徐州相王”。

如果说，魏惠王在逢泽称王还有点自娱自乐的味道，齐、魏徐州相王的声势显然就浩大得多了。钱穆认为，徐州相王“实开当时未有之新局”。此后数十年间，秦、韩等大国相继称王，连宋、中山等小国也不甘落后，纷纷自己冠上一个王号。中国进入了一个遍地是王的时代。

徐州相王的幕后推手，当然就是惠施。

据《吕氏春秋》记载，齐国有位名叫匡章的将军，曾经这样问惠施：“您在学术上主张天地一体，去除尊号，现在却想方设法尊齐为王，这是为什么？”

惠施反问道：“如果有人一定要打你儿子，而你可以用石头替代儿子，你会干吗？”

匡章说：“当然愿意。”

惠施笑而不语。

徐州相王后，齐威王成为众矢之的。楚威王第一个表示不满，于公元前333年亲率大军围攻徐州，大败齐将申缚带领的军队。

与此同时，赵国出于对齐、魏联盟的防范，派兵围攻魏国的黄城，并在漳水、滏水之间构筑长城，以阻挡齐、魏两国的进攻。

而秦国，进一步加快了收复河西的步伐。公元前332年，秦军大举攻魏，占领上郡的雕阴（今陕西省甘泉），斩首八万，俘虏魏军名将龙贾。经此一役，魏军防守河西、上郡的主力部队几乎全军覆没。

魏国的西大门从此洞开。

第七章

苏秦游说六国

公元前332年，率领秦军攻占雕阴、斩首八万、俘虏龙贾的秦将名叫公孙衍，也就是当年向魏惠王夸下海口要提二十万大军直捣临淄的那位犀首将军。

公孙衍为何离开魏国投奔秦国，史料没有记载。后人只能推测，因为惠施受到魏惠王的重用，主张用外交手段解决国际争端，以至于公孙衍英雄无用武之地，只能用脚投票，跑去为秦惠王服务了。

继吴起、商鞅、孙膑之后，魏国的人才流失名单上又增加了一个重量级的人物。

公孙衍到秦国后不久，就被秦惠王封为大良造。这个职务，原来是由商鞅担任，相当于秦国的相国。

公孙衍英勇善战，又熟悉魏国的情况，这也是他能打败龙贾的主要原因。

雕阴之战的第二年（公元前331年），秦军以樗（chū）里疾为主将，从函谷关出发，沿黄河南岸东进，先后攻取魏国重镇曲沃和焦城（均在今河南省三门峡市），并将曲沃作为进攻中原的据点。

曲沃是晋国故都，具有数百年历史的大城。曲沃的陷落，无疑又给了魏国沉重一击。迫于秦国强大的军事压力，魏惠王不得不作出一个艰难的决定——将河西郡拱手还给秦国。

这一年，距公元前408年吴起攻取河西，已经整整七十七年。秦简公、秦献公、秦孝公几代秦人收复河西的梦想，终于在秦惠王手里得到实现。

但是，秦惠王已经不满足于仅仅收复河西了。

公元前329年，秦军又从河西渡过黄河，攻取了汾阴（今山西省万荣）和皮氏（今山西省河津）。

楚国也趁火打劫，从南方发兵进攻魏国。魏国的形势岌岌可危。

就在这个紧要关头，一个名叫张仪的魏国人来到了秦国首都咸阳。

苏秦刺股苦读

说到张仪，必须先说说苏秦。

前面说过，鬼谷子一生收了四位门徒。庞涓、孙膑学的是兵法，还有两位学的是纵横捭阖之术，他们就是张仪和苏秦。

苏秦是雒邑（今河南省洛阳市）人，会说一口流利的雒邑方言。从鬼谷子门下出来后，他在外游历了好几年，将身上的钱花光了，才穷困潦倒地回到家里。

雒邑这个地方，自周朝建立之初便是大城，周平王东迁后又成为周朝的首都，至当时已有四百余年的历史。王室分裂为东周国和西周国后，雒邑成为东周国的领地，仍然保持了“王城”的称号。

生活在雒邑的人们，有一种强烈的末世感，对于一切理想和抱负，他们总是不屑一顾。

“我们周朝人，自古以来脚踏实地，以工商业为生，如果能够获得二分的利润，就心满意足了。可你偏偏不务正业，去学什么辩术，搞得人不像人，鬼不像鬼，一把年纪还一事无成，你这是何苦呢？”

说这些挖苦话的不是别人，正是苏秦的大嫂。大嫂是家里的持家人，负责每天买菜做饭。苏秦回家之后，什么事都不干，也不出去找工作，成天捧着一卷书在房间里啃，她的意见最大。

当然，也不只是她一个人有意见。苏秦的兄弟姐妹，甚至妻妾对他这种无所事事的状态都表示难以理解，言语之间，时不时便冒出一句冷嘲热讽。

“你说你有手有脚，成天吃闲饭，难道就不觉得害羞吗？”有一天他的老婆这样说道。

苏秦一言不发，心里却在想：我埋头苦读，学了一身本领，如果不能用它来换取功名利禄，又有什么用呢？

恰巧这个时候，东周国人想种稻子，西周国人占据了水渠的上游，筑坝截流，就是不给东周放水，周显王为此很忧虑。苏秦自告奋勇，前往西周游说。见到西周国君后，苏秦便说：“您搞错啦！您现在不放水，是帮东周的忙。他们现在种的都是麦子，没有其他的作物。您只要一放水，就会破坏他们的庄稼，让他们颗粒无收。他们肯定会改种稻子，那时候您再以断掉水源相威胁，他们就只好乖乖地听命于您了。”

在苏秦的劝说下，这件事很快得到解决。苏秦因此在周显王那里得到一笔赏赐。但是，当他企图以此为契机跻身于王室小朝廷的时候，却被周显王警惕地拒绝了。

原来几位王室重臣都对周显王说，苏秦不过是有点小聪明，如果让他担当大任，只怕要闹出笑话。

周显王本来也没什么抱负，只想过几天太平日子，对苏秦的纵横捭阖之道一点也不感兴趣，于是顺水推舟，听从了重臣们的建议。

然而，经历这件事之后，苏秦对自己的能力有了一个全新的认识。

“所谓人君，只要你揣摩透了他的心思，就能够像指挥木偶一样指挥他，没什么了不起的嘛！”

揣着周显王给他的那笔赏赐，苏秦收拾行装，来到秦国游说，想向秦惠王介绍连横的策略。

“秦国沃野千里，人民富庶，战车万辆，勇士百万，存粮丰富，地势险要，乃天下之强国。再加上有您的英明领导，完全可以兼并诸侯，统一天下。”

苏秦先给秦惠王送上一顶高帽子。但是秦惠王似乎根本不吃那一套，只是厌烦地说了一句：“秦国羽翼未丰，还没有想过要兼并别国。”

苏秦还想再说点什么，秦惠王打了个哈欠，摆摆手，做了个“送客”的手势，结束了这次会见。

苏秦虽然失望，然而并不死心。他知道，即便是商鞅见秦孝公，也是第三次才擦出火花，说不定秦国君主都是慢热型的呢！

数天之后，苏秦再一次请求朝觐秦惠王，没想到这一次，秦惠王连见面的机会都没给他。苏秦只好留下一篇早就写好的时政论文，垂头丧气地回到了旅店。

过了几天，苏秦再去宫中求见，结果又吃了闭门羹。

如此求见了十次，论文上交了十篇，秦惠王依然对他不理不睬。

一个比怀才不遇更恼人的问题困扰着他——为了面见秦惠王而置买

的貂皮大衣穿破了，盘缠也用完了，旅店老板天天催着他交房租，吃了上顿没下顿，这日子，没法过了！

苏秦穿着草鞋，打着绑腿，背着书袋，挑着行李，神色憔悴，垂头丧气地回到了雒邑。他不知道，他之所以不受秦惠王待见，不是他的论文写得不好，也不是他的口才不足以打动人，只是秦惠王刚刚车裂了商鞅，对一切游说之士都怀有恶感罢了。

苏秦回到家中，发现一切安好——他的妻子正在织布，听到他进屋，连头都没抬一下；嫂子视若不见，也不去准备饭菜；连父母见到他，也是若无其事。总之，他存在或不存在，对于家人来说已经没有任何区别。

换作别人，或许早就摔门而出。然而苏秦最大的优点，就在于心态好。他只是长叹了一声，自言自语道："妻子不把我当丈夫，嫂嫂不把我当小叔，父母不把我当儿子，这都是我的罪过！"继续一头扎进书堆，刻苦攻读。

据说夜里读书困倦，苏秦就拿起铁锥猛刺自己的大腿，鲜血一直流到脚跟，于是睡意全无。成语"悬梁刺股"中的"刺股"，说的就是这段故事。

如此苦读一年之后，苏秦再度出山，来到了赵国。

赵肃侯对他的学说倒是颇有兴趣，然而幸运之神仍然没有向他招手——当时赵国的相国奉阳君对他十分防范，处处掣肘。苏秦施展不开，只好离开赵国来到燕国。

燕国地处北方，长期以来偏安一隅。春秋时期的历史记载中，燕国几乎没有留下什么痕迹。进入战国之后，齐、楚、秦、魏、赵、韩等国战乱纷纷，来往频密，燕国人仍然不问世事，过着与世无争的日子。

苏秦带着他那套纵横捭阖的理论去燕国游说，显然有点不合时宜。

他在燕国待了一年才见到燕文公。

"燕国东有朝鲜和辽东，北有林胡和楼兰，西有云中和九原，南有滹沱和易水。国土两千多里，战士数十万，战车六百乘，战马六千匹，存粮足够数年之用，资源丰富，衣食无忧，乃是所谓的天府之国啊！"

苏秦照例先把燕国夸奖了一番，接着问道："燕国多年无战事，百姓安居乐业，您知道这是为什么吗？"

燕文公一脸茫然："为什么？"

苏秦说："天下最强的国家就是秦国，燕国之所以没有遭受秦国的进攻，是因为赵国做了它的南方的屏障。秦国如果要攻打燕国，必须穿过云中、九原，经过代郡、上谷，路程数千里。即便能够攻克城池，也无法固守。秦国不能对燕国构成威胁，这是明摆的事。但是，如果赵国想进攻燕国，只要赵君一声令下，不出十日，便可以在东垣附近集结数十万大军，接着渡过易水，四五天便可直抵蓟城（燕国首都）。所以说，真正让燕国担心的，不是秦国而是赵国。而赵国又不时受到秦国的威胁，如果燕国能够利用秦、赵之间的矛盾，主动与赵国联合，与天下诸侯联合，共同抗击强秦。这样的话，燕国方可确保平安。"

如前所述，苏秦当初去到秦国，是想将连横的策略贩卖给秦惠王。现在他见到燕文公，推销的却是合纵的计划。

对于鬼谷子的门人来说，所谓立场，不过是棋局中执黑还是执白的区别，不成其为问题。如果秦国用他，他就主张连横；如果其他国家用他，他就主张合纵，仅此而已。

苏秦向燕文公推销合纵计划，用的是江湖术士忽悠老太太的手段——"老人家，你印堂发黑，七天之内必有血光之灾，但是如果你能把所有的钱都交给我，我可以替你消灾解难。"

燕文公却完全被苏秦那套把戏搞蒙了，把苏秦看成了上天派来解救燕国于危亡的使者，马上将他奉为上宾，而且提供车马财礼，让他到赵国游说。

也该轮到苏秦时来运转。这个时候，奉阳君已死，苏秦得以顺利地见到了赵肃侯。

一见面照样是送高帽子："当今天下贤士，无论是布衣还是卿相，都仰慕您的高尚品德，想到邯郸来聆听您的教导。只是由于奉阳君妒忌贤能，故意从中作梗，所以他们都得不到机会在您面前畅所欲言。如今奉阳君已经去世，言路又畅通了，我这才敢来对您说说我的愚见。"

苏秦现在的样子，跟一年前那位失魂落魄的寒士大不相同了。他穿着崭新的礼服，佩戴着名贵的玉器，在赵国朝堂上用流利的京城方言侃侃而谈，时而慷慨激昂，时而低首蹙眉，很快将赵肃侯吸引住了。

"对于君主来说，人民安居，国无战事，就是最大的好事。安民的根本在于邦交，以谁为友，以谁为敌，直接关系到国计民生。以赵国的形势，如果把齐国、秦国当作敌人，则民无宁日。如果联齐抗秦，同样不得安宁。算计别国的君主，讨伐别人的国家，这样的话是很难说出口的，希望您也不要轻易去说。

"赵国与秦国结盟，秦国一定会削弱韩国和魏国；赵国与齐国结盟，齐国一定会削弱魏国和楚国。魏国被削弱就只好割让河外，韩国被削弱就会献出宜阳，这样一来，上郡就危险了。而楚国如果被削弱，赵国就失去了一个强有力的外援。这三个国家的安危，其实也关系到赵国的安危，您不可以不认真考虑。

"当今天下诸侯，莫强于秦。秦国如果得志于韩、魏，连齐国都必须向它俯首称臣，那时候秦军就会渡过黄河，直指邯郸，这是我替您担心的啊！

"赵国地方二千余里，军队数十万，战车千乘，战马万匹，乃山东（指崤山以东）强国。秦国最忌惮的就是赵国，但又不敢轻易发兵进犯，为什么？就是怕韩、魏两国在背后打它的主意。从这种意义上讲，韩、魏就是赵国的南方屏障。韩、魏若亡，则赵国也不能独存，这是非常浅显的道理。

“山东（太行山以东）诸国的疆土，合起来比秦国大五倍，兵力则是秦国的十倍。如果大家联合起来向秦国进攻，秦国是抵挡不住的。依我之见，赵国应该与韩、魏、齐、楚、燕等各国合纵友好，一同对付秦国。只要秦国敢于攻击其中任何一国，则其余五国共同发兵相救，拒秦军于函谷关外。就算秦国再强大，也不敢与六国为敌。这样的话，您的霸业就有希望了。”

赵肃侯连连点头道：“您说得有道理。可是，合纵是件大事，有谁能够为寡人去说服各路诸侯呢？”

“我。”苏秦毫不犹豫地回答道，“如果您能够采用我的建议，我可以向您保证，燕国会献上北方的毛皮狗马，齐国会献上海边的鱼盐，楚国会献上南方的橘柚，韩、魏、中山等国会献上土地作为您的汤沐之邑。您只要坐在邯郸，便可坐享其成。”

赵肃侯大喜，赏给苏秦车百辆，黄金千镒，白璧百双，绸缎千匹，让他游走列国，建立抗秦统一战线。

就在这时，秦惠王派公孙衍进攻魏国，斩首八万，生擒龙贾，占领雕阴，天下震动。而楚国趁火打劫，魏国一下子陷入两面受敌的困境，形势极其危险。

对于即将出发游说列国的苏秦来说，这无疑是一个不利的消息。

如果秦国顺势消灭了魏国，只怕无人敢响应他的号召与秦国为敌，合纵抗秦就成为一句空话。苏秦看似触底反弹的行情，现在又面临着被做空的危险。

怎么办？

苏秦想到了他的同门师兄，现在依然穷困潦倒的张仪。

苏秦与张仪的对弈：以天下为棋局

据《史记》记载，张仪、苏秦同在鬼谷子门下学艺。对于张仪的学问，苏秦是自愧不如的。

然而成绩好并不代表工作好。当苏秦经历了千辛万苦，终于找到上升的拐点的时候，张仪还是一介寒士。

据说他曾在楚国令尹昭阳门下担任门客。有一次，昭阳大摆筵席，宴请群臣，事后发生身上佩戴的一块名玉不见了。府上的人都怀疑是张仪偷的，理由是“仪贫无行”——张仪又穷又贱，除了他谁还能做出如此下作的事情？昭阳还没发话，这些人已经把张仪捉住，私刑逼供，打了好几百板子，直打得皮开肉绽，血流满地。张仪一口咬定自己没偷，这些人只好把他放了。

回家后，张仪的老婆又心疼又生气，说：“你如果不去读书游说，怎么会受这份罪呢？”

张仪奄奄一息，躺在门板上，嘴唇动了几下。他老婆把耳朵凑过去，好不容易才听明白他说什么。

“你看看，我的舌头还在不？”

他老婆又好气又好笑：“当然还在。”

“那就好，那就好。”张仪说着，脸上也露出一副天真的笑容。

只要舌头在，吃饭的工具就还在，没什么大不了的。

发生了这样的事，昭阳府上是不能再去了。张仪只能躺在家里养伤，而他老婆看着一天天空下去的米罐子，心急如焚。

有一天，有个熟人从赵国来，告诉了张仪一个好消息："你的师弟苏秦发迹了，正在赵国受到重用，你何不去邯郸投靠他，让他给你谋个一官半职？"

张仪犹豫了半天。要他去求苏秦，他是不乐意的。最后肚子决定了脑袋——如果继续待在楚国，除了沿街乞讨，没有别的活路。相比之下，向昔日同窗低头未尝不是一个体面的办法。

就这样，张仪来到了邯郸。

苏秦的府上很好找，向任何一个邯郸居民打听，他们都会很热情地给张仪指路。

但是，找到苏府并不代表见到苏秦。当年穿着打满补丁的衣裳在鬼谷读书的那位爱闹爱笑的苏秦已经不见了，取而代之的是一位看不见、摸不着、深居简出的苏客卿。

张仪在苏府递上名片，等了整整六天，苏秦才抽出空来接见他。

"哟，原来是你啊！好久不见了。"苏秦脸上没有任何表情，只是淡淡地说了一句。即便是对住在同一条巷子里的张三李四王二麻子，想必也不会如此冷漠吧！

张仪忍住怒火，刚想寒暄一番，苏秦已经在众人的簇拥之下走远了，但是派了一个侍童回来告诉张仪："晚上就留在这里，一起吃个晚饭吧！"

这句话给了张仪一点希望。他心里想，也许是苏秦现在家大业大了，必须在众人面前保持一种威严，才故意这样对待他的。等到吃晚饭的时候叙叙旧情，回忆一下鬼谷的往事，再向他提出工作的事，应该就水到渠成了。

张仪在苏府一直等到天黑，苏秦才回来。厨房已经将晚餐做好，仆人们像走马灯似的铺好坐席，摆放碗碟，端出一道道美味佳肴。光闻到那味道，张仪就止不住流口水了。

然而，当一切准备就绪，苏秦也在堂上坐好的时候，张仪才发现，堂上只有苏秦一个人的座位。正在疑惑之际，一位老仆走过来，将张仪带到堂下仆人和侍女就座的地方，给他安排了一个座位。

饭吃到一半，张仪强忍住愤怒，对着堂上说："我这次来，是想请您帮我谋个职位，要求不敢太高，聊以养家糊口便罢了。"

苏秦把嘴里的肉嚼完，咽下，又喝了一大口酒，才说："我如果开口，别说养家糊口，就算是荣华富贵也可以给你。可是，以你的才能，却将自己弄到这个潦倒的地步，我怎么还敢向国君推荐你呢？你如果实在没事做，就到我厨房里给大师傅打个下手，可保你吃饱穿暖，如何？"

张仪再也忍不住了，一把推开眼前的食物，拂袖而去。

他这一去，就没有再停留，而是风餐露宿，一路向西，直奔秦国。

你要合纵天下，共抗强秦，那我就为秦国献上连横之计，各个击破，让你一事无成。

苏秦，你等着！

话虽如此，张仪很快面临一个现实的难题。从邯郸到咸阳，是很长一段路程，而他口袋里的盘缠，已经不足以支撑他走出赵国了。

退一万步说，即便他一路乞讨来到咸阳，这一身衣衫褴褛，恐怕也难以见到秦惠王。

万念俱灰之际，张仪遇到了一位来往于秦、赵两国之间的商人。两个人交谈了几句，商人惊奇道："您不是一般人，为何沦落如此？"

两个人越谈越投机。接下来张仪的路就顺多了。商人给他换了衣服，让他坐着自己的马车，一同来到了咸阳。

俗话说，蛇有蛇路，鼠有鼠道。商人既然来往于秦、赵之间，对秦国的情况自然熟悉。他拿出一大笔财礼，让张仪送给秦国宫中的警卫长。通过警卫长的推荐，张仪顺利地见到了秦惠王。

同为鬼谷子门下，张仪的路数和苏秦大不相同。他没有以送高帽子作为开场白，而是对秦惠王说："下臣听说，不知而言，是为不智；知而不言，是为不忠。不智当死，不忠亦当死。下臣能力有限，但仍然愿意冒着不智的危险，把我所知道的全部讲出来，请您定罪。"

秦惠王微微一笑，说："请继续说吧！"

"下臣听说，赵国正在准备联合燕国、魏国和韩国，争取楚国和齐国，结成合纵联盟，共同对付秦国。我听了之后，忍不住发笑。以赵国现在的形势，钱粮不足，人民畏怯，打仗都要人拿着大刀在后面督战，不准后退，可是仍然畏缩不前。秦国国力强盛，赏罚严明，只要是为了国家，人人皆有必死之心，赴汤蹈火，在所不辞。以赵国之弱，居然敢打秦国的主意，实在是自不量力。

"然而，小心谨慎不为过。当年智伯率领三家大军攻打晋阳，眼看就要获胜。赵氏用张孟谈之计，策动韩、魏两家反水，结果大败智军，活捉智伯。对于赵国的合纵联盟，秦国切不可掉以轻心。

"赵国要合纵，则秦国必须以连横相对。要采取军事和外交两种手段，想办法分化合纵联盟。要对联盟各国区别对待，有的要打击，有的要拉拢，有的恐吓，有的要给予一定的好处。这样的话，赵国想合纵也合不了，反倒是秦国可以抓着空子，一步一步蚕食天下的土地，完成霸业。"

幸运之神突然降临。秦惠王和张仪谈了一整天，便任命张仪为客卿，留在朝中担任参谋。

张仪当上客卿没几天，那位曾经给他提供帮助的商人来向他告辞。

张仪拉着他的手说：“全赖您的帮助，我才得到今天这样显赫的地位。我正想要报答您，可您为什么急着要走呢？”

商人这才对他说：“请不要谢我，要谢就谢苏先生吧。其实，从头到尾这一切，都是苏先生为您安排好的。他知道您的才能在他之上，不应该屈居他之下，所以才想出这招激将法，逼您投奔秦国。他还让我转告您，从此之后，天下就是您和他对弈的棋局，请您一定用心下好这盘棋，不要手软。”

张仪听了这番话，目瞪口呆，老半天才长叹道：“单从这件事上看，苏秦之才已在我之上了。而我一直蒙在鼓里，没有察觉。惭愧，惭愧！”

第二天上朝，张仪便对秦惠王说：“秦、楚联合攻魏，魏国的形势已经十分危急，很有可能转向楚国。而韩国与魏国关系历来不错，也会随之与楚联合。这样的话，秦国就被孤立了，不如出兵帮助魏国抵抗楚国。”

秦惠王听从了张仪的建议，于是以张仪为将，带领“卒万人、车百乘”救援魏国，在陉山大败楚军。

魏国暂时得救了。

作为对秦国的回报，魏惠王命令加快移交河西土地，两国于当年年底完成了交接。

远在邯郸的苏秦得到消息，大大地松了一口气。

说服的艺术：苏秦结成六国合纵联盟

公元前329年，苏秦以邯郸为起点，开始了华丽的合纵之旅。

苏秦出访的第一站是韩国的首都新郑。

四年前，韩昭侯去世，其子韩康即位，也就是历史上的韩宣王。

苏秦对韩宣王说："韩国北有巩和成皋这样坚固的城池，西有宜阳和商阪这样的要塞，东有宛、穰和洧水，南有陉山，地方几百余里，军队数十万，天下的强弓劲弩都产自韩国。谿子、时力、距黍（均为弩名）都能射到六百步以外。韩国武士举足踏弩，可以不停地射一百多次，能够射穿远处敌人的胸膛和近处敌人的心窝。韩国的冥山、棠谿、墨阳、合赙、邓师、宛冯、龙渊、太阿出产的剑戟，锋利无比，能够刺透坚固的甲盾。以韩国武士的勇猛，再让他们披着坚固的铠甲，带着劲弩和利剑，以一挡百不在话下。但是，以韩军的强劲和主上的贤明，却向秦国俯首称臣（公元前337年韩昭侯曾经朝觐秦惠王），使国家蒙受耻辱，被天下人耻笑，真是丢人丢到家了。"

三晋之中，韩国版图最小，国力最弱，主要依附于魏国，有时也向秦国和楚国屈服，在夹缝中求生存。马陵之战因魏国入侵韩国而起，但是马陵之战后魏惠王三次朝觐齐威王，韩昭侯都亦步亦趋，紧跟魏惠王的脚步，原因很简单，韩国需要与魏国抱团取暖，抵御秦国的扩张。

"您如果继续奉行向秦国屈服的政策，秦国必定会向您索取宜阳、成皋（今河南省荥阳，即虎牢所在地）。今年给了，明年他还会再来要。韩国的土地有限，而秦国的索取无限。以有限的土地去满足无限的索取，结果必然是买祸结怨。俗话说得好，宁为鸡头，不为牛后。您如果西面事秦，与牛后有什么区别？以主上的贤明，挟强韩之兵，却落个牛后的名声，我实在是替您感到羞愧！”

韩宣王勃然变色，握紧拳头，怒睁双目，按住剑柄，仰天长啸道：“寡人虽然不肖，但也决不会向秦国屈服。请您转告赵侯，韩国愿意加入合纵。”

拿下韩国后，苏秦马不停蹄来到大梁。他对魏惠王说：“魏国地方千里，经济发达，人口密集，国力强盛，现在却向西侍奉秦国，实在让人难以理解。”

魏惠王脸色通红，欲言又止。

“我听说，越王勾践以三千战士与吴国作战，生擒吴王夫差。周武王以三千战士、三百战车与商纣王的数十万大军战于牧野，大获全胜。难道是他们兵力众多吗？不是。是因为他们能够振奋士气，发挥兵威啊！现在魏国有武士二十万，苍头（头裹青巾的战士）二十万，奋击（冲锋队）二十万，杂役十万，还有战车六百辆，战马五千匹，远远超过了勾践和周武王。想不到啊想不到，您竟然将河西之地拱手让给秦国，还主动配合做好移交工作，我真替您感到羞愧。”

“秦国兵力强盛，以魏国之力，不足以与之抗衡，不委曲求全的话，只怕朝不保夕。”惠施在旁边替魏惠王说了一句话。

“没错，秦国确实强大。”苏秦说，“但是还没强大到可以吞灭天下。古人有言：‘绵绵不绝，蔓蔓奈何？毫氂（máo）不伐，将用斧柯。’铲除草木，要趁早动手，等到它长大，就得用斧头了。犹豫不决，必有大患。如果您肯听我的建议加入合纵联盟，与诸侯同心协力，秦国就不能把魏国怎么样了。这也是赵侯特意派我来的目的，至于您如何决定，我洗耳恭听。”

对于魏惠王来说，苏秦的建议无疑是有吸引力的。这些年来，魏国处处树敌，四面碰壁，丧师辱国，已经从一个霸主之国沦落为仰人鼻息的二流国家。如果苏秦能够整合山东诸国，共同对抗秦国，魏国又何乐而不为呢？

于是，在征求过惠施的意见之后，魏惠王也答应了苏秦，决定加入合纵联盟。

苏秦离开大梁，沿河而下，来到东方古城临淄求见齐威王。

齐威王年轻的时候，重用邹忌、孙膑等人，励精图治，称霸一方。年纪大了，却开始犯糊涂，与魏惠王徐州相王，既开了风气之先，也犯了天下的大忌，导致楚国进犯。徐州一战，齐国败军折将，威势大损。但是，老虎虽病，余威犹在，苏秦见到的齐威王，仍然不怒自威，令人不敢正视。

“齐国东有琅琊，西有清河，南有泰山，北有渤海，乃所谓的‘四塞之国’。齐国的领土纵横两千里，军队数十万，粮食堆积如山。战士们进如锋矢，战如雷霆，退如风雨。自古以来，虽然多次发生战争，却从未让敌人翻过泰山，跨过清河，渡过渤海。如果开战的话，临淄城内有七万户人家，每户有丁壮三人，不必等待征调远方的军队，就能动员二十一万大军。而且临淄城的富有，举世皆知。街上车挤车，人挤人，大伙张开衣襟就可以围成帷幕，举起袖子就可以遮挡太阳，挥汗落地就如同下过大雨。以大王的贤明和齐国的强大，怎么能够任由秦国侵食天下呢？”

说到这里，苏秦故意停顿了一下，观看齐威王的反应。齐威王斜着眼睛瞄了苏秦一眼，示意他继续。

苏秦拱拱手，接着说：“韩国和魏国害怕秦国，是因为他们和秦国接壤。双方派出军队，不出十天，胜负已定。即便韩、魏获胜，他们的兵力也要折损一半，无法守住自己的边境；如果战事失利，则国家陷于危亡。所以他们不敢轻易与秦国开战，只好屈从于秦国。齐国就不同了。秦国如果要进攻齐国，必须越过韩、魏的土地，经过卫国的险道，而且还要攻克亢父天险（今山东省济宁）。就算秦国一定要冒险进攻，也有后顾之忧，怕韩、魏等国在后面打它的主意，所以秦国对齐国没有任何威胁。

“可是，如果秦国侵吞了魏国和韩国，形势就大不相同了。吞并魏国，则得三河之富；吞并韩国，则将周天子控制在手里。到那时，秦军可以顺势而下，北攻燕国，南过襄陵，从各个方向突入齐国。请问，您想坐视其大，侵害齐国吗？”

齐威王也被苏秦说服了。

于是，苏秦由临淄而西，来到楚国求见楚威王。

“楚国，乃是天下的强国；大王，乃是天下的贤君。楚国西有黔中、巫郡，东有夏州、海阳，南有洞庭、苍梧，北有陉塞、郇阳，地方五千余里，士卒百万，战车千乘，战马万匹，存粮足够十年之用，这是称霸天下的格局啊！

“列国之中，秦国最怕的就是楚国，楚强则秦弱，秦强则楚弱，其势不两立。他们之所以不守信义，帮助魏国在陉山与楚军作战，主要就是怕楚国征服魏国，对秦国构成威胁。

“大王如果肯听下臣之言，下臣可使山东诸国都向您进贡，听从您的领导。韩、魏、齐、燕、赵、卫等国的美女就会充满您的后宫，燕、代等地的良马就会填满您的马厩。合纵成功，楚国便成霸王之业，即便是先君楚成王、楚庄王也不能跟您相比，不知您意下如何？”

男人的事业，一半在马背上，一半在女人的肚皮上。楚威王听了苏秦这番话，不觉热血沸腾，说：“楚国西面与秦国接壤，秦国有夺取巴蜀、吞并汉中的野心，寡人并不是不知道。秦国乃虎狼之国，不可以亲近。而韩、魏等国深受其害，也不可以和他们谋划大事。因为他们很容易就会被秦国威逼利诱，透露机密。现在您打算联合天下诸侯抗击秦国，这是前所未有的壮举，寡人愿意举楚国之力追随您。”

这样一来，燕、赵、韩、魏、齐、楚六国便结成了合纵联盟，而苏秦则成为合纵联盟的秘书长。

据《史记》记载，苏秦从楚国北上向赵肃侯复命，途经老家雒邑，随行的车马辎重及各国相送的使臣极多，有如王者出巡。周显王听到消息，这才想起苏秦就是当年帮助东周放水的苏秦，赶紧派人清扫道路，并到郊外迎接。

回到家中，苏秦的兄弟妻嫂都不敢正眼看他，俯伏在地上，将食案举得高高的，请他进食。苏秦笑着对他嫂子说："何前倨而后恭也？"意思是：为什么你以前对我那么傲慢，现在又变得如此恭敬了呢？

他嫂子倒也实诚，说："那是因为你现在官大钱多啊！"

苏秦由此感慨："同样是我这个人，富贵了就怕我，贫贱时就轻视我，亲人尚且如此，何况是别人呢？假如我当初在雒邑城郊有二顷良田，我还能有今天的成就吗？"于是将钱分给族人和朋友。

苏秦回到赵国，被赵肃侯封为武安君。

据说，苏秦曾派人将六国合纵的盟约送到咸阳。秦惠王看了之后大怒，对大夫寒泉子说："苏秦欺人太甚，想凭一人之智，欺骗山东六国之君，发动大家一起来对付我们。可是诸侯各怀异心，是不可能齐心协力的，就像用绳子串起来的鸡，各奔东西，不能一齐上架一样。我想派人遍访各国，一一戳穿苏秦的阴谋，不知道你有什么意见？"

寒泉子不紧不慢地答了一句："您可别着急，赵国有苏秦，咱们也有张仪啊！"

张仪出手，合纵破裂

张仪的反击来得很快，而且很准，一拳砸在了合纵联盟中最薄弱的环节。

公元前328年，秦惠王命张仪和公子华率军围攻魏国蒲阳（今山西省隰县）。秦军攻势凌厉，不到半个月便迫使守军投降。

但是，如果以为张仪的手段仅限于此，那就大错特错了。

蒲阳陷落后，魏惠王十分紧张，赶紧派使者到咸阳去请罪。张仪代表秦惠王接待了使者。两个人寒暄了一阵，魏国使者说："寡君不该听信苏秦的谗言，参加什么合纵联盟，与大国为敌。现在大国震怒，派兵攻击魏国，寡君也无话可说。特意派下臣前来，一是请罪，二是请您看在家乡父老的分上，在秦伯面前说说好话，原谅寡君的过失。"

原本以为张仪会推三阻四，没想到张仪很爽快地说："这事包在我身上。"

第二天，张仪就进宫向秦惠王汇报，回来之后对使者说："我费尽口舌，总算不辱使命，请您回去禀报魏王，就说秦伯已经原谅他的过失，不再追究魏国加入合纵联盟的责任了。"

使者大喜过望。

张仪接着说："为了表示亲善友好，秦伯还决定将蒲阳还给魏国。另外……秦伯还准备派公子繇到魏国当人质，以加强两国之间的信任。"

公子繇即嬴繇，是秦惠王的儿子。使者目瞪口呆，几乎不敢相信自己的耳朵。自古以来，战败者遣子入质乃是常事，战胜者主动遣子入质，还是第一次遭。

"秦伯，秦伯果真是这样说的吗？"使者结结巴巴地问道。

"千真万确。"张仪拍了拍使者的肩膀，"作为魏国人，我能为魏国做的也就这些了。但是我私下请您提醒一下魏王，秦伯对魏国如此宽厚，魏国可不能无所表示。"

"那是当然。"使者赶紧点头，"下臣回去之后，立即禀报魏王，他自当准备财礼答谢秦伯。"

"财礼？"张仪愣了一下，随即大笑起来，"秦伯怎么可能收魏王的财礼，这不是让天下人看笑话嘛！"

"那您的意思是？"

"礼尚往来，既然秦伯将蒲阳还给了魏国，请魏王把上郡献给秦国吧。"张仪轻描淡写地说。

前面说过，上郡是魏国地名。魏文侯时期，李悝曾经担任上郡守，其辖境相当于今天陕西洛河以东，黄梁河以北，东北到子长、延安一带，共治十五个县。

使者忐忑不安地将张仪的话带给了魏惠王。

魏惠王生了一阵子闷气。就在这个时候，秦国大举进攻赵国，打败赵将赵疵带领的军队，取得蔺和离石（均在今山西省离石）两城。合纵联盟的发起人赵肃侯束手无策，联盟各国都噤若寒蝉，早把当时签订盟约时写下的豪言壮语忘得一干二净。魏惠王考虑再三，终于答应了张仪的要求，将上郡拱手献给了秦国，而且表示主动退出合纵联盟，甘当秦国的臣属。

合纵连横交锋的第一个回合，连横全胜。秦惠王对这个结果感到十分满意，于是任命张仪为相国。

秦国的官僚体制里，本来是没有相国一职的，大良造就相当于其他国家的相国。但是当时大良造已有公孙衍担任，秦惠王为了平衡关系，特意设置相国一职，与大良造同级。可以说，这既是对张仪的肯定，也是对公孙衍的重视。但是，公孙衍对这一安排显然不满意，悄然离开秦国，回到了魏国。

公元前327年，张仪劝说秦惠王将焦、曲沃以及皮氏一股脑儿都归还给魏国。

魏惠王受宠若惊，对张仪佩服得五体投地。当然，也更加坚定了要当好秦国附庸的决心。

公元前326年，在张仪的操持下，秦国举行了在龙门（今陕西省韩城）的腊祭。

所谓腊祭，是冬天庆祝丰收、酬谢鬼神的祭祀。与庄严的庙祭不同，腊祭具有民间狂欢的意味，男女老少，不分贵贱都可以参加，活动期间载歌载舞，热闹非凡。

龙门在黄河上游，两岸悬崖峭壁对峙，传说为夏禹治水时开凿，是华夏民族传说中的圣地。更重要的是，龙门一带，正是秦国新取得的河西、上郡之地。

秦惠王以国君之尊，到龙门参与民间狂欢，是前所未有的事，因此史书记载为“初腊”，其目的可想而知。

张仪所做的这一切，在公元前325年收获了结果。

这一年四月，魏惠王、韩宣王带领一些小国元首来到咸阳朝觐，共推秦惠王为王。魏惠王和韩宣王还亲自为秦惠王驾车，以示尊荣。作为回报，秦惠王也承认了魏惠王的王号，并且也给韩宣王进了一个王号。

算起来，这已经是魏惠王第三次称王了。

至此，除了老牌的楚国，天下诸侯中已有魏、齐、秦、韩先后称王。而秦国的这次称王，显然起到了巩固秦、魏、韩连横的作用。

苏秦煞费苦心建立的合纵联盟，实际上已经破裂。

公孙衍重建合纵

公元前326年，也就是秦国“初腊”的那年，合纵联盟的盟主赵肃侯去世了，其子赵雍即位，即赵武灵王。

公元前325年，正当秦惠王、魏惠王、韩宣王在咸阳打得火热的时候，齐国将军田肦（fén）府上来了一位不速之客。

先介绍一下，田肦是齐威王的侄子，田婴的堂弟。

据《战国策》记载，公元前333年楚威王伐齐，在徐州大获全胜，曾经想威逼齐国驱逐田婴（如前所述，齐、魏徐州相王，田婴出力甚多）。有人劝楚威王：“您之所以能够获得徐州大捷，主要是因为齐国没有用田肦。田肦为人忠信，有功于国，在百姓中享有很高声誉。田婴嫉妒田肦，故意不用田肦而用申缚。申缚是那种上级满意、百姓不满意的角色，所以您能够轻易打败他。现在你如果赶走田婴，田肦必然上台，对于楚国来说可不是什么好事。”楚威王便打消驱逐田婴的念头。

由此可知，田肦是齐国的名将，在诸侯之间也享有盛名。

来找田肦的那一位，也不是什么寻常之辈，而是曾任秦国大良造的魏国名将公孙衍。

当年秦惠王任命张仪为相，公孙衍回到魏国，魏惠王不计前嫌，任命他当了将军。

对于在人才争夺战中屡屡失策的魏惠王来说，此举无疑是亡羊补牢。但也有人认为，魏惠王是上当了。

这是一种典型的阴谋论。公孙衍离开秦国，表面看是因为负气，实际上是出自秦惠王和张仪的安排。换而言之，公孙衍回到魏国，其实是带着潜伏任务的，这个任务就是破坏东方诸国的团结，为秦国的连横创造条件。

从后来发生的事情来看，这种阴谋论是站不住脚的。但是，从这次公孙衍找田肦的情况来看，又难免让人产生怀疑。

公孙衍对田肦说："齐国和魏国各出五万人，分别由你我带领，不出五个月就可攻破赵国。"

为什么要进攻赵国呢？合纵的关键在于山东诸国团结一致，连横的要点则在于分化这种团结，让山东诸国发生内斗。齐、魏攻赵，不正是秦国乐意看到的吗？

田肦是个典型的军人，对政治不感兴趣，他只是站在兵法家的角度对公孙衍的提议表示疑虑："轻言用兵，国家便容易陷入危险。您把破赵说得如此容易，只怕将引致灾难。"

《孙子兵法》开篇第一条记载："兵者，国之大事也，死生之地，存亡之道，不可不察也。"

田肦的意思，战争是关系到国家生死存亡的大事，你却如此轻描淡写，一旦将国家拖入战争而不能获胜，国家便危险了，你本人也逃脱不了惩罚。

公孙衍不以为然地说："这就是您的不聪明了。齐王和魏王本来就不想打仗，咱们如果再把困难说得那么大，他们就更不想打了。这样的话，咱们这些人没有用武之地，只能眼睁睁地看着那些游士说客大行其道，抢走咱们的饭碗。十万人攻赵，确实是少了点，但只要战端一开，齐王、魏王就会想打赢，又怎么会不派人增援咱们呢？"

公孙衍的话击中了要害。

田肦果然说服齐威王发兵，公孙衍也说服了魏惠王，两人各自率领五万人马讨伐赵国。部队尚未出境，齐威王和魏惠王都意识到自己被绑架了——五万人马投到赵国，几无胜算，而战端已开，岂有不全力以赴之理？于是只好增派大军支援。

战争的结果，田肦俘虏赵将韩举，获赵国两城；公孙衍也打败了赵将赵护。

对于屡战屡败的魏国来说，这一战无疑大大提高了士气，也提升了公孙衍在魏国的地位。

这一战还带来另外一个意料之中的后果——赵武灵王震怒，将苏秦找来劈头盖脸地批了一顿。

这就是你的合纵同盟吗？魏国和韩国早就背叛盟约投靠了秦国，齐国和魏国还反咬咱们一口，这同盟究竟起到了什么狗屁作用？

苏秦无言以对。不久之后，他就离开赵国去了燕国。苏秦这一走，合纵同盟就算彻底解散了。

苏秦的离去，并没有使张仪产生一种大获全胜的感觉。事实上，苏秦的合纵，除了外表华丽，声势浩大，没有产生任何实质性的效果。合纵各国从一开始就貌合神离，各怀心思，仿佛就是为了满足一下苏秦的官瘾似的，来了，去了，没给世界带来任何改变。

真正对秦国构成威胁的是公孙衍。

张仪敏锐地意识到，公孙衍联齐攻赵，并非武人贪图功名那么简单，而是有更深层次的政治目的——一方面是对苏秦合纵的否定，另一方面却是为了建立新的合纵，也就是惠施当年提出的“联合齐、楚，共抗强秦”。

一个明显的信号就是，魏惠王派大子魏嗣入质于齐，公子魏高入质于楚。

魏、齐、楚三国如果形成合纵，将比苏秦的六国合纵更具实际意义。魏国很有可能借势而起，摆脱秦国的控制。

这是秦惠王和张仪不愿意看到的。

为了将新的合纵扼杀在摇篮中，公元前324年，张仪亲率大军出函谷关，再度攻取魏国的陕地（今河南省陕县），同时在上郡修筑城塞，以巩固上郡的防守。

公元前323年，张仪和齐相田婴、楚尹昭阳在齧（niè）桑（今江苏省沛县）相会，强调要加强三国之间的联系，共同维护天下的和平。

就在这一年，公孙衍发起了“五国相王”。魏、赵、韩、燕、中山五国元首齐聚一堂，互相称王。

五国相王被视为公孙衍合纵抗秦的标志性事件，但是并没有取得预期的效果——齐、楚两国没有参加，这就等于主角没到场，全是配角在唱戏。

齐威王不参加的理由很简单：中山国那么小，竟然也敢称王，妄想跟寡人平坐平起，没门！

楚怀王（公元前328年楚威王去世，其子熊槐即位，是为楚怀王）则提出，寡人本来就是王，不需要尔等承认！不过，要寡人参加，为尔等脸上添光也可以，请魏王废了魏嗣的大子之位，改立魏高为大子。

魏高入质于楚，与楚国人关系密切。楚怀王此请，用意昭然若揭。魏惠王当然不会答应。楚怀王大怒，派令尹昭阳发兵攻魏，大败魏军于襄陵，一举夺得八座城池。

昭阳意犹未尽，又想移兵东向，去讨伐齐国。齐威王倒并不怕跟楚国打仗，只是觉得这仗打得未免冤枉，于是派了一个名叫陈轸的人去见昭阳。

陈轸先是祝贺昭阳攻魏取得胜利，然后问道：“按照楚国的军法，破军斩将，最高应该封什么官，赐什么爵？”

昭阳说：“封上柱国，赐执珪（guī）之爵。”楚国的官爵体系不同于中原，上柱国乃武将的最高等级，执珪则是爵位的最高等级。

陈轸又问："还有比这更尊贵的官爵吗？"

昭阳说："那就只有令尹了。"

陈轸便给昭阳讲了一个故事。楚国有个大户人家，祭祀祖先之后，把一壶酒赏给几个下人。这些人商量道，一壶酒几个人喝，根本不过瘾，不如各人在地上画一条蛇，谁先画成，酒就归谁。有一个人画得特别快，画好之后，左手拿壶，右手继续在地上画，说："我再给这蛇添上脚。"还没添完，另一个人画完了，夺过他的酒壶，说："蛇本来没有脚，你添上就不是蛇了。"

陈轸说："您现在身为楚国令尹，位极人臣，带领大军进攻魏国，打得魏军落花流水，连夺八城，又要移师进攻齐国。齐王对此十分害怕。您立下这么大的战功，又获得这样大的威名，已经足够了。再打，楚王也不可能给您再封一个令尹。您战无不胜，却不懂得适可而止，就像那个画蛇添足的人一样，只怕到时候身败名裂，适得其反。"

昭阳听了以后，认为陈轸说得很对，于是撤军回国。

成语"画蛇添足"的典故，即出于此。

第八章

张仪的连横大计

公元前323年五国相王，是魏惠王第四次称王。如果我们简单回顾一下他的称王史，便会发现，每一次称王，他和魏国的地位都在下降。第一次逢泽之会，他自封为王，魏国尚有强盛之名；第二次徐州相王，是马陵之战后他主动向齐威王摇尾乞怜；第三次秦惠王称王，他和韩宣王跑去替秦惠王驾车，换回秦惠王的承认；第四次五国相王，为合纵抗秦造声势，齐国和楚国都不参加，楚国还派兵攻占了魏国八座城池。魏国已经江河日下，颓势难转了。

这一年，魏惠王七十七岁，执政四十七年。

折腾了近半个世纪之后，他终于开始反思自己的人生，于是“卑礼厚币”，广招天下贤士。

招来干什么？谈人生，谈政治，谈哲学。

重赏之下，必有名士。招贤令一出，诸子百家沸腾。稷下学宫的一批风云人物，包括邹衍、淳于髡、孟轲等人，先后来到了大梁。

淳于髡的基本情况在第五章介绍齐威王的稷下学宫时已经介绍过，这里不再重复。

据《史记》记载，魏惠王两次单独接见淳于髡，想听听他有什么独到的见解，两次他都一言不发。魏惠王很纳闷，责备引见的那个人说：“你向我推荐淳于髡，说管仲、晏婴都比不上他。可是他见了我两次，我都一无所获。难道是我不配跟他说话吗？”

那人回去问淳于髡。淳于髡说：“我的确没跟他说话。第一次我见他，他正想着跑马；第二次我见他，他正想着音乐，我还能说什么呢？”

那人又将淳于髡的话转告魏惠王。魏惠王大吃一惊道：“太神了！头一次他来见我之前，有人送我一匹好马，还没来得及试骑；第二次他来见我，正好有人送我一名歌女，还没来得及听她唱歌，他就来了。那时我虽然支开旁人接见他，心里却还想着其他事，没想到竟然被他看出来了。”

后来淳于髡第三次见到魏惠王，两个人谈了三天三夜，丝毫不觉得疲倦。魏惠王想请淳于髡留在魏国当官，却被淳于髡婉言谢绝了。

邹衍则是战国时期阴阳家的代表人物，以“五德始终”说闻名于世，即用金、木、土、水、火五行相克相生的理论来解释历史变迁、王朝更替。

所谓五行相克相生——金克木，木克土，土克水，水克火，火克金；金生水，水生木，木生火，火生土，土生金。

邹衍认为，夏是木德，商是金德，周是火德。金克木，所以商朝取代夏朝；火克金，所以周朝取代商朝。以此类推，可知周朝之后获得天下的，必定是水德。事实上，后来秦朝就认为自己是水德。汉朝建立以后，一度认为秦朝不足为道，无德，自己才是水德。但是到了汉武帝时期，又认为秦朝也算是一个朝代，又将水德让给了秦朝，将汉朝定性为土德。

这一理论在今天看来十分可笑，在当时及此后的两千多年却十分流行，被视为新王朝建立的合法性依据。

据《史记》记载，邹衍到魏国的时候，魏惠王亲自到郊外相迎，奉为上宾。他们之间发生了什么样的谈话，却没有记载。可以肯定的是，邹衍的阴阳学对于解决魏国的实际问题，没有起到任何作用。

至于孟轲，想必大多数人都不陌生。因为中国传统的儒家哲学在很多时候就被称为孔孟之道，而《三字经》的首句“人之初，性本善”，正是出自孟轲。

孟子的性善论

孟轲是邹国人，是孔丘的孙子子思的徒孙，但是在儒家社会中，他的地位仅次于孔丘，被称为“亚圣”，比圣人就差那么一丁点。记录他言行的《孟子》则被奉为儒家经典的四书之一，与《论语》《大学》《中庸》齐名。

有一个流传甚广的故事是关于孟轲的母亲的。

孟轲从小失去父亲，由母亲一手拉扯大。小时候他们家住在墓地旁边，孟轲就和邻居小孩学着人家跪拜号哭的样子，玩起了办丧事的游戏。他母亲一看不对头，赶紧搬家，住到了集市。集市里都是生意人，孟轲很快学会了讨价还价，和小朋友们玩起了做生意的游戏。商人在那个年代地位是很低的。孟轲的母亲不想他长大后成为商人，于是又搬了家，住到了屠宰场旁边。结果孟轲扎起头巾，拿着木刀，跟邻居家小孩比划着杀猪宰羊。他母亲又不干了，第三次搬家，搬到了学宫附近。每个月的初一，地方官员都到学宫来行礼祭祀，互相问候。孟轲从此走上了正道，将那一套繁文缛礼学得炉火纯青。他母亲这才满意地说："我儿子就应该住在这样的地方啊！"于是不再搬家。

这就是所谓的"孟母三迁"的故事。现代人谈及这个故事，一方面承认其择邻而居的合理性，一方面也会批判那种"万般皆下品，唯有读书高"的社会偏见。我比较佩服的是，这老太太在两千多年前便认识到了学区房的价值，当真是有先见之明！

孟轲最重要的学术思想是"性善论"。他认为，人性本善，就像水往低处流一样，是无须争论的事实。当然，无须争论的事实有时候也会遇到反驳者。这个时候，他便举例说明：假如你看到一个小孩快掉到井里了，肯定会产生惊恐和同情的心理，毫不犹豫地将他拉住。这种心理，不是出于功利，完全是出自人的本性，也就是"不忍人之心"，或者叫"恻隐之心"。

恻隐之外，还有羞耻、辞让、是非之心，合称"四端"，都是人与生俱来的品德。一个人如果不知羞耻，不是本性不良，而是因为舍弃了本性。因此，人生的修养很简单，就是要把本性找回来。

换句话说，不要迷失自我。

据《史记》记载，魏惠王听说孟轲是当代大儒，态度十分恭敬，见面便很谦虚地问道：寡人无才无德，打仗总是失败，太子被俘，上将战死，国内空虚，实在是愧对祖先社稷；先生您不远千里，屈尊来到魏国，将给魏国带来什么利益呢？

"您为什么一定要说利益？"孟轲毫不客气地回答，"如果您都总是想着利益，您的卿大夫也会想着利益，你的平民百姓也会想着利益。

这样上上下下都只顾利益，国家就危险了。作为国君，您只要想着仁义就可以了，说什么利益啊！”

魏惠王听了面红耳赤，无言以对。

第二次见面的时候，魏惠王又问孟轲：“寡人对于百姓，其实还算蛮不错的。河内有饥荒，我就把那里的百姓迁到河东，用河东的粮食赈济灾民。河东有饥荒也是采取这样的措施。别的国家的国君，恐怕没有像我这样用心的吧！可是别国的百姓不见减少，魏国的百姓不见增加，这是为什么呢？”

孟轲说：“大王喜欢战争，就让我用战争打个比喻吧。东风吹，战鼓擂，双方的兵器刚一接触，有的士兵就脱掉盔甲，转身逃跑。有的跑了一百步才停下，有的跑了五十步就停下了。那些跑了五十步的笑跑了一百步的是胆小鬼，您觉得可以吗？”

魏惠王说：“五十步也是逃，凭什么嘲笑一百步呢？”（后人将“五十步笑百步”作为一句成语，即出于此。）

孟轲于是拱拱手说：“恭喜您，答对了。您既然懂得这个道理，就不应该奢望魏国的百姓比别国多。”

孟轲告诉魏惠王，一个国家，如果兵役徭役没有多到妨害农业生产，粮食就会吃不完；如果人们不用细密的渔网到池塘湖泊去捕捞，鱼鳖就会捞不光；如果按照季节入山砍伐树木，木材就会用不尽。有吃不完的粮食、捞不光的鱼鳖、砍不尽的树木，老百姓也就没什么不满意的了，这就是所谓“王道”的开端。这其实也是孟轲的性善论在政治学上的体现——不需要什么特殊的手段或高超的技巧，只要按照事物自身的规律去治国，就能够让百姓感到满意。

孟轲接着说，分给每家每户五亩宅基地，屋前屋后种植桑树，五十岁以上的人就都可以穿上丝绸了。鼓励大伙儿饲养家禽家畜，七十岁以上的老人就可以吃肉了。每家都有百亩耕地，官府别有事没事去找麻烦，就不会有人挨饿了。做好这些事，再认真办好学校，用孝顺父母、尊敬兄长的道理教育老百姓，也就不会出现老人流离失所的现象了。简而言之，让百姓们安居乐业，别折腾，便是王道乐土。

说到这里，孟轲话锋一转："可现在的魏国呢，富贵人家的猪狗吃到了百姓的粮食，却不加以约束；路上有饿死的人，却不开仓放粮。当权者还说，这不是我的罪过，而是由于天灾导致年成不好！您听听，这样的说法，和那些拿刀杀了人，却说'这不是我杀的，而是刀杀的'，有什么区别？我实话告诉您，河东闹饥荒，河内闹饥荒，都不是天灾，而是人祸。作为一国之君，您什么时候学会不推卸责任，天下的百姓就会扶老携幼投奔魏国了！"

孟轲的意思很明白，身为国家领导，就是要担当责任。出现问题了，首先要在自己身上找原因，别东拉西扯，一会儿说天灾，一会儿说恶邻威胁。更不要把灾难当作成绩，一个劲往自己脸上贴金。

魏惠王还不错，被孟轲戳中了软肋也不生气，反倒是很高兴地说："请您不吝赐教。"

孟轲于是问道："用棍子和用刀子杀人，有什么区别吗？"

魏惠王说："没有。"

孟轲又问："那么，用刀杀人和用政治手段害死人，有什么区别吗？"

魏惠王说："也没有，都是杀人。"

"那么，恕我直言。您的厨房里有肥肉，马厩里有好马，百姓却面有菜色，郊野随处可见饿死的人。您这是带着野兽在吃人啊！野兽互相残杀，人尚且感到厌恶，而您身为民之父母，手握生杀大权，还要做那些吃人的事，难道就不觉得内疚吗？人是这世上最宝贵之物，孔子说，

‘始作俑者，其无后乎？’因为俑的形象酷似真人，所以用来殉葬都觉得是极大的罪恶。您怎么能够让百姓活活地饿死呢？”

后人认为，孟轲这段话，包含了强烈的人本主义思想。魏惠王听了，沉默了良久，不敢回应，只能转移话题，说：“想当年，魏国是天下最强的国家。可现在呢，东败于齐国，大子被俘；西边丧失河西之地七百余里，割让给了秦国；南边又被楚国侵略，失掉八座城池。我为此感到十分羞耻，希望为死难的将士报仇雪恨，您说我该怎么办才好？”

孟轲却不上他的当，继续紧扣主题：“即便是方圆百里的国家，也可以推行王道。您如果对百姓施行仁政，减少赋税，减轻刑罚，加强农业生产，提倡尊老爱幼，那么，即便是拿着木棒，也能跟全副武装的秦、楚军队相抗衡。施仁政者无敌于天下，请您不要再犹豫。”

经过多次交谈后，魏惠王对孟轲越发尊重了。与邹衍的阴阳学相比，孟轲的理论简单易懂，很接地气；与淳于髡的诙谐幽默相比，孟轲更善于用简单的比喻说明大问题，而且举一反三，发人深省。

有一天，魏惠王请孟轲到梁囿游玩——梁囿在大梁西北城郊，是供历代魏君游乐的王家园林。魏惠王看着林中的麋鹿和天空飞过的鸿雁，突然问道：“古代的贤君，也喜欢这些吧？”

孟轲说：“喜欢，但是不会把这些娱乐看得很重要。而昏君即使修建了这些园子，也从中得不到乐趣。”

“为什么这样说？”

“当年周文王要修园子，老百姓都踊跃参与，而且将修好的楼台称为灵台，池塘称为灵沼，很高兴看到那里养着麋鹿鱼鳖。为什么？因为周文王总是与民同乐，大伙都希望他高兴。而夏桀呢，虽然把自己比作太阳，老百姓却恨不得与他同归于尽，即便有这些亭台楼阁，他能够享受吗？”

在孟轲的政治哲学中，“同乐”是一个很重要的概念（关于这一点，以后还会讲到）。对于这个纷纷乱乱的世界，他总是保持着一种超然的乐观态度，撑起了先秦儒家理想主义的一翼。他在魏国待了不到一年的时间便离开了，具体原因不详。但是据本人推测，孟轲的离去，也许与魏国政局的变化有关。

因为公元前322年，张仪来到了魏国。

张仪相魏

张仪到魏国，不是来探亲，不是来旅游，也不是来出访，而是来当官的。

《史记》说得明白：“（张仪）免相，相魏以为秦，欲令魏先事秦而诸侯效之。”为了秦国的利益，张仪辞去相国的职务，被秦惠王派到魏国去当相国，想让魏国先依附秦国，成为天下诸侯效仿的榜样。

张仪本来就是魏国人，派到魏国去工作再合适不过。问题是，魏惠王愿意接受这样一位空降的相国吗?

那个年代，人才流动频仍，甲国人跑到乙国去做官是常有的事。公孙衍就是一个典型的例子。他先在魏国为将，接着到秦国当了大良造，后来又回到魏国为将。但是，像张仪这样被秦惠王派到魏国来，而且是要当相国的，还确实没有先例。

事实上，这一安排也并非出自秦惠王的本意，而是张仪自己主动提出来的。

“魏国总是摇摆不定，不肯死心塌地臣服于我大秦，主要是因为惠施从中作梗，就让下臣去魏国取代惠施吧！”

张仪这样做，完全出自一种嗜好。作为鬼谷子的首席门徒（他自认为是），他深谙黑白之道，更沉溺于博弈的乐趣。若以此时天下的棋局而论，乃是合纵与连横的对弈。合纵一方，惠施、苏秦、公孙衍等人执黑先行；连横一方，则由他张仪独树一帜，直取天元。

这天元就是魏国。在张仪看来，只要抢到了魏国，韩国自然臣服，赵国也不在话下，中原的局势便焕然一新，秦国则可以走出西方的山坳，与齐、楚两大强国放手一搏。

然而魏国的态度总是暧昧，时而与秦国亲近，时而与秦国疏远。亲近的时候，不忘向齐、楚等国乱抛媚眼；疏远的时候，又偶尔扑到秦国怀里撒娇发嗲。

为此，张仪才不惜把自己当作一颗棋子，下到最关键的部位。

当然，首先要说服魏惠王。

他对魏惠王说："魏国的领土，方圆不到千里，士兵不到三十万，地势平坦，四通八达，没有名山大川险阻（其实原来有，只不过被割让给秦国了）。南方有楚国，西方有韩国，北方有赵国，东方有齐国，光戍边的部队就要十万以上。自古以来，这里就是你来我往的战场。如果和楚国交好而冷落了齐国，齐国就会从东面进攻；和齐国亲近而忽略了赵国，赵国就会从北面发难；跟韩国闹点小别扭吧，韩国也不是好惹的；得罪了楚国就更不得了，楚王可不是什么好打交道的人。这就是人们常说的四分五裂的状况啊！

"站在魏国的角度，我理解您为什么热衷于合纵。诸侯之所以合纵，无非是想获得国家的安全和国君的尊严。歃血为盟，结为兄弟，表面上看起来空前团结，可实际上呢？即便是同胞兄弟也有利益之争，何况是国与国之间！大伙都想着凭借虚伪的誓词来维系苏秦那套过时的方略，失败难道不是可以预见的吗？

“合纵是冲着谁来的？合纵就是冲着秦国来的。可是魏国和秦国对着干有什么好处呢？秦王一生气，大军就会进攻河外，胁迫卫国，阻隔赵国南下的道路。赵国不能南下，魏国就得不到北方的援助。秦国再挟持韩国进攻大梁，韩国害怕秦国远甚于害怕魏国，必然听从秦王的召唤。从新郑到大梁不过二百里地，无论是战车还是步兵都可以轻松到达，魏国无险可守，那是多么危险的事啊！”

只消三言两语，魏惠王便被轰得晕头转向，连忙问道：“依先生之见，寡人该怎么办？”

“很简单，依附秦国。”

魏惠王脸上露出犹疑的神色。张仪上前一步，眼睛死死盯住魏惠王道：“依附秦国，楚国和韩国就不敢轻举妄动了。没有了楚国和韩国的祸患，您就可以高枕而卧，国家无忧了。

“您想想看，秦国最大的敌人是谁？不是魏国，而是楚国。魏国何必作为楚国的屏障，去抵御秦国的进攻呢？不如顺从秦国，帮助秦军攻打楚国。这样的话，转嫁了灾祸，安定了国家，您又何乐而不为呢？

“我知道，您身边有些人极力主张合纵，他们话说得激昂，但是很少有靠得住的。他们只要动动嘴皮子，被封侯拜相，完全不用负责任，所以每天都慷慨陈词、花言巧语来迷惑您。俗话说得好，众口铄金，积毁销骨。谎话说得多了，您也就信了。请您从现在起，认真考虑魏国何去何从的问题，想想我说的话有没有道理。”

魏惠王摆出一副若有所思的样子，半晌才回答说：“先生言之有理，容寡人与众卿商量之后，再予答复。”

张仪没有再说什么，行礼之后退下。对于他来说，有魏惠王这句话就足够了。

第二天，魏惠王果然召集会议，商讨张仪的建议。

“张仪认为，魏国和韩国应当与秦国联合。寡人考虑再三，觉得他说得有道理，请你们也发表一下意见吧！”

魏惠王语音刚落，惠施便站出来：“此事万万不可。秦国乃魏国的心腹大患，不可亲近。依下臣之见，魏国应该联合齐、楚两国对抗秦国才对。”

魏惠王看都没看他一眼，冷冷地说：“相国一再提联合齐、楚，难道就忘了当年五国相王，齐国和楚国可是一个冷眼旁观，一个刀兵相向？”

一句话堵得惠施无言以对。他下意识地看了一眼公孙衍，公孙衍正在闭目养神，一副事不关己高高挂起的样子。

会议表决的结果，大伙都同意张仪的意见。惠施心灰意懒，对魏惠王说：“即便是一件小事，同意的人和不同意的人都会各占一半，何况是这么大的事？魏国投靠秦国，联合韩国，去对抗齐国和楚国，这么大的事，群臣都一边倒地认为可以，这究竟是事情真的那么显而易见，还是群臣的智谋如此一致？总之这事太蹊跷了，请您一定要三思。”

魏惠王没有理睬他。几天之后，他宣布了一个惊人的决定：经与秦王协商并征得其同意，张仪将担任魏国的相国，主持魏国的内政外交。

至于原来的相国惠施，先免去官职，听候发落。惠施得到内部消息，没等使者上门，赶紧脱掉官服，乔装改扮，连夜逃出大梁。

魏国和秦国的关系突然进入蜜月期。魏惠王在大梁为秦惠王修建了行宫，还决定每年分春秋两季向秦国进贡，这就等于承认魏国是秦国的属国了。

但是，在关键的问题上，魏惠王仍然保持了矜持。秦国几次提出要与魏国联合出兵讨伐齐国，都遭到了委婉的拒绝。

再委婉的拒绝也是拒绝。在魏惠王的心中，依附秦国，是为了换取魏国的平安，因此修行宫也罢，一年两次进贡也罢，这些都不是问题，相当于花钱消灾。如果依附了秦国却不能避免战争，还要与齐国开战，那他如此低三下四还有什么意义呢？他已经是耄耋之年，只想过几天太平日子，为什么秦王就这样不体贴他呢？

咸阳每隔三五天就派使者来催促他出兵，他置若罔闻。张仪多次进宫劝谏，他避而不见。后来秦惠王让步了，提出不用魏国出兵，只要魏国借道给秦国，让秦军通过魏国去进攻齐国，这样总可以吧？魏惠王仍然是摇头。秦惠王怒了，巨手一挥，数万秦军东出函谷关，占领了魏国的曲沃和平周。

这一来，不需做更多思想工作，魏惠王就屈服了。

于是，公元前320年，秦军通过韩、魏两国领地后，向齐国发动了进攻。

回想起来，当年苏秦游说齐威王，曾经说过“秦国对齐国没有任何威胁”的话。仅仅过了九年，秦军的铁蹄便踏上了齐国的国土。可见苏秦对形势的预计不足，尤其是对张仪这位同窗的能力预计不足。

齐威王当然不是吃素的，马上起用匡章为将迎战秦军。

有必要说明一下，匡章就是当年徐州相王时，曾经质问过惠施的那一位齐军将领。

据《战国策》记载，匡章是小妾所生，他的母亲因为一件小事得罪了丈夫，被杀死之后埋在马厩下面。对于中国人来说，死无葬身之地，无疑是十分悲惨的。齐威王为了激励匡章，对他说：“你如果打了胜仗回来，寡人一定为你的母亲迁葬，好让她老人家安息。”匡章说：“我并不是不能安葬我的母亲。她得罪我父亲而被杀的时候，我还很小。后来我长大了，还没来得及请求我父亲安葬她，我父亲又去世了。如果没有得到父亲的指示就迁葬母亲，不是对死去的父亲的欺骗吗？”

匡章率领齐军与秦军对峙，双方扎下营寨，挖好壁垒，都不敢轻易发动进攻。为了打破僵局，匡章精选了一批战士，换上秦军的服装，偷偷混入秦军之中。齐国的候者（侦察人员，同时也负责监察本国将领的动向）对此不理解，向齐威王说："匡章让齐兵投降了秦军。"

齐威王对此不予理睬。

过了一段时间，候者又来报告说："又有一批齐兵投降了秦军。"齐威王还是无动于衷。就这样，一连报了三次。有人对齐威王说："匡章投敌，已经是不争的事实，您为什么就不重视呢？"

齐威王说："我不相信。"

不久之后，前线传来捷报："齐军大胜，秦军大败！"

左右大臣又惊又喜，都对齐威王说："您怎么知道匡章不会叛变投敌呢？"

齐威王说："这个人身为儿子不敢欺骗死去的父亲，作为臣子又怎么会欺骗活着的国君呢？"

请记住匡章这个人，这是他第一次在战场上显示身手。在此后的历史中，他作为齐军的主要将领，还会发挥更大的作用。

这一战打得秦军铩羽而归，使得张仪"以秦、韩与魏之势伐齐"的战略受挫，也使得秦惠王急于号令天下的野心遭到沉重打击。不久之后，一封措辞谦卑的国书从咸阳送到临淄，秦惠王自称"西藩之臣"，向齐威王表达了悔恨与歉意。

齐威王看完国书，扔到了一边。他对秦惠王的致歉毫无兴趣，却命人给魏惠王送去一封措辞严厉的谴责信。信上说，秦国之所以能够越过千山万水进攻齐国，完全是因为张仪控制了魏国。如果魏国还想与齐国保持睦邻友好的关系，必须将张仪赶走。

楚怀王也从这次战事中读到了危险的信号。秦军可以通过魏、韩进攻齐国，自然也能够通过魏、韩进攻楚国。于是他也给魏惠王发了一封信，大意是，张仪不忠不信，虽然当了魏国的相国，却总想着替秦国办事，这样的臣子不赶走，天理难容！

魏惠王东顾西盼，左右为难，完全失去了主见。

就在这个时候，自张仪相魏以来一直保持沉默的公孙衍突然出来活动了。

据《战国策》记载，公孙衍派了一个人去游说韩国的相国韩公叔："张仪相魏，将秦、魏两国结成联盟，实际上对韩国大大不利。他曾经多次对魏王说，如果魏国进攻南阳，秦国进攻三川（韩国郡名，因有黄河、洛水、伊水而得名），韩国就必定灭亡。您何不干脆把南阳割给魏国，作为公孙衍的功劳。魏王贪图的就是土地，取了南阳，他就会抛弃张仪，重用公孙衍。这样一来，秦、魏联盟就解散了，韩国的危险也就解除了。"韩公叔听从了建议，主动割让南阳给魏国。

公孙衍动动嘴皮子，就获得一座大城，令魏惠王不禁刮目相看。不久之后，魏惠王终于下定决心，将张仪这尊大神送回秦国，委托公孙衍主持国政，同时派人宣召惠施回国。

寓言大师庄子

惠施在哪儿？

惠施在宋国。

公元前322年，惠施从大梁仓皇出逃，先是逃到了楚国。楚怀王早就听过惠施的大名，对他热情招待，还打算给他一官半职。但是有人对楚怀王说："惠施是受张仪的排挤才来到楚国的，咱们没有必要掺和这些游说之士的矛盾，不如用厚礼把他送回宋国老家去。这样的话，张仪必然感激您，惠施也因为您的帮助而感谢您，何乐而不为？”楚怀王觉得有道理，于是将惠施送到了宋国。

一个人在外面漂泊久了，便难免产生落叶归根的念头。惠施回到宋国，却是带着满腹的牢骚和不甘。他时常坐在大树下高谈阔论，尽管听众不过是几个山野村夫，他依然能够一讲就是两个时辰。讲累了，他就喝两口酒，抚琴而歌，唱的都是些人家听不懂的词儿，什么“今日适越而昔来”（今天的昨天，就是昨天的今天；今天的今天，就是明天的昨天），什么“天与地卑，山与泽平”，什么“泛爱万物，天地一体也”。喝醉了，唱累了，就伏在琴上睡着了。几个农夫给他披好衣服，合力将他抬回家去，一个不知道是昨天、今天还是明天的日子就这样过完了。

惠施应该是在这个时期认识了他一生中最重要的朋友，也是战国时期最有趣的人，也许还是中国历史上最有趣的人。这个人姓庄名周，后人一般叫他庄子。

说庄子之前，有必要先介绍一下战国时期的道家。

所谓道家，是诸子百家中最难定义的一家，因为“道”这个词，连道家自己也说得含糊。

如：“道可道，非常道。”单这六个字，就让后人琢磨了两千多年，众说纷纭，莫衷一是。最后比较统一的认识倒是，“道”这玩意，只可意会，不可言传，一传就失去真谛了。

说这六个字的，据说是道家的始祖老子。但即便是老子，也是一位很有争议的人物。有人说他是春秋时期的人物，与孔丘同时代；也有人说他是战国时期的人物，后于孔丘一个多世纪。司马迁作《史记》，也只是把当时不同的说法都记载下来，不敢下十分肯定的判断。后世的道教还将老子尊为创始人，又称为太上老君，也就是《西游记》中曾经把孙悟空关在丹炉里炼了九九八十一天的那一位大神。但这又是一个天大的误会。因为道家和道教虽然都有一个“道”字，它们的教义却截然不同，甚至相反。

简单地说，道家宣称道法自然，认为生死都是自然的过程，因而教导人们要看淡生死。而道教主要是教导人们如何通过服食丹药、闭关修炼等手段求得长生不死，显然是反自然的。

不管老子究竟是谁，进入战国时代后，道家的学说已经逐渐风行了。前面说过，吴起在楚国为官，曾经遭到道家门徒屈宜臼的诘难。在道家看来，战国时期的痛苦与不幸，多半是由儒家、法家、兵家这些好事之徒造成的，他们以仁爱、法治、济世为名欺骗世人，放纵贪婪的欲望，掀起一轮又一轮的腥风血雨。因此，老子宣称：“圣人出，有大伪！”

这句话振聋发聩，一直到今天仍然发人深省。

可想而知，那个年代的道家人物，都是消极避世、极力远离尘世喧嚣的。

大约就在魏惠王年代，大梁城中有位道家的代表人物，名叫杨朱。关于他的一个故事或许可以说明道家的避世思想。

曾经有位禽子问了杨朱一个愚蠢的问题：“如果拔您一根毫毛，可以有利于天下，你会答应吗？”

杨朱很干脆地说：“那是不可能的，我的一根毫毛对天下来说有什么用处？”

“我是说假如，假如。”

杨朱便闭上眼睛，不再回答。

禽子出来后，便对杨朱的学生孟孙阳说：“老先生也太自私了，拔一毫而利天下的事都不干。”

孟孙阳说：“你还没有理解老师的思想。我来为你解释一下吧，请先回答我一个问题——如果伤害你的肌肤而有利于天下，你会干吗？”

“会的。”

“如果要断你一只手或一条腿呢？”

禽子沉默了半天，不敢回答。

“那就是了。”孟孙阳说，“毫毛不如肌肤重要，肌肤不如手足重要。然而肌肤就是毫毛积聚而成，手足就是肌肤积聚而成，毫毛也是身体的一部分，你为什么轻视毫毛呢？”

这个故事，乍一看是诡辩，其实落脚点却是：“人人不损一毫，人人不利天下，天下治矣。”

在杨朱看来，所谓的“利天下”，统统都是政客用来蒙蔽百姓的花言巧语，实际上就是要百姓心甘情愿地为统治者服务，甚至去送命。如果人人都能不上政客的当，不去做什么“利天下”的事，那就天下太平了。

据郭沫若先生推测，惠施乃是这位杨朱的“嫡派”，大约也就是关门弟子。这种推测并无根据，但不容否认的是，惠施的学说与道家有着很深的渊源。

事实上，惠施本人没有著作流传于世，他的学术思想主要保存在《庄子》中，借庄周之口而被转述出来。

庄周曾经讲过这样一个故事：

秋天发大水时，百川汇入黄河，河水汹涌澎湃，河伯欣然自喜，顺流而东行，欣赏沿途风光。到达北海之后，他才突然发现，河水虽然浩荡，但是与大海比起来，实在算不了什么。他带着羡慕嫉妒恨的心情与北海之神聊天，可是北海之神对他说，其实北海也不算什么，与天地相比，只不过是谷仓中的一粒米罢了。

河伯于是说："我明白了，天地最大，毫毛最小，对吗？"

北海之神说："不对。人所能懂得的知识，远远不如他不懂的。人在生的时间，远远不如他不在生的时间。用极其有限的知识去探索无限未知的领域，岂能不内心迷乱而一无所获！因此，毫毛未必最小，天地未必最大。最小的东西，可以小到无形；最大的东西，可以大到无法丈量。"

这个故事，显然和惠施的"至大无外，谓之大一；至小无内，谓之小一"，说的是同一个道理。

那么，庄周究竟是个什么样的人呢？

庄周的祖上，据说是楚国的王族，因为吴起之乱而被驱逐，流落到宋国的蒙城（今河南省商丘），便在那里定居下来。

到了庄周那一代，家道早就衰落。庄周本人只做过管理漆园的小吏，再加上家中种了几亩薄田，世道好时勉强能够养家糊口，世道不好时就捉襟见肘，难以为继了。

据庄周自述，有一年大旱，家里无米下炊，他跑到河监侯家里去借粮。河监侯很爽快地说："好的，等我收齐了土地内的租税，马上借给你三百金。"

庄周听了便说："我来这里的路上，听到呼救的声音，仔细一看，原来是一道车辙里有一条鲋鱼在挣扎。我问怎么才能够帮到它，它说有一升水就可以了。我说那没问题，我马上出发去南方游说越王，请求他将西江的水引到河南来救你，好吗？鲋鱼一听，气得脸色大变，说我只要一升水，你却说这样的话，还不如早早去鱼市上找我好啦！"

这就是典型的庄子式寓言。

庄周虽然穷，却不屑与权贵为伍。曾经有一次，楚威王听说他的大名，特意派了两位大臣到宋国来找他，想请他到楚国去做官。当时庄周正在河边垂钓，头也不回地说："我听说楚国有一只神龟，被抓住时已经三千岁了。楚国人将它杀死之后，珍藏在竹箱子里，上面覆盖着绸缎，供奉在大庙之中。请问二位，你们认为这神龟是愿意被供奉起来呢，还是愿意摇着尾巴在泥巴里爬来爬去呢？"

两位大臣都说："当然是愿意在泥巴里爬。"

"那就是了。"庄周说，"二位请回吧，我还想摇着尾巴在泥巴里欢乐地爬行呢！"

这个故事或许可以说明庄周的人生态度。这种态度，和惠施的急功近利是截然不同的，但并不妨碍他们成为朋友。庄周思维敏捷，语言诙谐；惠施博学多才，循循善诱，他们经常在一起游玩，讨论各种高深的哲学问题，碰撞出很多思想的火花。中国历史上一次著名的辩论就出现在他们的游玩途中。

事情发生在濠梁之上。

濠是一条河的名字，现在已经很难确切地找到这条河的所在，但这并不重要。梁则是桥梁。当时庄、惠二人正站在桥上观赏来来往往的鱼群，庄周感叹道："鱼儿从容地游来游去，是多么快乐啊！"

惠施马上说："你又不是鱼，怎么知道鱼儿快乐？"以为可以打庄周一个措手不及。

没想到庄周的反应更快，反问道："你又不是我，怎么知道我不知道鱼儿快乐？"

惠施大笑，说："我不是你，所以不知道你知不知道鱼儿快乐。同样道理，你不是鱼，你也不知道鱼儿快不快乐。"

庄周说："让我们回到问题的开始吧！当你问我'你又不是鱼，怎么知道鱼儿快乐'的时候，你已经知道我知道鱼儿快乐了，所以才故意这样问，是不是？我告诉你吧，我就是站在这濠梁之上知道的。”

这一场辩论只有寥寥几句，然而精彩纷呈，让人忍俊不禁，深感智慧给人带来的快乐。就这场辩论而言，很难说谁赢谁输。庄周似乎技高一筹，但是最后虚晃一枪，有和稀泥之嫌。

实际上，这也是庄周对于辩论的态度。他享受辩论的乐趣，但是决不纠缠。为什么一定要分出个输赢来呢？辩论本身并不产生真理，更多时候产生的是谬论。

“辩无胜。”他轻飘飘地说。

辩论的双方各执一词，互不相让，辩到最后，除了拔刀相向，没有其他的出路。

有一次他问惠施：“射手如果不先确定目标，随便射中一个什么东西，就当作射中了，号称善射，那天下人都可以是后羿了，对吗？”

惠施说：“是。”

庄周又问：“如果没有公认的准则，各人都把自己的意见当成正确的，那天下人都可以自认为是尧、舜、禹、汤了，对吗？”

惠施说：“是。”

“那么，现在流行的诸子百家，包括你在内，到底谁是正确的呢？你们各有各的理论，你不服我、我不服你地争论不休，什么时候是个尽头呢？”

惠施无言以对。

庄周的意思很简单，如果没有共同的认识基础，辩论就不会有任何意义。

或许，在庄周的世界里，黑白、是非、彼此，甚至真实与虚幻都不是那么泾渭分明。

有一天他睡在树荫下做了一个梦，梦见自己变成了蝴蝶，轻快地拍打着翅膀，在花丛中飞来飞去，十分惬意。醒来之后，他一时恍惚，忘记了自己究竟是庄周还是蝴蝶。又或者是庄周梦见自己变成了蝴蝶，还是蝴蝶梦见自己变成了庄周？

以此推论，人生百年，有没有可能就是一个梦？真实与虚幻之间，究竟哪一个更真实，哪一个才是所谓客观的存在？

庄周的这个梦，既浪漫，又富含哲理，成为历代文人骚客吟咏的题材。其中最有名的是唐代诗人李商隐写的一句："庄生晓梦迷蝴蝶，望帝春心托杜鹃。"而现代作家贾平凹在其著作《废都》中，也将男主角命名为"庄之蝶"——由此让评论界产生诸多联想，也是难免了。

庄周的浪漫，如同蝴蝶的翅膀一般，轻盈写意，没有丝毫的沉重感。他曾经这样写道："泉涸，鱼相与处于陆，相呴以湿，相濡以沫，不如相忘于江湖。"

池塘的水干了，两条鱼躺在那里等死，互相将沫子吐在对方腮上，好让对方活得长一点。可是，与其这样，还不如在江湖中逍遥自在，谁也不记得谁。

人们也许觉得，相濡以沫是一种浪漫。但是对于庄周而言，浪漫绝不是建立在痛苦的基础上，苦情戏在他那里找不到市场。这一点上，他和德国哲学家尼采有共通之处。

"善是轻盈的，一切神物以纤足疾步。"尼采在《瓦格纳事件》中如此写道，完全是庄周的口吻。

让那些沉重的东西消失吧，人生就是一场了无牵挂的盛宴。

庄周的妻子死了。惠施前来吊唁，只见庄周坐在地上，正敲打着盆子唱歌。惠施又惊又恼，责备道："你们夫妻一场，她为你生子持家，辛苦了一辈子。现在她去世了，你不哭便也罢了，还在这里敲着盆子唱歌，难道不是太过分了吗？"

“哪里？”庄周回答道，“她刚去世的时候，我也难过得吃不下饭。但是思前想后，我发现自己不过是个凡夫俗子，不明死生之理，不通天地之道，于是一下子就想通，自然也就不觉得悲伤了。”

惠施强忍住怒气说：“什么是死生之理？”

庄周说：“人的生死变化，有如四季更替。一个人虽然死了，却仍然安睡在天地之间，这就是死生之道。”用现在话说，人生人死，不过是物质的聚合离散，物质本身是不会灭亡的。

惠施显然听明白了，但仍然不解气：“理是这个理，但情何以堪？”

庄周说：“生死皆有命定，如同有日就有夜，谁也摆脱不了。所以生不足喜，死不足悲。明白这个道理，我也就不悲伤了。”

人类既然无法摆脱死亡，不妨把死亡看得淡一点，庄周是这个意思。至于感情，他并不否定，他否定的是“以好恶内伤其身”的感情，也就是否定因为喜爱或厌恶伤害人的身心。

《庄子》里还记载了这样一个故事：

有一次庄周骑着一匹瘦马前往楚国，路上只见哀鸿遍野，一片战争之后萧瑟的景象。天黑的时候，庄周找到一棵大树休息，忽然从草丛中露出一个骷髅。庄周也不害怕，走上前用马鞭敲了敲骷髅，问道：“你是生病落到这个地步，还是国破家亡被人砍死？或者你有什么不善之行，愧对父母妻子吗？还是因为寒冷饥饿才这样？或者是寿终正寝？”说完，将骷髅枕在脑袋下面，没过多久就呼呼地睡着了。

半夜时分，骷髅出现在庄周的梦里，说道：“这位老先生，听你说话的语气，好像是个有学问的人。你所说的那些事，都是人活着时的痛苦，死后就没这些烦恼了。你想听听死的乐趣吗？”

庄周说：“当然想。”

骷髅说：“人死之后，无君无臣，没有四季的劳作，从容游玩，以天地为春秋，即便是南面称王的乐趣也不能与之相比。”

庄周不相信，问道：“如果我请求造物之神，让你再生，还你骨肉肌肤，还你父母妻子兄弟朋友，你可愿意？”

骷髅听了，赶紧说：“你别开玩笑了，我哪能放弃胜过南面称王的乐趣，去承担那人间的劳累呢！”

骷髅，或者说庄周的这种心境，惠施是无法理解的。

公元前319年，当魏惠王的使者来到宋国，惠施立刻穿好朝服，戴好朝冠，跟着使者回到了梦牵魂萦的大梁。

庄子和惠施的对手戏

惠施踌躇满志回到魏国，满以为魏惠王会立即任命他为相国。然而魏国的情况已经发生了很大的变化，公孙衍实际上已经在履行相国的职责，只是还没有获得正式任命。

这一年，魏惠王已经八十二岁了，在当时而言，堪称高寿。

人到了这个年龄，做事便难免犹豫。惠施有惠施的好处，他博学多才；公孙衍有公孙衍的优点，他行动果敢。无论任命谁为相国，也许都不会错，而且可以肯定的是，他们都是坚定不移的合纵派，在这一点上不会产生分歧。

魏惠王一犹豫，惠施便坐立不安了，各种狐疑涌上心头。有一天，有人告诉他，宋国的老朋友庄周来到了大梁找他。他一下子神经过敏了，认定庄周是来抢他的相位的，于是派人在大梁城中搜查了三天三夜，结果一无所获。第四天早上，庄周自己找上门去，跟惠施讲了一个故事：

南方有一种鸟，名叫凤凰，你知道吗？凤凰啊，是很高傲的，每年都从南海飞往北海，一路上非梧桐不栖，非竹实不食，非甘泉不饮。有一只猫头鹰，刚刚抓到一只死老鼠，正暗自窃喜，突然感觉天上一黑。抬头一看，只见凤凰张开翅膀，有如垂天之云，飘然而过。猫头鹰瞪大眼睛，仰着脖子，大喝一声："吓！你难道敢抢我的死老鼠？"

庄周讲完这个故事，拍拍惠施的肩膀，平静地说："老朋友，你派人搜遍大梁城，难道是想拿着魏国这只死老鼠来吓我吗？"

惠施满脸羞愧，若有所思。

不久之后，尘埃落定，公孙衍实至名归，被任命为相国。至于惠施，史料中虽然没有明确记载，但可以肯定的是，他在魏国朝中还是担任了相当重要的职务。

这一年冬天，八十二岁高龄的魏惠王去世了。

关于魏惠王的一生，我想不用作太多的评价，用两个字概括足矣：

折腾！

如果要用三个字，那就是：

瞎折腾！

据《吕氏春秋》记载，那年冬天气候严寒，临近魏惠王葬期的时候，天下大雪。群臣都劝大子魏嗣改期再葬，魏嗣不同意。群臣不敢强求，只好向公孙衍汇报。公孙衍也表示无可奈何，认为只有惠施能够说服大子。

惠施果然不负众望。他对魏嗣说："当年周朝的先王季历被埋葬在涡山脚下，积水浸蚀他的坟墓，露出了棺木的前端。周文王说：'先王一定是想再看看群臣和百姓吧，所以才让积水把棺木露出来。'于是干脆将棺木挖出，布置朝见行礼的场所，让百姓都来觐见，三天之后才改葬。就是周文王所谓的义啊！您看，现在先王安葬的日期临近，雪却下得这么大，想必是先王想稍作停留以安抚国家和百姓，所以才让雪这么下。如果因此而推迟葬期，正是遵从周文王的义，又有什么不可以呢？”

魏嗣惶恐地说：“您说得有道理，就改期吧！”

这件事从一个侧面说明，公孙衍和惠施其实还是相处得算不错的。

公元前318年，魏嗣正式即位为君，也就是历史上的魏襄王。

此后，惠施一直在魏国生活，直到去世。关于他去世的确切时间，史上有公元前318年、公元前310年、公元前300年之说。但无论是哪种意见，都已经不重要。

再往后的某一年，庄周游历河内，在惠施坟上祭拜完毕，回头对自己的学生说：从前楚国的郢都有一位陶匠，鼻尖上溅到一块薄如蝉翼的污泥，于是请石匠替他削掉。石匠运斤如风，“呼”地砍下去，准确地削掉那块污泥，鼻子丝毫无损，而且陶匠站在那里面不改色。后来宋元君听到这个故事，把石匠召过来，要他表演一次。石匠说，我倒是还能做得到，只可惜我的对手已经死了。自从惠施死后，我就再也没有辩论的对手，没有可以谈话的人啦!

第九章

孟子谈民权

世人说起张仪，便会想到苏秦，就如同说起孙膑会想到庞涓一样。

因为张仪和苏秦是死对头。前者主张连横，后者主张合纵，合纵与连横构成了那个年代矛盾冲突的主题。

但事实上，如前所述，张仪之所以能够上位，与苏秦的帮助是分不开的。而且如果回顾迄今为止的纵横史，苏秦并没有对张仪构成主要的威胁[①]。

苏秦发起的六国合纵，就像一束华丽的烟花，在夜空中绽放之后，便迅速销声匿迹。连苏秦本人，也不得不跑到燕国蛰伏起来。

这些年来真正和张仪对着干的，是在诸多史书中被称为“犀首”的

① 现代还有一种观点认为，苏秦其实和张仪不是同一个时代的人，而是在张仪死后才现身江湖，他们的活动没有交集，本书对此持保留态度。

公孙衍。

公孙衍和张仪之间的恩怨，可以追溯到公元前328年——那一年，张仪当上秦国的相国，时任大良造的公孙衍愤而离职，从此以合纵为己任，誓要与张仪一争高下。

公元前323年的五国相王，便是公孙衍的杰作，当然也是失败之作。但是这次失败的责任，他还多少可以推给当时的相国惠施。

到了公元前318年，魏襄王即位，公孙衍已经是相位在身，大权在握，便充分发挥自己在诸侯间的影响力，再一次发起合纵运动。山东六国都响应公孙衍的号召，楚怀王还出任了纵长（盟主）。同年冬天，合纵联盟出兵讨伐秦国，也就是《史记》上所谓的“六国伐秦”。

然而，六国伐秦从一开始便被打了折扣。齐国借口齐宣王刚刚即位（公元前320年齐威王去世，其子田辟疆于次年即位，是为齐宣王），国内大事未定，拒绝出兵。于是六国伐秦变成了五国伐秦。

五国之中，楚国最强，又是盟主之国，本应担任主力——楚国也确实动员了全国的力量，打算借此机会一举消灭秦国。然而，当齐国退出的消息传来，楚怀王便也决定采取拖延战术，先按兵不动。再加上燕国因为国内变故未能出兵（至于是什么变故，很快会讲到），真正出兵和秦军交战的，就剩下赵、魏、韩三国了。

秦国以樗里疾为将，带领部队出函谷关迎敌。

樗里疾是秦惠王的异母弟弟，“滑稽多智”，被秦国人称为智囊。公元前331年秦军攻克曲沃，便是出自樗里疾手笔。

没有任何史料记载这一战的具体情况，后人只知道结果是秦军大获全胜，三晋联军被打得落花流水，魏国遭受的损失尤其惨重。

樗里疾乘胜追击，在修鱼（今河南省原阳）大败韩、赵联军，俘虏韩将申差，斩首八万二千级。而齐国也落井下石，入侵赵国，在观泽

（今河南省清丰）打败魏、赵两国军队。

轰轰烈烈的五国伐秦，以惨败而告终。这也意味着，合纵连横正面交锋的第二个回合，连横又得一分。

那么，当公孙衍使尽浑身解数与张仪相抗的时候，苏秦在干什么呢？

苏秦的雄辩价值连城

苏秦是在燕文公时期来到燕国的。燕文公去世后，燕易王即位，齐威王趁着燕国办丧事，发兵进攻燕国，一下子夺取了十座城池。

如果是在春秋时期，这种乘人之危的行为会遭到天下人的谴责，然而到了战国时期，礼崩乐坏发展到一个全新的高度，齐威王这样做，人们早就见怪不怪了。

燕易王不甘心这样丢掉十座城，但是又不敢向齐威王叫板，便将苏秦找过来说："自从您到燕国来，先王就对您十分尊重，资助您去见赵王，发起六国合纵，您也因此而闻名天下。后来合纵分裂，您不容于赵国，先王还是一如既往地尊重您，让您在燕国继续过着惬意的生活。现在齐国不顾廉耻，趁着我们办丧事发动进攻，夺取十座城池，您能为寡人把这些土地要回来吗？"

燕易王话说得客气，实际上暗含指责：你养尊处优，吃了那么多年闲饭，也该干点活了！苏秦听了大为惭愧，赶紧说："请让我到齐国跑一趟。"

其实苏秦也不是吃闲饭，在燕国的这些年里，他看似无所事事，实际上忙得很。忙啥？忙着跟燕文公的老婆，也就是燕易王的母亲偷情。以他的妙语连珠，以他的风度翩翩，以他的玉树临风，给燕国后宫带来无尽的欢乐。关于这一点，燕易王早就有所察觉，但是他一直睁一眼闭一眼，装作没看见。

苏秦来到临淄，顺利地见到了齐威王。他向齐威王行了两次礼，一次是低头表示祝贺，一次是仰头表示哀悼。齐威王就奇怪了："你这一庆一吊相继而来，也未免太快了吧！"

苏秦说："我听说，人就算饿极了也不会去吃乌头（一种植物，有剧毒），因为这玩意儿虽然能暂时填饱肚子，但是很快会让人丧命，和饿死也没什么区别。"

齐威王点点头道："可这跟我有什么关系？"

苏秦说："大王可知道当今燕王的夫人是谁？"

"不知道。"

"是当今秦王的女儿。"苏秦顿了一下，观看齐威王的反应，只见他眉头一皱，眼神中闪过一丝不安，但很快掩饰过去。秦惠王将女儿嫁给燕易王，还是燕文公年代的事，因为那时候燕易王还只是公子，这件事在诸侯之间没有引起关注。苏秦接着说："燕国虽然弱小，可燕王好歹也是秦王的女婿啊！您为了贪那点蝇头小利，不惜得罪强大的秦国，值得吗？秦王一怒，命令燕国为先锋，发动大军从北方征讨齐国，您这和饿了吃乌头有什么区别？"

苏秦连吓带骗，齐威王却被镇住了，问道："那寡人该怎么办才好？"

"那还能怎么办，把城还给燕国呗！您想想看，燕王不费周折收回十座城，必然高兴，与齐国更加亲近；而秦王知道您是看在他的面子上归还燕国十座城，也一定很高兴，这是化敌为友的做法，也是取得天下人心的好机会啊！"

齐威王就这么被忽悠着，把十座城池还给了燕国。

苏秦完成使命，哼着小调回到燕国，本以为燕易王会大大地奖赏他，没想到迎接他的是一张冷若冰霜的脸。

原来，就在他去齐国的时候，有人对燕易王说："苏秦是个言而无信的小人。"并暗示苏秦很有可能与太后私通，给先王戴过绿帽子。对于燕易王来说，先王的绿帽子不是大事，但是被人说出来，脸上就有些挂不住了。他用一句"休得胡说"封住了来人的嘴，心里却留下了一个疙瘩。苏秦回来，他也没给好脸色，而且让人给苏秦带话说："以后您就在家歇着吧！"

苏秦死皮赖脸找上门去，对燕易王说："我本来是东周的一介平民，没有一丝一毫的功劳，您却在宗庙里接见我，在朝堂上以礼相待。现在我为您收复了十座城池，您本来应该更亲近我，却让我坐了冷板凳，想必是有人在您面前说我是个无信小人，是吧？"

燕易王应了一声，不置可否。

"其实人家说得对，我就是个不守信用的人。"苏秦突然这样说，"可是我不守信用，乃是您的福分啊！所谓忠信，不过是说一个人洁身自爱，但是为了国家的利益，是讲不了那么多忠信的。我去游说齐王，难道不是在欺骗他吗？我把老母亲扔在雒邑，难道不是不孝吗？假如有像曾参那样孝顺、像伯夷和叔齐那样廉洁、像尾生那样守信的人来侍奉您，您会觉得怎么样？"

曾参是个大孝子；伯夷和叔齐是商末孤竹国君的儿子，互相让贤，不继承君位，后来周朝灭商，他们也不肯出来做官，宁可饿死在首阳山下；尾生则是古代的大情圣，与女朋友在桥下约会，女孩子没来，大水却来了，尾生抱着桥柱子不肯离开，结果被淹死。

燕易王说："这样的人，寡人求之不得啊。"

苏秦冷笑一声："像曾参这样的人，连离开父母在外面住一夜都不干，您又怎么能够让他不远千里来为燕国服务呢？像伯夷这样的人，宁死也不食周粟，他能为您到齐国去坑蒙拐骗？像尾生这样的人，为了一个女人而守信至死，您认为他能有办法说服齐王退还给您十座城池吗？他们那种忠信，都是假忠信，只不过贪图自己的好名声。而我的忠信，是真正的忠信，因此才会得罪您。”

燕易王说：“不对，不对，这世上哪有因为忠信而获罪的人啊？”

苏秦说：“有个人到远方为官，他的妻子在家里和别人私通。那个人将要回来的时候，妻子和姘头商量着要用毒酒毒死他。他的侍妾听到了两个人的密谋，但是又不敢说出来，只好装作打翻了酒壶，把酒都洒在地上了。那人大怒，打了侍妾五十鞭子。您说，这个女人对上保护了男主人，对下也没有泄露女主人的机密，自己却挨了一顿鞭子，难道不是因为忠信而获罪吗？我现在的境遇，难道不就是那位侍妾的境遇吗？”

燕易王说：“那您还是官复原职吧！”

苏秦赶紧谢恩。

燕易王又问道：“您刚刚举那个例子，如果发生在宫中，会是什么样的结果呢？”

苏秦一听，面若死灰，不敢回答。不久之后的某一天，苏秦悄然离开了燕国。他给燕易王留下一封信，说：“下臣在燕国，不能提高燕国的地位；如果到齐国工作的话，倒是能让燕国受到天下诸侯的重视。”

燕易王看了之后，轻叹了一声，自言自语道：“您想怎么办，就怎么办吧！”

苏秦就这样来到了齐国，并且在齐国定居下来。

燕国的危机：禅让岂能随意

燕易王在位的时间并不长。

公元前323年，燕易王参加了魏国组织的五国相王。从此，燕君不称侯爵，而称为燕王。

公元前321年，燕易王去世，大子哙即位，也就是历史上的燕王哙。

明眼人可能很快会发现问题——燕王哙不是一个谥号。一般而言，史书上都会用谥号来称谓天子诸侯，如周显王、秦惠王、燕文公等。一个诸侯，如果没有谥号，那就意味着他连个盖棺定论都没有，这是相当不同寻常的。

燕王哙信任一个名叫子之的人，任命他当了相国。

子之办事果断，善于监督考核官吏，在民间具有很高的威信。但是，就像商鞅刚到秦国时的情况一样，传统贵族对于子之这种政治暴发户十分反感，他们在大子平的领导下，处处掣肘，和子之对着干。

蓟城中两股势力斗得不亦乐乎。大子一派占据高位，把持了朝中所有重要的职务；相国一派则获得了底层的拥护，从中提拔了很多人。

然而，最重要的力量一直在摇摆不定——燕王哙本人对于应该支持儿子还是相国，或是和稀泥，或是各打五十大板，始终拿不定主意。

子之有他的秘密武器。

苏秦在燕国的时候，和子之关系很好，两个人结为了儿女亲家。苏秦的弟弟苏代与子之的关系也不错。公元前318年，苏代作为齐国使者出访燕国，燕王哙问了苏代一个问题："齐王为人如何？"

这里的齐王已经是齐宣王，刚刚即位两年，工作业绩不明显，是以燕王哙有此一问。

苏代说："不是霸主之才。"

燕王哙说："为什么？"

苏代说："因为他对有能力的大臣不够信任。"

燕王哙听了，若有所思。

就为了这几句话，子之送给了苏代黄金百两，供他在燕国开销。苏代又找到一个名叫鹿毛寿的人帮忙。

鹿毛寿是位方士，以炼丹导引之术深得燕王哙信任，能够随意出入燕王宫中。他对燕王哙说："天下人都说尧贤德，是因为他大公无私，能够把天下让给许由，而许由又没有接受，尧因此有禅让天下的名声而实际上又没有失去天下。如果大王提出要把国家禅让给子之，子之一定不敢接受，这样大王也就和尧齐名了。"

据《庄子》记载，许由是古代的贤人。

尧曾经打算将天下让给许由，说："太阳出来了，烛火还有什么意义？雨季来临了，何必要浇水灌溉？有您这样的圣人，我为什么还要占着君位？我越看越觉得自己比您差远了，一定要把君位让给您，由您来统治万民。"许由听了，赶紧跑到河边去洗耳朵，说："快别说这样的话，把我的耳朵都弄脏了！"

许由说："您治理天下，已经做得很不错了，如果我还要去取代您，是为了名声吗？所谓'名'，不过是'实'的影子，您难道是要我去追求虚幻的影子吗？鸟儿在林中筑巢，也不过是要一根树枝；鼹鼠在河里喝水，最多也不过是填饱肚子。我一个人自由自在，要天下干什么呢？厨师即便不干活，也轮不到尸祝祭越过樽俎来替代他啊！"尸祝即祭祀官，成语"越俎代庖"，便是出于这个典故。

燕王哙听了鹿毛寿的话，果然宣布将国家大事都托付给子之。

这样的事情，在当时并不罕见。秦孝公就曾提出要让商鞅即位，魏惠王也说过要惠施代他为王，但那就像是“找个时间请你吃饭”一样的客套话，说的人装作很认真，听的人装作很惶恐，拼命推辞，最后不了了之。

让人意想不到的是，子之毫不客气地接受了燕王哙的让贤，还要求燕王哙将俸禄三百石以上的官吏的印信全部收回，由他重新任命。这样一来，子之就真的成了燕国的主人，连燕王哙在他面前都必须俯首称臣。想必这也是自传说中的尧舜禅让以来，中国权力交接史上最戏剧性的一幕。

大子与相国的斗争，至此胜负已定。但是下这个结论显然为时过早——子之虽然在燕国南面称王，却不能得到诸侯的承认。连中山这样的小国都对这件事表示极度愤怒，有当时文物“中山王方壶”铭文为证：“燕君子哙，不辨大义，不忌诸侯，而臣宗易位，以内绝召公之业，乏其先王之祭祀；外之则将使上觐于天子之庙，而退与诸侯齿长于会同，则上逆于天，下不顺于人也，寡人非之！”

简而言之，以臣代君，得不到周天子的承认，乃是大大的倒行逆施，寡人表示强烈的抗议！

中山的相国也赶紧站出来表态。作为臣子反而对君主发号施令，真是令人发指。如果要我和敬爱的国君并立于世，与诸侯相会，这样的事我连想都不敢想！

这一年，正是公孙衍组织五国伐秦的那年，燕国发生了这么大的变故，没有如约参加伐秦的军事行动，也是可想而知的了。

当时孟轲已经回到齐国，有人问及他对燕国发生的事情的看法，他的回答是：“假如你喜欢一个人，就私自把君主赐给你的官爵俸禄转赠给他，而他也欣然接受，可以吗？”

言下之意，燕国的爵位是周天子封的，没有经过周天子同意，当然不能随便送人。

孟轲的话说得有道理，但是不难看出，他要了一个花招，避开了“以臣代君”这个敏感点。而且还有一句潜台词：只要周天子同意了，以臣代君也未尝不可。要知道，齐国现在的王室田氏，正是买通了周天子，“以臣代君”而上位的。

齐宣王与无盐女的故事

孟轲回到齐国，约是公元前319年的事。与此同时，淳于髡、邹衍等人也回到了齐国，和孟轲一道，继续在稷下学宫讲学。从那个时期开始，稷下学宫进入全盛时期，最多的时候有学者上千人。他们坐而论道，著书立说，在中国文化史上写下了辉煌的一笔。

这一切，得益于齐宣王的筑巢引凤政策。

据《史记》记载，齐宣王“喜文学游说之士”，邹衍、淳于髡、田骈、慎到等七十六人，都被赏赐了宅第，而且享受上大夫的待遇。

那个年代临淄的房价虽然不高，一人一套单门独户的大院子还是蛮有吸引力的。司马迁不无嫉妒地写道，这些人啥事都不干，成天发牢骚，就可以拿那么高的工资，真是赶上好时候了。

《战国策》中则记载了这样一个故事。

一个名叫颜斶（chù）的学者来见齐宣王。齐宣王坐在堂上，很亲热地说：“快过来。”意思是，靠近一点，咱们好说话。

如果是现在的一些学者听到政府官员这样召唤，肯定会满脸堆笑，弓着身子快步上前。颜斶却一动也不动，只说了三个字：“您过来。”

是你要跟我说话，不是我要跟你说话，当然是你过来。

齐宣王本来脸上带着和蔼的笑容，一下子就僵住了。左右一看不对劲儿，赶紧低声呵斥颜斶："大王是君，你是臣。他可以要你过去，你怎么可以要他过来？"

颜斶大声说道："我如果过去，人家会说我趋炎附势；大王如果下来，人家会说他礼贤下士。与其让我得趋炎附势之恶名，不如让大王得礼贤下士之美名。"

齐宣王恼怒地说："那你说，到底是君王尊贵，还是士人尊贵？"

颜斶不假思索："当然是士人尊贵。"

这种论调，齐宣王还是第一次听说。朝堂上的人都为颜斶捏了一把汗。只见齐宣王愣了半晌，才问道："你这么说，有根据吗？"

"有。"颜斶说，"那年秦军进攻齐国，秦王下令，有谁敢在柳下惠坟墓五十步以内的范围内砍柴，格杀勿论！同时又说，有谁能够砍下齐王的头，就封他为万户侯，赏金千镒。这说明君王的脑袋，还不如士人的坟墓啊！"

齐宣王被说得哑口无言。左右大臣护主心切，纷纷跳出来指责颜斶："我们大王拥有千乘之国，重视礼乐，四方仁义智士，仰慕大王的贤德，莫不争相投奔；四海之内，莫不臣服。现在齐国国泰民安，百姓安居乐业，乃自古以来最好的时代。士人本事再大，也不过是匹夫，徒步而行，耕种为生；没本事的，只能住在穷乡僻壤，做做看门人的工作。所以说，士人是十分低贱的。"

颜斶冷笑了一声道："那我问你们一个问题，大王为什么要自称寡人？"

大伙都愣住了，不知道颜斶葫芦里卖什么药，不敢轻易接茬。颜斶轻蔑地环视了他们一眼，说道："大王贤德，天下皆知，不用你们提醒我。可即便是尧，也有九名助手；舜，有七位师友；禹，有五位亲信；汤，有三名辅政大臣。尧、舜、禹、汤之所以成为尧、舜、禹、汤，是因为他们知道如何借助士人的力量。从古至今，还没有光靠虚名就能成就大事的人。因此君王不应羞于向别人请教，更不应以向地位低微的人学习为耻。老子说得好：'虽贵，必以贱为本；虽高，必以下为基。'这就是为什么君王都要自称孤，自称寡人。孤、寡是指生活困窘、地位卑微的人，可是诸侯们用以自称，就是为屈己尚贤，难道你们不懂吗？"

齐宣王在堂上听了，长叹一声，道："君子岂可侮辱？今天的事，完全是寡人自取其辱。以后就请颜先生待在寡人身边，出必同车，食必同桌。寡人有什么问题，直接向颜先生请教。"

颜斶这才朝齐宣王作了一个揖，说："吃对我来说一点也不重要，粗茶淡饭，我也如同吃肉一般津津有味；出行我也不愿坐车，我喜欢慢步缓行，安步当车。我要说的话，刚刚已经说完了。采不采纳，则是大王的事。就此告辞！"说完拱拱手，飘然而去。

后人将"安步当车"作为一句成语，即出于此。

经历了这件事后，齐宣王对待学者的态度更加谦逊，求贤之心也更加强烈了。

淳于髡听说这件事后，主动向齐宣王推荐人才，一次便给他推荐了七个。齐宣王又高兴，又怀疑，对淳于髡说："寡人听说，如果方圆千里之内可以发现一位贤人，那么天下的贤人就会肩并肩排在你面前；如果上下百代之内可以出现一位圣人，那么世间的圣人就会脚挨着脚向你走来。今天您一次就给我推荐了七位人才，是不是太多了一点？"

淳于髡笑道："大王没有听说过物以类聚、人以群分吗？如果我们去洼地寻找柴胡、橘梗，休说短短几天，只怕几辈子也寻不着；但是如果到山上去找，很快就可以找到好几车。在下不才，但是只与贤才为伍，与我交往的，都是品德高尚、才智非凡的人。我向您推荐人才，就像在河里舀水一样简单，您怎么能够嫌多呢？七个只是开头，今后我还要向您推荐更多的优秀人才。”

齐宣王赶紧向淳于髡道歉，并感叹说，原来世间从来不缺乏人才，缺乏的是发现！于是下令广开言路，允许平民百姓进宫进谏，建议一经采纳，给予重赏。

无盐女钟离春就是在这种情况下进宫的。

据《列女传》记载，钟离春是无盐（今山东省东平）人，生得“广额深目，高鼻结喉，驼背肥颈，长指大足，发若秋草，皮肤如漆”，因为这副尊容，年过三十还是个黄花闺女。但这不妨碍她关心国家大事，也就是齐宣王后宫无主的大问题。

她一路风餐露宿，从无盐来到临淄，虽然在宫门口遇到了一些阻挠（不是因为她是平民，又是个女人，而是因为实在长得太吓人），但还是成功地进到了宫里，见到了齐宣王。

在介绍过自己的来路之后，她说道：“民女愿入后宫，以备洒扫。”

所谓以备洒扫，是谦虚的说法，表面上说是到你家擦擦桌子，扫扫地，实际上就是要嫁给你做老婆。齐宣王听了，差点晕厥，两旁文武和殿上的宫女都抿嘴偷笑。人说后宫佳丽三千，齐国后宫的美女即便没有三千，至少也有三百，个个如花似玉，青春无敌。眼前这女人长相就不用提了，年龄自称三十，看起来倒有五十，就算真的让她扫地擦桌子，地和桌子都不一定乐意，她居然要进宫当王后，这内心得多强大啊！

齐宣王先是摆出一副严肃的样子，但是想来想去，实在没法用什么事情来分散自己的注意力，左看看右看看，终于忍不住哈哈大笑起来。他这一笑，殿上殿下跟着便笑成一片，声震屋瓦。唯有钟离春面不改色，等到大伙都笑得没力气了，才长叹一声：“危险啊，危险！”

“哦？”齐威王挥挥手，让大伙止住笑，“你说说，有什么危险？”

“秦国、楚国虎视眈眈，而您丝毫不在乎，这是第一个危险；大兴土木，修建亭台楼阁，把雪宫（齐宣王的离宫）搞得富丽堂皇，浪费民力物力，这是第二个危险；花天酒地，夜以继日，淫乐充斥后宫，这是第三个危险；贤臣逃匿山林，奸佞侍奉左右，听不到真知灼见，这是第四个危险。”

钟离春侃侃而谈，齐宣王神色由晴转阴，看她的眼神由戏谑变为尊重。待她把话说完，齐宣王诚恳地说：“您说得太好了，有如暮鼓晨钟，让人警醒。寡人如果还能有点进步，皆拜你所赐。”于是下令停止修建高台，撤去女乐，从此专心治国，励精图治，齐国的国势由此蒸蒸日上，甚至超越了齐威王时期。

而钟离春果然也成了齐国的王后。

无盐女的故事，是一个非典型的中国式童话，它不是丑小鸭的故事，也不是灰姑娘的故事，而是丑小鸭加灰姑娘的故事。在中国历史上，这个故事流传很广，尤其是在民间，很多人认为是真实发生的事情。本书在此不予判断其真实性，因为在很多时候，所谓真实的历史，也不过是人们以为它真实罢了。

王道与霸道

钟离春提到的雪宫，在《孟子》中也有记载。

有一次，齐宣王在雪宫接见孟轲，突然问了一句："老先生觉得这个地方怎么样？"

"好极了。"孟轲饶有兴致地东看西看，对宫中的每一样东西都觉得很新鲜。

齐宣王又问："古代的圣贤也有这种快乐吗？"

"当然有了。"孟轲说，"作为一国之君，有这点快乐算什么？但前提是要将这种快乐和百姓们共享。"他趁机奉劝齐宣王，"君王以百姓的快乐为自己的快乐，百姓也会以君王的快乐为自己的快乐；君王以百姓的忧愁为自己的忧愁，百姓也会以君王的忧愁为自己的忧愁。君王和百姓同忧同乐，同心同德，那就可以使天下人归服了。"

齐宣王一听，很感兴趣，于是又问道："齐桓公、晋文公称霸的故事，您可以讲给我听听吗？"

"这个嘛……孔夫子的学生们都没有讲过他们的事迹，所以我也没有听过。说白了，'霸道'那玩意我不懂。您如果一定要我说，我就说'王道'吧！"

齐宣王说："好。"

"我听人说，有一次您坐在殿上，看到有人牵着牛从殿下走过，准备杀了它去祭钟。您看它哆嗦可怜的样子，毫无罪过，却要被宰杀，实在是于心不忍，于是命人放了它，改用一只羊代替。有这回事儿吗？"

"有。"

“可是百姓们听说之后，都以为您这是吝啬，是吧？”

齐宣王无奈地笑笑，说：“确实如此。他们也不想想，齐国虽然不富，我也不至于吝啬到一头牛都舍不得啊！我就是不忍心看它那可怜的样子，才用羊替代它的。”

孟轲朝齐宣王作了一揖，说：“您这种不忍心，就是王道的基础。”

齐宣王脸红了一下。

孟轲又问：“那您有没有想过，羊其实也很可怜呢？”

齐宣王说：“哎哟，这个我还真没想过。您这么一说，我倒是能理解百姓们为什么说我吝啬了。牛和羊一样可怜，我却只怜惜牛而不怜惜羊，这不是让人误会嘛！”

孟轲说：“您别在意百姓的误解。您这种不忍心正是仁爱为怀，并不虚伪——您亲眼看到了那只牛，却没有看到羊。君子对于飞禽走兽，看到它们活着，便不忍心看到他们死去；听到它们悲鸣，便不忍吃他们的肉。所以，君子远庖厨，就是这个道理。”

齐宣王很高兴：“这事我自个儿琢磨很久了，一直想不出个所以然来，经您这么一说，我心里便豁然开朗了。但我这种心理和王道有什么关系呢？”

“假如有一个人说，‘我能够举起三千斤的重物，却拿不起一根羽毛’，您相信吗？”

“不信。”

“那么，您的好心足以使禽兽沾光，却不能让百姓得到好处，这是为什么呢？一根羽毛都拿不起，只有一个原因，不肯用力罢了。您不实行王道，不是不懂王道，只是不肯去尝试。”

“您的意思是，将我的仁爱之心用到百姓身上，就是王道？”

“没错。尊重善待自家的长辈，推广到尊重善待别人家的长辈；爱护自己的儿女，推广到爱护别人的儿女。以此类推，施行仁政，治理天下就像在手心运转东西那样简单。”孟轲说着，做了一个手势，就像有个球在他的手心转动。

齐宣王连连点头，又问：“具体来说，如何实行仁政，您能给我说说吗？”

孟轲说：“从前周文王治理天下，对农民的税率是九分抽一，对做官的人给予世袭的俸禄，在关口和市场上只稽查不征税，任何人都可以到湖泊捕鱼，罪犯的刑罚只有本人承受，不牵累妻室儿女。对于鳏、寡、孤、独等弱势群体，给予特别的照顾，让他们感受社会的温暖。这就是仁政。”

齐宣王击掌赞叹：“这话说得真好。”

孟轲紧紧抓住：“好的话，您为什么不马上实施呢？”

齐宣王老实说：“我有个毛病，我贪财。”（寡人有疾，寡人好货。）

孟轲说：“这不是问题。从前，公刘也爱财，《诗经》上不是有那么一句吗——‘乃积乃仓，乃裹糇粮。于橐于囊，思辑用光。弓矢斯张，干戈戚扬，爰方启行。’家中有余粮，行者有干粮，才能率领军队打胜仗。您如果喜爱钱财，能够惠及百姓，和王道一点也不矛盾啊！”

公刘是周朝的先祖，以善事农耕而闻名。这句诗翻译成现代文，意思是：粮食真多，装满了粮仓；还有干粮，装满了行囊。大伙儿团结一心，弯弓搭箭，持戈挺矛，浩浩荡荡向前进。

齐宣王又说：“那还是不行，我还有个毛病，我好色。”（寡人有疾，寡人好色。）

“瞧您说的！”孟轲说，“从前周太王也喜欢女人，经常一大早就带着他的妃子，骑马跑到岐山之下。可那个时候，没有找不到丈夫的老姑娘，也没有找不到老婆的单身汉。您喜欢女人有什么了不起呢？跟百姓一道喜欢就行了。”

在孟轲的思想中，统治者与百姓的理想关系，就是一种推己及人的关系。统治者想干什么都好，但是不能只许州官放火，不让百姓点灯。你能干的，百姓也有权利干，这样就真是环球同此凉热，天下太平了。

有一次，孟轲问齐宣王：“听说您很爱好音乐，有这回事吗？”

齐宣王颇为不好意思：“我并不是爱好高雅的古典音乐，只是爱好一般的流行音乐罢了。”

孟轲说：“只要是音乐就行了，古典音乐和流行音乐也没什么区别。”

齐宣王说：“愿闻其详。”

孟轲便问道：“一个人单独欣赏音乐很快乐，跟别人一起欣赏音乐也很快乐。相比之下，哪一种更快乐？”（独乐乐，与人乐乐，孰乐？）

齐宣王说：“跟别人一起更快乐。”

孟轲问：“那么，与少数人一起欣赏音乐更快乐，还是与多数人一起欣赏音乐更快乐呢？”

齐宣王说：“当然是跟多数人一起更快乐。”

“假如您在这儿奏乐，百姓们听到了，都觉得头疼，愁眉苦脸地说，‘大王这么爱好音乐，为什么会使我们过得这么苦呢？’假如您外出打猎，百姓们看到了，都觉得头痛，愁眉苦脸地说，‘大王这么爱好打猎，为什么会使我们过得这么苦呢？’没有别的原因，就是因为您只图自己快乐，而不与百姓同享。

“假如您在这儿奏乐，百姓们听到了，都眉开眼笑地互相转告，‘大王身体很健康吧，要不怎么能够奏乐呢？’假如您外出打猎，百姓们看到了，都很开心地说，‘大王身体很健康吧，要不怎么能够打猎呢？’这也没有别的原因，就是因为您能够与百姓同享快乐。

“所以说，您听什么音乐不重要，重要的是与民同乐。”

齐宣王听了，连连点头称善。

孟轲在齐国的时候，给了齐宣王不少有益的教诲。他知识渊博，循循善诱，总能把深奥的道理讲得很浅显。即便是批评，也能批评得很有水平。

有一次孟轲对齐宣王说：“有一个人要去楚国出差，将老婆儿女托付给朋友照顾。等他回来，发现老婆儿女都在挨饿受冻。对待这样的朋友，该怎么办呢？”

齐宣王说：“绝交。”

“长官如果不能管理他的下级，该怎么办呢？”

“撤职！”

“回答得太好了！”孟轲说，“如果一个国君没有把国家治理好，那又该怎么办呢？”

齐宣王支吾了一阵，左右张望，赶紧把话题引到别处去（王顾左右而言他）。

孟轲就是用这种方式告诉齐宣王，一个单位搞不好，领导要负责任；一个国家搞不好，君王要负责任。

齐宣王伐燕

回过头来说燕国的事。

子之南面称王后，燕国的形势一直不怎么稳定。公元前314年，大子平和将军市被合谋讨伐子之。消息传到齐国，齐宣王意识到这是一个控制燕国的好机会，派人给大子平传话："寡人听说大子准备起事讨伐乱臣贼子，重振国纲，扶正君臣大义，十分感动。齐国虽小，没有能力解决燕国的问题，但是寡人愿意随时听候大子差遣。"

所谓无事献殷勤，非奸即盗。齐宣王心里打什么主意，路人皆知。然而大子平收到齐宣王的承诺，就像吃了一颗定心丸，马上聚集党羽，发动起义，并命市被率众进攻王宫。

不料子之早就得到情报（连齐宣王都知道的事，他岂能不知），在宫中层层布防，严阵以待。市被攻打了半天，连宫墙都没能靠近。

造反这种事情，最关键是发动群众。市被攻打王宫的同时，大子平的党羽正在挨家挨户发动大伙"支持大子，铲除乱党"。然而群众的眼睛是雪亮的——不是谁苦大仇深就支持谁，而是谁占上风就支持谁。眼看市被的人马越打越少，而子之的援军又源源不断地赶来，蓟城的百姓终于作出了自己的选择。他们纷纷拿起武器，赶到王宫去救援子之。

市被的脑瓜子很好使，一看大势已去，立刻拔出宝剑，大呼一声"跟我来"，带着残部就向百姓冲去。百姓毕竟是乌合之众，一看市被这副气势汹汹的样子，都禁不住向后退，有的人已经悄悄扔掉棍子，准备溜回家。戏剧性的一幕突然发生，市被冲到百姓阵中，不杀也不砍，脚步也不停，声嘶力竭地喊道：“大子作乱，人人得而诛之！父老兄弟们，跟我去杀大子！”

百姓们愣住了，有几个人情不自禁地跟着喊起来：“杀大子，杀大子！”这声音被迅速扩大，于是数千人一起喊：“杀大子，人人得而诛之！”跟在市被身后，朝着大子府进发。在路上，他们遇到大子党羽的阻截，双方发生战斗。一番血肉横飞之后，有人突然想到家里的老婆小孩需要保护，有人则想着可以趁火打劫，把隔壁李老汉家的铺子给抢了，还有人就是李老汉……厮杀的对象开始模糊起来，仿佛前后左右都是敌人。混乱中，市被被人一棒子打倒，还没来得及站起来，又被无数双脚踏过。他拼命护住头，绝望地大叫，声音却越来越微弱，最后有个好心人往他背上插了一刀，结束了他的痛苦。

数天之后，当子之的人勉强恢复蓟城的秩序时，已经有数万人死于这场闹剧。侥幸活着的人，也赶紧收拾行李，逃到别处去避难。城内只剩一片断壁残垣，以及无数孤魂野鬼——这其中就有大子平。

燕国的内乱，对于齐宣王来说，无疑是一个助其称霸的好题材。就连孟轲这种成天把王道挂在嘴上的人，也掩饰不住兴奋，向齐宣王进言：“现在讨伐燕国，可以建立周文王、周武王的功勋，机不可失，时不再来！”

齐宣王早有准备，命令匡章为大将，尽起“五都之兵”，并号召北方少数民族部落也出兵，向燕国发动了全面进攻。当然，打的旗号是惩治乱党，为大子平报仇。

前面说过，进入战国时代以来，中原各国纷纷在战略要地设郡。唯独齐国别具一格，始终没有设郡，但是设有“都”。除国都临淄之外，还有高唐、平陆等四都，合称五都。每个都均驻有经过考选和严格训练的常备兵，也就是“持戟之士”。五都之兵尽出，则齐军的主力部队全部出动，再加上少数民族部队，声势十分浩大。

实际上，齐宣王根本用不着如此兴师动众。燕国经历过蓟城之乱后，人心离散，兵无斗志。齐军所到之处，燕人纷纷打开城门投降，不到五十天，匡章便占领了蓟城。子之和燕王哙“皆死”——至于是何种死法，则不得而知了。

也许是胜利来得太容易，齐军占领燕国全境后，如何处置燕国反倒成了齐宣王的一块心病。当时朝中重臣有两种截然不同的意见：一种意见是“取之”，也就是吞并燕国；一种是“勿取”，也就是扶立新君，然后撤军回国。齐宣王当然是想“取之”，但是又拿不定主意，于是将孟轲请来，想听听孟轲的意见。

齐宣王问孟轲：“以万乘之国伐万乘之国，不到五十天就拿下了。寡人觉得，这不是人力所能为，而是天命如此。古人说得好，天予不取，反受其咎。寡人想就此吞并燕国，不知先生有何高见？”

孟轲说：“燕国的百姓是什么态度？如果他们很高兴被并入齐国，那就吞并。当年周武王消灭商朝，天下人都举双手赞同，有何不可？如果他们不愿意被并入齐国，那就不能吞并。您想想看，以万乘之国讨伐万乘之国，百姓们们箪食壶浆相迎，难道有什么其他的原因？不就是想躲避水深火热嘛！如果水更深，火更热，他们很快就会起来反抗。”

孟轲的话说得滴水不漏，等于将皮球又踢回给了齐宣王。齐宣王依旧举棋不定，于是将这事先搁到了一边，命令齐军抓紧掠夺燕国的资源，运往齐国。

不久之后，燕国就发生了反抗运动。而天下诸侯对齐国独占燕国也纷纷表示不满，其中最不满的就是秦国。

公元前312年，秦将樗里疾率领秦、魏、韩三国联军伐齐（这三个国家为什么会联合，下一章将讲到），大败齐军于濮水。齐宣王又急又怒，将孟轲找过来，劈头盖脸地问道："现在天下诸侯都在反对寡人，您说该怎么办？"言下之意，当初是你说的可以吞并燕国，可你没有告诉寡人别的国家会以武力干涉啊！

孟轲擦了擦脸上的唾沫星子，平静地说："我只听说过商汤凭借着七十里领地向天下发号施令，没有听说过拥有千里之地的君王会害怕别人。"

只消一句话，就把齐宣王的怒气打回了肚子里。

孟轲接着说："《尚书》上说：'商汤征服天下，从葛地开始。'天下人都信任商汤，他挥师向东，西方的人民就埋怨；挥师向南，北方的人民就埋怨，都盼望他的军队早点到来，就像大旱的时候盼望乌云一样。商汤所到之地，商人照常做买卖，农民照常种地。他杀了当地的暴君，慰问当地的人民，像是及时雨从天而降，百姓们都欢呼雀跃，欣喜若狂。所以《尚书》上又说：'等待君王，君王来了，我们就得到新生。'现在燕国发生内乱，大王去征伐它，百姓们都以为您会救他们于水火，所以箪食壶浆出来迎接。可是我听说，齐军在燕国杀戮他们的老人，囚禁他们的子弟，毁坏他们的宗庙，抢走他们的宝物，那是什么搞法！天下诸侯本来就畏忌齐国强大，现在齐国占领了燕国却不实行仁政，他们打过来，又有什么奇怪呢？"

齐宣王目瞪口呆。闹了半天，全是我的责任，跟你孟轲没任何关系啊！他憋红了脸，想反驳孟轲几句，但实在是找不到什么理由，只好盯着孟轲看了半天，终于挤出一句："依先生之见，寡人该怎么办？"

"赶紧发布命令，把抓到的燕国百姓都送回去，停止搬运财物，马上撤军回国，派使者向各国解释，或许还来得及。"孟轲说着，压低了声音，凑到齐宣王耳边，"我一再劝您注意要用王道，王道！您怎么就不明白呢？”

“对，对，王道。”齐宣王丢盔弃甲，连连点头。

不久之后，齐国就从燕国撤军了。

公元前311年，赵武灵王将流亡在韩国的燕公子职（大子平之弟）送回燕国，立为燕王，即燕昭王，逐渐将燕国的局势稳定下来。

第十章

合纵与连横的新一轮博弈

公元前312年，秦将樗里疾率领秦、魏、韩三国联军伐齐，大败齐军于濮水。具体的战绩是，齐将声子被杀，匡章败走。樗里疾的这次行动，虽然不是为了燕国而来，但在客观上迫使齐国从燕国撤军，从而挽救了燕国。

仅仅是在六年之前，三晋还打着五国伐秦的大旗进攻秦国，被打得落花流水；六年之后，魏国和韩国为什么会跟在秦国后面戮力攻齐呢?

关于这六年间发生的事情，还得从公元前316年发生在咸阳的一场辩论说起。

司马错论伐蜀

公元前316年，地处西南的两个少数民族国家苴国和蜀国，因为领土问题发生战争。

苴国打不过蜀国，便派人向秦国求援。

秦国地处中国西部，周边蛮夷政权众多，其中实力最强的是西北的大荔、义渠和西南的蜀。它们并不服从秦国的领导，与秦国的关系时好时坏。总的来说，好的时候少，坏的时候多。秦国时常掠夺它们的土地，它们也不时发动反攻或侵略。进入战国以来，秦国与蛮夷之间的大规模战争已经有好几次。

公元前461年，秦国攻取大荔的都城（今陕西省大荔），逼迫大荔向北撤退。

公元前451年，秦国在南郑（今陕西省汉中）筑城，意在防范蜀国入侵。

公元前387年，蜀军突袭并攻取南郑。同年，秦军发动反攻，夺回南郑。

公元前444年，秦伐义渠，俘虏义渠王。

公元前430年，义渠兴师伐秦，一度深入渭南。

最近一次是公元前318年五国伐秦，秦军出函谷关反击，大获全胜。但是，义渠在公孙衍的鼓动下趁机起兵袭秦，在李帛（地名，今不详）大败秦军。

由此可见，蜀和义渠在当时都具有相当强大的实力，对秦国构成了一定的威胁。

当秦惠王收到苴王的求救信，他马上意识到，这是一个将秦国的势力扩张到西南巴蜀地区的大好机会。他立刻将重臣们召集起来，就进攻蜀国征询大家的意见。

没想到，第一个跳出来反对的就是相国张仪。

“蜀国不过是西南的蛮夷之国，地又偏，路又远，就算您兴师动众，疲困劳苦将它打下来，也无利可图，更不会成就霸王之名。依下臣之见，不如先进攻韩国，夺取韩国的新城、宜阳，威逼二周（东周国和西周国），将象征统治天下权力的九鼎抢到手里，挟天子以令诸侯，这才是王业正道。”

张仪这么一说，秦惠王便觉得也有道理。这十余年来，张仪一直是他的左右手，他对张仪的信赖，已经到了言听计从的地步。更何况，自古以来的历史经验也使他觉得，将天子抓在自己手里，确实比其他事情更重要。

这时，有位名叫司马错的将军站出来说：“我反对相国的意见。我听说，想使国家富有，就要扩张土地；想使军队强大，务使人民富裕；想要建立王业，必须广施仁德。把这三件事办好了，王业自然而来，哪里用得着去抢九鼎，挟天子？”

秦惠王颇为诧异地看着司马错，因为他从来都认为司马错只是一名赳赳武夫，没想到能够说出这么有水平的话。他点点头，鼓励司马错继续讲下去。

司马错说：“周朝，乃天下诸侯之宗室；齐国，乃韩国的盟友。如果周朝预感将失去九鼎，韩国自知将失去三川，它们必将联合起来，依赖于齐、赵，求救于楚、魏。那时候，周朝将九鼎献给楚国，韩国将三川献给魏国，秦国只能在一旁干瞪眼。所以，攻韩逼周，其实是下下之策，下臣以为不可取。”

这显然是跟张仪对着来了。

张仪反驳道："不对。我听说，争名在朝廷，争利在市场。现在周朝就是朝廷，三川就是市场，我们不占领，齐国和楚国就会占领，所以我们必须先下手为强。"

司马错说："您说得不对，秦国的当务之急，是扩张地盘，增强实力。蜀国是西南的蛮夷之国，现在正和苴国打仗，我们趁此机会进攻蜀国，如同豺狼追逐羊群一样，毫不费力。夺取蜀国的土地，可以扩张秦国的地盘；掠夺蜀国的财物，可以使秦国的百姓获得实利，同时扩充秦国的军备。"说到这里，司马错停顿了一下，看了看秦惠王，又看了看张仪，才缓缓地说，"更重要的是，吞并巴蜀之地后，秦军可以顺江东下，直攻楚国。楚国灭亡，则天下大局已定。"

听到这句话，张仪不禁对司马错刮目相看。对于张仪来说，所谓的连横，就是"以秦、韩与魏之势伐齐、楚"。韩国与魏国，是争取的对象；齐国和楚国，则是讨伐的对象。

"秦国和齐、楚之间，必有一战。"他时常这样说。当时天下诸侯，以秦最强，齐、楚次之。秦国要吞并天下，齐、楚两国是不可能同意的，只能通过武力来解决。张仪之所以主张进攻三川，威逼周朝，也就是想把韩、魏两国抓在手里，获得进攻齐、楚两国的前进基地。

他没有想到，司马错却提出另外一条路径——先灭巴蜀，再灭楚国，然后吞并天下。

张仪不是固执之人，他稍加思索，便能看出司马错的高明之处。而且更重要的是，如果司马错的计划得到实施，对秦国来说，无非是把攻韩的时间往后推一推罢了；但是对楚国来说，却是个巨大的威胁。在日后秦、楚两国的博弈中，无疑是大大有利于秦国的。

关于司马错的家世，有必要介绍一下。他的祖上原本是周朝的史官，后来迁徙到晋国，战国时期分散为三支：一支在卫；一支在赵；一支在秦。司马错自然是在秦的一支，他的后人也一直为秦国服务，直至秦统一天下。秦朝灭亡后，司马氏又成为汉朝官吏。汉武帝时期，司马错的一位后人编写了一部史书，被誉为“史家之绝唱，无韵之离骚”。

这位后人名叫司马迁，那部史书就是《史记》。

秦惠王最终采纳了司马错的意见。于是同年六月，秦惠王命司马错率军经汉中入侵蜀国。蜀王亲自带兵到葭萌（今四川省剑阁）抵抗，失败后逃至武阳（今四川省彭山），被秦军追上杀死，蜀国由此灭亡。司马错又顺手牵羊，消灭了巴国和苴国。从此，秦国的势力范围扩张至今天的川、渝一带。

后世有人评价：商鞅变法，为秦国统一天下打下了社会、政治、经济基础；司马错灭蜀，为秦国统一天下打下了战略基础。

秦国吞并了巴蜀后，由于交通不便，短时间内并没有完全控制这些地区，只能采取“羁縻（jī mí，笼络控制）政策”，对当地民族进行笼络控制。比如秦国仍然封蜀王的子弟为侯，而且让他们世代娶秦国公主为妻；对巴蜀之地实行赋税优待政策，减轻人民负担等。尽管如此，当地民族一直没有停止对秦国的反抗。司马错作为秦国的巴蜀问题专家，后来不止一次带兵入蜀平叛，立下了赫赫战功。

解决西南问题的同时，西北问题也被提上议事日程。公元前314年，秦国出兵讨伐义渠，一举夺得二十五城，又在西北大大地扩展了自己的势力。

这样一来，秦国无后顾之忧，便将全部精力放到东方，加快了对东方各国的军事和外交攻势。

合纵新旗手田文

自从公元前318年五国伐秦失败，合纵运动的领导者公孙衍的日子就一直不太好过。到了公元前316年，正当秦国攻略巴蜀的时候，魏襄王为了取得齐国的支持，决定起用客居魏国的齐国人田需为相，以取代公孙衍。

对于这一天，公孙衍早有心理准备。但是对于由田需来取代自己，却是愤愤不平。

因为田需的为人实在是太差了。连当年惠施这种老好人都曾经忍不住劝告他："你一定要与人为善，虽然你觉得自己已经在魏王面前扎下了根，可是想除掉你的人实在是太多了，要小心被人连根拔起。"——一个人能够得到这种劝告，可想而知是什么货色。

公孙衍对魏襄王说："您之所以起用田需，无非是想让齐王满意。但实际上齐王对田需并没有好感。不如这样，我向您推荐一个人。如果由他来担任相国，不只是齐王满意，对魏国也是一件好事。"

魏襄王说："好啊！如果有那样的人，寡人当然乐意。"

公孙衍说："您可知道，齐王最宠信的大臣是谁？"

魏襄王说："田婴。"

公孙衍说："对了，田婴乃齐王之弟，又是齐国的相国，在齐国可谓炙手可热。您何不请田婴之子田文到魏国来担任相国？"

"田文？"魏襄王不觉眼前一亮。他对这个年轻人早有耳闻，因为听说了太多田文的故事，只要一提到这个名字，魏惠王就会产生一种如雷贯耳的熟悉感。

关于田文的身世，《史记》是这样记载的。

田婴妻妾众多，生了四十多个儿子。田文的母亲地位低贱，生下田文那日，正是五月初五。田婴都没来看一眼，只是派人传话说，孩子生下来就扔掉吧！

“扔掉吧！”

轻飘飘的一句话，就像扔掉阿猫阿狗那么简单。也许对于某些男人来说，生孩子不过是个播种的过程，播下了之后便一概不管，所以也无所谓骨肉之情。

田文的母亲肝肠寸断，但是又不敢违抗田婴的命令，甚至不敢争辩，只得默默点头。

幸好，田婴说过这句话，很快就忘掉了，也没有派人监督检查。田文的母亲便大着胆子，将孩子藏在府里，偷偷地哺养起来。

田婴贵为齐国第一权臣，家大业大，府上家人奴仆何止上千人？因此，对于这个孩子的存在，他一直不知情。也许偶尔有一两次遇到，他也当作是奴仆的儿子，没怎么在意就走过去了。

转眼过了七八年，田文已经长成了一个大孩子。他母亲心想，总不能这样一辈子瞒下去，让儿子当个黑户吧！再说了，经过这么些年，她一直没弄明白田婴当时为什么要扔掉田文，或许是一时不高兴，过了也就过了呢？

怀着这样的想法，她将田文带到了田婴跟前。

没想到，田婴见到田文，把情况问清楚之后，脸一下子就黑了。他瞪着她问道：“我不是当时就叫你把这孩子扔掉吗？你为什么还要把他养活了下来！”

那可怜的女人吓着浑身颤抖，不知道接下来会有什么可怕的事情发生。倒是田文十分镇定，他走上前向田婴磕了一个头，问道：“父亲，您为什么要扔掉我呢？”

田婴将头偏到一边，不予回答。田文就直盯着他，眼睛一眨也不眨。田婴只要一接触到他的目光，内心就一阵发虚，赶紧避开。父子俩这样对峙了老半天，田婴首先受不了了，终于不情愿地说道：“五月里出生的孩子，长到像门框那么高的时候，就会对父母不利。”

“父亲，”田文又问道，“请您告诉我，一个人的命运是决定于老天呢，还是决定于门框？”

田婴回答不上来。

“如果决定于老天，那您还操什么心呢？操心也没用；如果决定于门框，那咱们完全可以把门修高点，再修高点，修到我长不到那么高的位置，不就可以了吗？”田文说着，脸上露出天真的笑容。

田婴哭笑不得，大声嚷嚷道：“算啦算啦，你别再说了！”

从这个时候开始，田文才获得田家少爷的身份。这个身份，与其说是田婴赐予的，不如说是他自己争取得来的。

又过了数年，田文已经是一个十六七岁的小伙子。有一天，田婴喝酒，田文在一旁侍候。他突然问了田婴一个问题：“儿子的儿子是什么？”

“孙子。”

“那孙子的孙子呢？”

“玄孙。”

“玄孙的玄孙呢？”田文紧追不舍。

“我怎么知道？”田婴不耐烦了，“你到底想说什么，直说吧，别绕弯子。”

田文正色道：“您在齐国当权，已经经历了三代君王了。齐国的土地没有因为您而增加，咱们家里倒是积累了黄金万两，但是您的门下又见不到一个有才能的人。”

田婴勃然变色，将酒杯重重地砸在案几上。

田文却还是一如既往地淡定：“俗话说得好，将门必有将，相门必有相。可是咱们家呢，您的妻妾使女穿的都是绫罗绸缎，吃的都是好饭好菜，而跟随您的士人连个粗布短衣也穿不上，连顿糟糠也吃不饱。可您还是一个劲地积累财富，对国家大事漠不关心。我不是批评您，我只是感到十分不解，所以就大胆地说了出来……”

田婴脸色红一阵白一阵，坐在那里生了一顿闷气，酒也不喝，菜也不吃，把袖子一甩，起身就走了。

父子之间的这次对话过了没多久，田婴下达了一道命令，让田文主持家族外务，也就是迎来送往那些事。

田文出手果然不凡。自打他当上外管家，田婴家的人气就旺了起来。许多在齐国深孚众望的士人都投靠到田婴门下，还有不少人从国外来投奔。当然，也有一些人的来路不是那么正，有的是政治投机失败者，有的甚至是犯了罪逃亡而来。田文对这些人，不分贵贱，不问出处，一律平等相待，好酒好肉伺候着，管饱管醉，管吃管睡。

有一次，田文在夜间招待客人吃饭，其中有一位客人背着火光在黑暗中吃，旁边的一位客人生气了，他怀疑吃的东西不一样，有贵贱等差之分，于是推碗而去。田文立刻站起来，端着自己的饭碗给那位愤怒的客人看。那人一看，田文碗里也就是两块叉烧一只鸡腿，和自己的没有任何差别，不禁羞愧难当，立刻拔出佩剑自杀了。

田文还有一个习惯：接待客人的时候，他的秘书拿着笔坐在屏风后面作记录，将谈话内容记下来，同时将客人的家庭情况也记下来。比如家住哪里啊，有几口人啊，经济条件怎么样啊，都摸得一清二楚。客人离开，刚回到自己家，田文的使者就到了，带着礼物对其进行慰问，而且是阖家老小通通有礼，老人有酒肉，孩童有衣裳，皆大欢喜。使者走后，这一家人关起门来，无不饱含热泪，交相称赞田文的仁义。

田文的名声很快传遍了诸侯，风头甚至盖过了田婴。在这种情况下，田婴顺应潮流，将田文立为世子。

公元前316年，当公孙衍向魏襄王提出请田文出任相国，魏襄王毫不犹豫答应了。他虽然很喜欢田需，但是知道田文的分量比田需高了整整一个重量级，二者不可同日而语。

公孙衍亲自跑到齐国，征得田婴的同意，将田文这尊大神请到了魏国。而他本人，在向田文办好移交手续后，悄然来到了韩国，取代公叔出任了韩相。

这样一来，田婴、田文父子分别担任了齐、魏的相国，公孙衍担任了韩国的相国，齐、魏、韩三国合纵的形势就明朗起来了。合纵运动的大旗也由公孙衍交给了田文。

田文很快会发现，合纵运动和江湖义气完全是两码事，不是那么好玩的。

连横大势初具规模

秦惠王和张仪的反应很快，公元前315年，秦国刚刚结束对蜀国的战争，就发动了对韩国的进攻。

韩国的新任相国公孙衍率军与秦军大战于浊泽，形势十分紧张。然而由田氏父子控制的齐、魏两国却在作壁上观，丝毫没有要发兵相救的意思。

韩国大臣公仲朋，历来主张与秦国亲近。他向韩宣王建议："秦军打来了，咱们的盟国都当作没看见。单以韩国的力量，无论如何不是秦国的对手。依下臣之见，秦国去年攻略巴蜀，意在楚国；今岁攻韩，同样也是为了楚国。大王不如通过张仪向秦国求和，送给秦国一座大城，与秦国一起伐楚，此乃以一失而换二利的好事。”

所谓一失，就是失去一座大城。二利，一则秦不攻韩，战祸可消；二则与秦攻楚，有利可图。

韩宣王对此表示赞同，于是命公仲朋负责与秦国谈判，而且一再叮嘱：“要谨慎，千万不要走漏了消息！”

可这消息偏偏就让楚怀王知道了。

楚怀王觉得此事非同小可。秦国已经获得了巴蜀，占据了上游之利，如果再得韩国之助，则对楚国构成两面威胁，可不是闹着玩的。

他立刻宣陈轸进宫商量。

陈轸是谁？本书第七章末尾说过，五国相王的时候，楚国令尹昭阳率军攻魏，又想移师攻齐。陈轸从中劝谏，避免了一场“画蛇添足”的战争。

据《史记》记载，陈轸也是游说之士，和张仪同时进入秦国，曾经受到秦惠王的重用。正所谓一山不容二虎，张仪一直将陈轸视为眼中钉、肉中刺，必欲除之而后快，多次在秦惠王面前说陈轸的坏话。

有一次，张仪对秦惠王说：“陈轸常去楚国出差，可是楚国不见得对秦国更加友好，而只是对陈轸更加厚待。这家伙，该不会是拿着秦国的机密获取楚国的财宝吧！而且我听说，他正在私下准备离开秦国到楚国去，恐怕是要畏罪潜逃。”

秦惠王将信将疑，把陈轸召来问道：“有人说您常把秦国的机密泄漏给楚国，而且想投奔楚国，有这回事吗？”

陈轸很干脆地回答：“有啊。”

秦惠王显然没有料到他那么主动承认，怔怔地说道：“看来张仪说的是真话喽！”

果然是张仪！陈轸心里冷笑了一声，说：“这事不单是张仪知道，连咸阳大街上的张三李四王二麻子都知道。但这事不能说明我不忠，只能说明我太优秀。”

“啊？”

“如果一个奴婢，被主人拉出去卖，还没去巷子口就被邻居买走了，您觉得是什么原因？回答不上来？没关系，我告诉您，就是因为她太优秀了，名声在外，人们都争着买她。”

秦惠王不禁点点头，似乎明白了点什么。

陈轸又说：“有个楚国人，他有两个妾。他不在家的时候，有人勾引年长的那位，遭到大骂；勾引年轻的那位，年轻的就表示愿意。后来那个楚国人死了，有人问那个勾引的人愿意娶哪个，您认为他会怎么回答？”

秦惠王想了想说：“年长的那个。”

“对了！”陈轸说，“勾引别人老婆的时候，当然希望女人风骚放荡，可是到自己娶老婆的时候，又希望女人保守贞洁。楚王也不是傻瓜，如果我常把秦国的秘密泄露给楚国，您认为他会重用我吗？”

秦惠王恍然大悟，赶紧向陈轸赔礼道歉，而且将张仪大骂了一通。可是，经过这件事后，陈轸对秦惠王的态度也变了。等到秦惠王任命张仪当了相国，陈轸便真的离开秦国，投靠了楚国，从此受命于楚王，来往齐、楚之间办理外交事务。

公元322年，张仪相魏，曾经派人以魏惠王的名义到楚国去邀请陈轸，许诺委以重任，想引诱陈轸到魏国来就范。陈轸差点上当，幸好其子看出了端倪，极力劝阻，陈轸才没有自投罗网。

这件事也从一个侧面说明，张仪对陈轸是颇为忌惮的。无论是作为同僚还是作为敌人，他都不希望看到陈轸这样一个人存在。

如果把张仪在这世上的敌人排个队，排在前三位的必定是苏秦、公孙衍和陈轸。

公元前315年，当楚怀王把当前的形势介绍给陈轸听，陈轸捋了捋下巴下面几根稀疏的胡须思索了片刻，慢条斯理地说道："秦国想攻打楚国，蓄谋已久了。现在又将得到韩国的一座大城，很快就要与韩国一道挥师南下，其威胁不可小觑。您听我一句话，马上命令全国警戒，动员所有的武装力量，把战车都摆到道路上来……"

话未说完，楚怀王心急火燎地打断道："先生的意思，是要寡人全力一战吗？"他心里想，如果是那样，还要你来出个鸟主意，让将军们准备就是了！

"非也！"陈轸颇为不屑地看了楚怀王一眼，"做好这些工作之后，派使者到各国去放风，宣称楚国要全力救援韩国。特别是对韩国，一定要多派人手、多带钱财去做工作，务必使韩王相信您的诚意。这样的话，韩国至少不好意思充当进攻楚国的先锋，楚国面临的危险就小多了。更大的可能是，韩国听信了我们，认为我们必定发兵相救，不再向秦国求和，而是死扛到底，我们的问题不就解决了吗？"

楚怀王听了，先是一愣，继而"嘿嘿"地笑起来，连说"你坏，你坏"，同意了陈轸的建议。

于是楚国全国动员，将战车摆满了夏路（从楚国方城通往中原的大路），摆出一副北上救韩的架势。

与此同时，楚怀王的亲信使臣来到韩国首都新郑，对韩宣王说："楚国虽小，但已经做好准备与韩国共存亡，请韩国也全力以赴，共同抗击残暴的秦国。"

战国时期开出的众多空头支票之中，楚怀王的这张最让人感到踏实——毕竟，楚国的军队已经整装待发，太像那么回事了！不由得韩宣王不信。

楚国的使臣离开后，韩宣王赶紧让公仲朋停止活动。

公仲朋大吃一惊，对韩宣王说："侵略我们的是秦国，欺骗我们的是楚国。因为楚王的一句空话，就轻率地决定与秦国抗争到底，恐怕被天下诸侯嘲笑。再说，楚国和韩国又不是兄弟之国，互相之间也没有攻守同盟。肯定是楚国觉察到秦国的动向，才说要出兵救援韩国。如果我没猜错的话，这一定是陈轸的计谋。而且，大王已经派人向秦国表露过求和之心，楚国一鼓动，您又改变主意。秦王本来志在楚国，现在感觉受了韩国的欺骗，必然将全部怒火都撒到韩国身上。请您一定要考虑清楚再作决定。"

韩宣王说："你别再说了，我意已决。"命令加派人马，支援公孙衍抗战。

公元前314年，秦军发动了一场攻势，在岸门（今河南省许昌）大败韩军，斩首一万，打得公孙衍弃甲而逃。与此同时，秦将樗里疾麾兵攻魏，再度攻取了魏国的焦（今河南省三门峡市东南）和曲沃（今山西省闻喜县西）。而传说中的楚国大军，仍然停留在夏路上，丝毫没有北上的动向。

韩宣王撑不住了，赶紧派人向秦惠王求和，并将大子韩仓送到咸阳去当人质。

公元前313年，魏襄王和秦惠王在临晋相会。按照秦惠王的意思，魏襄王立亲秦的公子魏政为大子，赶走了田文这个徒有其名的外来和尚，还是让田需当了相国。

同年，秦军伐赵，攻取蔺城（今山西省离石），俘虏赵将赵庄。

至此，三晋两降一败，秦国控制了魏、韩，踢开了赵国，成功地在关东（函谷关和武关以东）地区站稳了脚跟，获得了进攻中原的前进基地。当年张仪提出的“以秦、韩与魏之势伐齐、楚”的连横战略构想，正在一步一步得到实现。

张仪戏耍楚怀王

由于共同感受到来自秦国的压力越来越强大，齐宣王和楚怀王频频互送秋波。通过陈轸的穿针引线，两国之间的交往变得频密起来。

为了威慑秦国，楚怀王还派大将景翠率领大军北上，驻扎在魏、韩以南一线；又派三位大夫（姓名不详）率领九支部队直逼曲沃和於中（今河南省西峡），而且在齐国的帮助下，一举攻占了曲沃。

曲沃的失陷，给秦惠王敲响了一记警钟。他突然意识到，同时将齐、楚两大强国列为敌人是不明智的，必须先想办法分化瓦解齐、楚同盟，再各个击破。

在这种情况下，张仪决定赤膊上阵，前往楚国游说。

楚怀王见到张仪，倒也十分客气，安排他住最高档的宾馆，还亲自前去探望，问道：“先生不远千里来到这蛮荒之地，敢问有什么指教？”

张仪说：“不敢。我是来为大王分析天下形势的。”

楚怀王如果当场操起一根棍子打晕张仪，就清静了。要知道，所有的阴谋家、政客、传销者、基金经理、保险推销员跟你说的第一句话都是：“我来为您分析一下形势。”如果你不想上当，最好的办法就是先一棍子打晕他。

楚怀王显然不懂江湖险恶，颇有兴致地听张仪讲了下去。

张仪说："秦国，现在是天下最强大的国家，它的土地占了天下的一半（吹牛！欺负楚怀王没有地理知识，天下最大的国家其实是楚国），兵力足以抗衡周围的国家，山河险固，地势易守难攻。秦王拥有雄兵百万，战车千乘，战马万匹，粮食堆积如山。秦军法令严明，士卒甘愿赴死（这确是秦国的可怕之处），将帅有勇有谋，不出兵则已，一出兵就会席卷常山，折断天下的脊梁。天下诸国，凡是不服者都将灭亡。那些主张与秦国对着干的人，就像是驱赶着羊群去斗猛虎。现在大王不结交猛虎却结交群羊，我是暗地里替您着急啊！"

楚怀王真个耳根软，被张仪这么一吓，脑门就开始冒汗了。

张仪偷偷瞟了楚怀王一眼，看到这副情状，心下便知道已经有三分成算，接着说道："天下的强国，除了秦国就是楚国，除了楚国就是秦国。两虎相争，其势不两立。大王现在派兵北上与秦国争利，不知道有没有想过后果？"

"哦？"楚怀王眉头扬了一下。

"秦国坐拥巴蜀之地，用大船装载士兵和粮食，每条船能够装载五十名士兵和三个月的口粮，顺长江而下，日行三百余里。到楚国三千余里，十日可至扜（yū）关。扜关一旦受到攻击，黔中、巫郡从此就不得安宁。秦国再挥师从武关出发，南下攻击楚国，楚国北部地区就会被隔断。可以这样说，秦国如果攻楚，不出三个月，楚国就会面临危难。齐国就算发兵相救，至少需要半年时间。我以为，您依靠齐国来对抗秦国，实在是大大的不明智。"

如果是公元前316年之前，张仪绝对不敢说这样的话，但是现在可以说得理直气壮。这一切，要归功于司马迁的那位老祖宗司马错。

楚怀王不禁"啊"了一声，眉头紧锁，略有所思。

张仪紧接着问道："大王可知道，秦王最钦佩的人是谁？"

“谁？”

“就是大王您啊！”

“怎么会呢？”楚怀王连连摆手，脸竟然红了。

“千真万确。”张仪说，“秦王最钦佩的人是您，最痛恨的人是齐王。他常说，楚王为人正直厚道，气度不凡，堪为天下诸侯之楷模。而齐王不过是个乘人之危的小人。他正打算派樗里疾将军讨伐齐国，救燕国于危亡，可是楚国正与齐国交好，让他十分为难哪！”

“这……”楚怀王搓搓手，意思是，我也很为难啊！

张仪觉得火候已到，抛出最后一颗重磅炸弹：“大王不是正在兴兵进攻於中吗？如果大王能够与齐国绝交，我马上回去向秦王请求，将於中……啊不，将商、於方圆六百里的土地统统献给楚国，还让秦王将女儿嫁给大王为妾，秦、楚两国互为婚姻，互派人质，永远成为兄弟之邦。不知您意下如何？”

这颗炸弹将楚怀王所有的纠结都炸到了九霄云外，他赶紧问道：“此话当真？”

张仪说：“在大王面前，怎敢有半句虚言！”

楚怀王大喜。第二天上朝，他便对群臣说：“你们祝贺我吧，我刚刚得到了商、於之地六百里。”

群臣听他讲完事情的经过，都向他表示祝贺。只有陈轸仰头望天，一言不发。

楚怀王觉得很不爽，下朝之后将陈轸单独留下来，问道：“我不动一兵一卒就得到了商、於之地，你难道不觉得高兴吗？”

陈轸说：“我只怕大王拿不到商、於之地，反而招来祸患，所以不敢高兴。”

楚怀王说：“为什么这样说？”

陈轸说：“秦王看重大王，不过是因为大王与齐王交好。现在您为了张仪的一个空口许诺，就要与齐国绝交，我没法不担心。张仪这个人，我太了解他了。他为了达到自己的目的，可以含血喷人，也可以信口开河。他的话，基本上不可信。您如果实在要听他的，也要先让秦国交出商、於之地，再与齐国绝交。否则的话，楚国西有秦国为患，东与齐国绝交，马上大祸临头……”

“你别再说了！”楚怀王打断他的话，“我意已决，你等着看我把好事办成吧！”又意味深地说了一句，“看来，你对当年和张仪之间的恩恩怨怨，还是念念不忘啊！”

陈轸长叹一声，没有再说什么。

楚怀王说做便做，马上写了一封措辞严厉的绝交信，派人送给齐宣王。使者尚未返回，他又写了第二封绝交信，再派人加急送往临淄。

张仪圆满地完成了任务，他带着楚怀王送给他的几车礼物和一名楚国将军回到了秦国。而这位将军的使命，当然就是代表楚国接收商、於之地。

没想到张仪回到咸阳的第二天，就从马车上摔下来，躺在家里养伤，一连三个月没有出门。楚国将军看到这种状况，也不好催他办理土地移交，只得派人将情况汇报给楚怀王。

楚怀王的第一反应是，张仪该不会是以为我与齐国绝交的事办得还不够彻底吧？

他不假思索地又派了第三名使者前往齐国。不过这回没有绝交信了。使者就是信。

在齐宣王殿上，使者当着齐国文武百官和各国使节的面，操着抑扬顿挫的楚地方言，将齐宣王以及其祖宗十八代骂了个遍。然后，他就被一拥而上的齐国武士拖到殿外，剁成了肉酱。

这件事很快传遍了天下，当然也传到了咸阳。

张仪听到这个消息，病马上就好了，主动约见了那位已经在咸阳休息了半年的楚国将军。

他小心翼翼地拿出一张羊皮，羊皮上绘着一幅地图。

张仪指着地图说："从这里，到这里，方圆六里，是秦王赐给张某人的私人领地，本来想修个宅子养老的，现在我把它献给楚王了。"

楚国将军大吃一惊："我听说是六百里，怎么会是六里呢？"

"什么六百里？"张仪摆出一副更吃惊的样子，"我只是一个小人物，怎么可能献给楚王六百里地呢？是您听错了吧？要不就是楚王听错了。"

楚国将军交涉未果，只得拿着那张地图回到了郢都。

楚怀王气得火冒三丈，一下子丧失了所有的理智。他当即下令景翠准备进攻秦国，又命将军屈匄（gài）率军北上支援景翠。

大臣们都被楚怀王那张气得扭曲的脸吓坏了，谁也不敢劝谏。只有陈轸站出来说了一句话："现在我可以说话了吗？"

楚怀王说："可以。"

陈轸说："事情到了这一步，进攻秦国不是一个好办法。您不如干脆送给秦国一座大城，与秦国联合攻齐。这样的话，我们虽然失去一座大城，却可以从齐国那里得到补偿。最重要的是，天下人不会因此而笑话楚国。"

好汉打脱牙和血吞，既然已经上了秦国的当，不如因势利导，化被动为主动，寻求一个体面的方式来借坡下驴。

但是楚怀王第二次拒绝了陈轸的建议。

他现在心里想的，只有"复仇"两个字。

郑袖的枕边风

公元前312年，楚国兵分两路，大举北伐。一路由柱国景翠率军，围攻韩国雍氏（今河南省禹县）；一路由将军屈匄率领，攻打商、於。

秦国兵分三路反击。

东路由名将樗里疾率领，兵出函谷关，进入到韩国的三川郡，协同魏、韩两军对围攻雍氏的景翠军进行反包围作战。

中路由庶长魏章率领，从蓝田出武关，进驻商、於之地，以对抗屈匄军。

西路则由后起之秀甘茂率领，兵出南郑，进攻楚国的汉水流域。

三路军中，中路军兵力最强，但是总揽全局的灵魂人物还是有“智囊”之称的樗里疾。

樗里疾的东路军一路疾进，与魏、韩两军会合，先是攻克曲沃，然后经过东周地界，在东周获得粮食补给后，便直扑景翠军，与守卫雍氏的韩军形成掎角之势。

景翠严阵以待，准备与秦军大战一场。

双方发生了小规模的接触，在感觉到对手实力不弱之后，又不约而同地开始构筑防御工事，囤积军粮，准备打持久战。

但这只是樗里疾的虚晃一枪。

他让魏、韩二军打着他的旗号继续与楚军对峙，自己却率领秦军主力星夜南下，与中路的魏章军一道，在丹阳（今河南省西峡）前后夹击屈匄军，获得斩首八万的空前战绩，还俘虏了屈匄、逢侯丑等楚军将佐七十余人。

这一战，史称丹阳之战。

丹阳之战后，秦军士气大振。樗里疾借势杀回雍氏，又与魏、韩两军一道击破景翠军，取得了雍氏之战的胜利。

现在可以解释本章开头提出的问题，为什么韩、魏两国会跟着秦国去攻打齐国了——雍氏之战后，樗里疾意气风发，率领秦、魏、韩三国联军继续东进，大败齐军于濮水。

魏章也没浪费时间。樗里疾向东救援雍氏，他便向西配合甘茂的进军。两军联合作战，一举夺得楚国汉中的六百里地，并在那里设置了汉中郡。

至此，秦军一气呵成，连续在丹阳、雍氏、濮水、汉中四个战场上获得全胜。

樗里疾因此声震华夏，被秦惠王封为严君。

楚怀王输红了眼，干脆孤注一掷，增兵袭击秦国的关中地区。

应该说，楚怀王这一招很漂亮。此时秦军樗里疾在齐，魏章、甘茂在汉中，战线拉得太长，国内相对空虚。而且秦国上下都沉浸在胜利的喜悦当中，完全没有料到楚怀王会来这么一下子。

楚军迅速攻克武关，直逼咸阳，一直打到蓝田。这里离咸阳只有不到一百里地了。但就是在这里，楚军也成为强弩之末，遭到了秦军的有力阻击，惨遭失败。

魏、韩两国抓住机会主动南下出击，一路攻到了邓城（今湖北省襄樊）。而魏章也配合韩军攻楚，连克召陵（今河南省漯河）和上蔡（今河南省上蔡）两城。

就在这个时候，秦惠王主动伸出了橄榄枝。他派人对楚怀王说：咱们别打了，有事好商量。您想要秦国的商、於之地，没问题，可以拿楚国的黔中郡（今湖南省洞庭湖以西至四川省黔江流域一带）来交换。

楚怀王一听“商、於”两个字就心里发麻，感觉那是个诱饵，碰一碰都会有危险。他明确表示：我不希望换地，但是如果秦国可以将张仪交给我，我宁愿把黔中郡白送给秦国。

一个郡换一个人，怎么样，干不干?

秦惠王马上就动心了。他把楚怀王的话当作一个笑话讲给张仪听，然后说：“楚王也不想想，先生乃是寡人的肱股之臣，休说一个黔中郡，就算把宛郡、巫郡、新城郡统统给了寡人，寡人也不会拿先生去交换啊！”

秦惠王言毕，发出一阵不自然的大笑。

一丝悲凉掠过张仪的心头。他认真地说：“那就让我去吧！”

“不行。”秦惠王说，“楚王最恨你拿商、於之地戏弄他，岂能轻易放过你？”

张仪说：“秦强楚弱，只要有大王为我撑腰，想必楚王也不敢拿我怎么样。退一万步说，即便楚王杀了我，能够为秦国获得黔中之地，我也心甘情愿啊。”

话说到这个分上，秦惠王只能“勉强”同意了张仪的请求。

就这样，张仪又来到了楚国。

这也是他第三次来到楚国。第一次是他籍籍无名的时候，在令尹昭阳府上为门客，曾经被怀疑为小偷而遭到暴打；第二次是前几年访楚，把楚怀王当猴耍了。这一次，他却是将自身当作筹码，为秦国换取土地而来。

当他进入郢都城门的时候，内心是否五味杂陈，后人无从得知。我们只知道，他偷偷地派自己的心腹去找了一个人。

一个叫作靳尚的人。

当张仪还是昭阳的门客的时候，就和靳尚关系很好。在家靠父母，出门靠兄弟。这一次，张仪要依靠靳尚这位兄弟来为自己找一条后路。

因为靳尚与郑袖的关系很好。而郑袖，是楚怀王的夫人。

什么风都比不过枕边风，明白了这个道理，就明白了中国历史一半以上的游戏规则。

楚怀王见到张仪，二话不说，命人将张仪绑起来，押入死牢。这回他算是学聪明了，不让张仪有说话的机会，自然也就不会上当。

但是他没想到，张仪不说话，靳尚却在他的后宫掀起了一场暴风“醋”雨。

“难道您没感觉到危险正在临近吗？”靳尚问郑袖。

“什么危险？”

“秦王十分宠信张仪，大王却将张仪抓了起来。我听说，秦王为了解救张仪，打算将上庸之地六县献给大王。”

“那是好事啊，跟我有什么关系？”郑袖继续对着铜镜顾影自怜。

“咳，您听我说完。秦王还精选了一位美人，又从秦宫中挑选了十名能歌善舞的宫女当作陪嫁，正准备送到郢都来呢！”

只听到“哗啦”一片响，郑袖跟前一案儿的化妆品都被扫落在地。

关于郑袖，有必要介绍一下，她是中国历史上有名的醋坛子。

据《韩非子》记载，有一次魏国给楚怀王送来一个美女，楚怀王很喜欢，对她十分宠爱。郑袖一反常态，也对这位魏妃十分宠爱，甚至超过楚怀王。但凡有好吃的、好穿的、好玩的，总是先给魏妃送去，看到魏妃脸上露出感激的笑容了，郑袖才摆出一副释然的样子，拉着她说这说那。

男人们最享受的就是这种妻妾和谐的齐人之福了。楚怀王看到郑袖如此大方，时常感叹道：“夫人知道寡人喜爱新人，因此比寡人更喜爱她，这才是孝子养亲、忠臣事君之道啊！”

有一天郑袖对魏妃说：“后宫这么多女人，我看大王最宠爱的就是你了。但是大王也曾经对我提起过，他对你的鼻子不是很满意……这种事情，我本来不该告诉你，可谁叫咱们是好姐妹呢？你如果想在大王面前长期保持美好的形象，以后可以拿一朵花放在鼻子前面遮掩一下，又优雅又自然。大王看了，不知道多着迷呢！”

魏妃不知是计，再度见到楚怀王的时候，果然捏着一朵梅花，故作扭捏状。楚怀王一开始还很受用，久而久之便有点狐疑了。他问郑袖：“魏妃见到寡人，总是以花掩鼻，这是怎么回事？”

郑袖连忙说：“您别问我，我可不知道。”

她越是这样，楚怀王越是追着她问。被逼不过了，她才支支吾吾地说：“听人说，她是讨厌大王有狐臭。”

楚怀王气得浑身发抖，想都没想就下令道：“劓之！”也就是处以割鼻之刑。郑袖生怕楚怀王反悔，马上对内侍说：“大王已经下令了，还不快去执行？”

可怜的魏妃，就这样不明不白地被割去了鼻子。

从这个故事不难推测郑袖听说秦王要送美女到楚国来的时候，是何等恼怒。

她马上去找楚怀王，说：“人各为其主，张仪就算得罪了您，也不过是为了国家，没什么好责怪的。再说，您现在这样对待张仪，秦王肯定会以此为借口，兴兵来讨伐。请您把臣妾母子都迁到江南去，免得成为秦人的鱼肉。”说着就哭了起来。

郑袖这么一哭，楚怀王就没了主意。他把自己关在卧室想了一夜，第二天早上就释放了张仪，并且礼送出境。

当时有位楚国大夫出使齐国，正在回来的路上。当他回到郢都，听说张仪刚被放走，气得直跺脚，质问楚怀王道：“张仪把咱们骗得这么惨，全楚国人都恨不得扒他的皮，吃他的肉，您为什么又把他放了？”

楚怀王无言以对。

这位大夫乃楚国的名门之后，姓屈，名平，字原。世人一般称其为屈原。

第十一章

秦武王之死

公元前310年，张仪风尘仆仆从楚国回到秦国，还未进入咸阳，就听到一个令他震惊的消息——秦惠王去世了。

秦惠王的一生，不用过多评述，有几件大事是可圈可点的。

第一是杀商鞅。杀商鞅并不是什么了不得的事，了不得的是他杀了商鞅之后，仍然坚持用商鞅制定的法律，没有走回头路。韩非子说“秦用商鞅而富强”，秦孝公当然居功至伟，秦惠王其实也功不可没。

第二是重用张仪，采取连横政策，削弱了魏国，压制了韩国，打败了楚国和齐国，震慑了赵国。秦惠王时期，秦国对天下诸侯威逼利诱，拉拢打击，翻云覆雨，取舍予夺，将“纵横捭阖”四个字发挥得淋漓尽致，在中国外交史上留下了精彩的一页。

第三是采用司马错的巴蜀战略，在增强秦国国家实力的同时，还对楚国形成了强大的威胁，与张仪的连横政策形成互补，为后来秦国统一天下打下了坚实的基础。

第四是起用了樗里疾、魏章、甘茂等一批优秀将领，在丹阳、雍氏、濮水、汉中、蓝田行云流水般五战五胜，写下了秦军不可战胜的神话，使得东方各国从此患上“恐秦症”。

秦惠王死后，大子嬴荡（好名字！）即位，嬴荡也就是历史上的秦武王。

秦武王是个标准的武人，身高体壮，力大无穷，喜爱舞枪弄棒，与当时秦国有名的武士任鄙、乌获、孟说打得火热。他一上台，就把这三个人封做大官。

可想而知，秦武王对于张仪这种单靠嘴皮子吃饭的男人，是很看不起的。

秦国朝中有很多大臣也看不起张仪。当然，他们更多是嫉妒张仪的长袖善舞、左右逢源。秦惠王在的时候，他们拿张仪没办法；现在秦惠王死了，他们觉得时机已到，纷纷围到秦武王身边，七嘴八舌地说张仪的坏话。

火力集中到一点：张仪“无信，左右卖国以取容”。意思是张仪是个无信小人，到哪都是出卖国家以获取个人利益。

有人更是放言，如果秦国还要用张仪，将被天下人耻笑。

群臣的意见和秦武王一拍即合。

张仪的脱身之计

张仪回到咸阳，便发现空气不对。对于久经江湖的他来说，这也是意料之中的事。

一朝天子一朝臣，没什么大不了的。但接下来发生的几件事，却不能不引起他的警惕。

第一件事，丹阳之战的有功之臣魏章，原本也是魏国人，是张仪推荐给秦惠王的，历来被视为他的同党，现在受到牵连，坐了冷板凳。

第二件事，张仪多年的宿敌公孙衍居然放着韩国的相国不做，又来到了秦国。秦武王虽然还没有给其任命什么职务，但是此人已经可以自由出入王宫，非同小可。

第三件事，甘茂原本是楚国人，经张仪和樗里疾引见，才受到秦惠王重用，平日里关系也不错，现在却开始有意回避张仪。

当然，甘茂见到张仪还是很客气，只是每当张仪想跟他说点什么的时候，他就打着哈哈说："今天的天气可真好啊！"

好个啥？分明的阴云密布，风雨将至！

种种迹象表明，张仪如果继续待在秦国，很有可能步商鞅的后尘。

但是离开秦国又能去哪里呢？

放眼天下，能够得罪的诸侯，张仪都得罪了——齐宣王和楚怀王对他恨之入骨；魏襄王和韩襄王（韩宣王于公元前312年去世，大子韩仓即位，是为韩襄王）对他敢怒而不敢言；赵武灵王性烈如火，根本不吃他那一套；燕昭王倒是跟他没什么瓜葛，但是以燕国现在的状况，估计不想惹任何麻烦上身。

张仪倒不怕得罪诸侯。二十年来，他凭着一副三寸不烂之舌出入各国宫廷，颠三倒四，搬弄是非，很多时候是在刀尖上跳舞，凶险万分。然而他从来没有感觉过害怕，因为他知道，只要有秦王在背后为他撑腰，就没有他摆不平的事。

可是这一次，连秦王都不站在他这一边了。他就像那只曾经领着老虎行走于百兽之间的狐狸，突然发现老虎已经对他目露凶光，不由得寒意顿生。

显然老虎现在还在考虑要不要吃了他。然而，一旦老虎下定决心，他势必无处可逃——即便他能逃离虎口，那些曾经被他戏弄的百兽，又怎么可能放过他？

他必须在秦武王对他下手之前，为自己找到一条后路。

有一天，他对秦武王说："下臣为秦国服务多年，现在已经老迈不堪，不能再为大王奔走了，但仍想为秦国发挥一点余热，不知大王能不能批准？"

秦武王不冷不热地说："你说吧。"

张仪说："大王英明神武，有号令天下之志，下臣我是十分钦佩的。可是号令天下，既要有强大的武力，也要有恰当的时机。如果东方各国相安无事，而大王贸然出师，只怕引起诸侯的公愤，则田文、苏秦之流将趁势而起，再举合纵之旗，对我秦国那是大大不利。相反，如果东方各国互相残杀，大王您就有机可乘，师出有名。"

秦武王微微点头，示意张仪继续往下说。

"现在，齐王因为我拆散了齐、楚之间的同盟，十分讨厌我。但凡我所在的地方，他必定兴师征讨。我在此恳请大王把我这把老骨头派到魏国去，引诱齐国来进攻魏国。齐、魏两国交兵，大王就可兵出函谷，装作要讨伐韩国三川的样子，但是并不一定要进攻，只是将大军驻扎在周朝的地界，威逼周天子交出九鼎和天下的地图，这才是称王的大业啊。”

说来说去，又回到“挟天子以令诸侯”这个话题上来了。

秦武王虽然讨厌张仪，听了这番话却不免热血沸腾。他和秦惠王最大的不同在于，他丝毫不掩饰自己对于权力和荣耀的欲望。换而言之，秦惠王或许对周天子还多少有些敬畏，秦武王却只将周天子当作个行货，如果可以的话，他是敢冒天下之大不韪，将九鼎扛回咸阳的。

秦武王甚至突然觉得，原来张仪也不是那么惹人讨厌的。如果把张仪派到魏国去，可以引发齐国进攻魏国，也算是废物利用，总比杀了他要强。

毕竟，刚上台就杀先王的重臣，有点说不过去。

想到这一层，秦武王说道：“那就辛苦你了。”

张仪赶紧下拜领命。

秦武王又说：“既然你代表秦国去魏国，不能过于寒碜。这样吧，寡人派魏章担任你的副手，再给你革车三十乘，别让魏王小瞧了咱们。”

秦武王心里暗自得意：这可真是一举两得，连魏章也打发走了，从此眼不见心不烦，通体舒泰。

张仪等的就是这句话。

“代表秦国”。只要有这顶帽子戴在头上，他便走遍天下都不怕，到魏国更是轻车熟路，不在话下。

就这样，张仪以秦国常驻魏国代表的身份，风风光光地来到了魏都大梁。

齐宣王得到这个消息，果然兴师伐魏。

魏襄王害怕了。张仪却很镇定，他对魏襄王说：“有我在，您不用担心。我不费一兵一卒，就能让齐国退兵。”

张仪派门客冯喜装作楚国人前往齐国，对齐宣王说：“天下人都知道大王痛恨张仪，可是现在张仪被秦王赶到了魏国，您却想方设法让他重新获得秦王的信任。您这样优待他，可真让人看不懂。”

齐宣王说：“胡说，张仪在哪，我就派兵打到哪，怎么是让他获得秦王的信任呢？”

冯喜说：“您有所不知，张仪离开秦国的时候，和秦王有个约定……”于是将张仪对秦武王说过的话，又原原本本转述给了齐宣王，然后说道，“大王兴兵伐魏，正中秦王下怀。秦王一高兴，说不定又宣召张仪回国了，这不是让他重新获得秦王信任吗？”

齐宣王一拍脑袋：“幸好有您提醒，差点上了张仪的当了。”

魏襄王不知道张仪使了什么招数，只知道齐国在张仪的劝说下果然退兵了，不禁对张仪佩服得五体投地，于是又任命他当了相国。

一年后，张仪在魏国去世，享年不详。

魏章从此没有记载，不知所终。

与国君盟誓：甘茂的谨慎

张仪离开秦国后，秦武王就将相国的职务一分为二，分别任命樗里疾和甘茂为左右丞相。

甘茂原本是楚国下蔡（今安徽省凤台）人，自幼博览群书，精通诸子百家之说。秦惠王年间，通过樗里疾和张仪引见，甘茂入秦为将。汉中之战中，甘茂得到魏章配合，一举夺得楚国汉中六百里地，声名大振。秦武王即位后，蜀地发生叛乱，甘茂入蜀平叛，又立下赫赫战功，成为秦武王的心腹爱将。

有一段对话可以看出二人之间的关系有多密切。

据《战国策》记载，秦武王曾经对甘茂说："楚国派来的使臣，多半能言善辩，常常把我搞得无言以对，该怎么办？"

甘茂说："这有什么难的！如果那些会说话的人出使我国，大王就故意为难他，不让他完成使命；如果是那些不会说话的人来了，大王就让他顺利办完事，早早回去交差。这样一来，楚国就不会再派那些会说话的人过来，而是派那些不会说话的，大王就可以轻松对付他们了。"

这都什么主意？只有在关系非常密切的人之间，才有可能出这样的点子吧！

值得一提的是，张仪虽然被排挤出了秦国，他献给秦武王的"挟天子以令诸侯"的策略，却被秦武王全盘接受。

公元前308年，秦武王开始了"车通三川，以窥周室"的行动，命令甘茂出兵攻打韩国的宜阳（今河南省宜阳）。

甘茂接受了任务，但是向秦武王请求："请让我先到魏国跑一趟，说服魏王共同出兵讨伐韩国。"

同时又提出，要庶长向寿担任他的副手。

秦武王心想，还是甘茂考虑得周到，秦国出兵，如果能够得到魏国的响应，就理直气壮多了，于是同意了甘茂的请求。

甘茂到了魏国，还没抵达大梁，就在中途停了下来。他对向寿说："请你马上回秦国向大王汇报，就说魏王已经听从甘茂的建议，准备共同发兵进攻韩国。但是甘茂突然又变了卦，希望大王不要攻打韩国了。"

向寿说："啊？"

且不说向寿的脑瓜子一向不怎么灵光（关于这一点，以后还会讲到），就算是个聪明人，恐怕也会对甘茂此举感到不理解吧。

甘茂没有理会向寿的疑惑，说道：“你不要问我为什么，只要你把这话原原本本传达给了大王，此次出访魏国的首功就是你的。”

向寿似懂非懂，但还是服从了命令，回到秦国，将甘茂的话转告了秦武王。

秦武王一听就急了，立即从咸阳出发，来到秦魏边境的小城息壤（地名，今不详），宣召甘茂前来相见。

甘茂来到后，秦武王只问了三个字：“为什么？”

甘茂没有回答秦武王的问题，而是反问道：“大王听说过曾参吗？”

曾参是孔丘的得意弟子，以孝道闻名天下。秦武王虽然是武人，对曾参也还是多少有些了解。

秦武王说：“听说过。”

甘茂说：“当初曾参在老家费邑，有个和他同名同姓的人杀了人，有人好心跑过来对曾参的母亲说：‘你儿子杀人啦！’那老太太连头都不抬，继续织布。过了一会儿，又有一个人跑来说：‘你儿子曾参杀人啦！’老太太还是无动于衷。没过多久，又有第三个人跑来说：‘曾参杀人了，你赶快跑吧！’老太太赶紧扔下梭子，连鞋子都没穿好，翻墙就跑掉了。”

秦武王听了，不禁莞尔一笑，问道：“你到底想说什么呢？”

甘茂说：“大王派我攻打宜阳。宜阳是个大县，上党和南阳的物资长期以来都贮存在那里。它名义上是个县城，实际上相当于一个郡。现在您命令我不避险阻，行军千里去攻打宜阳，我实话实说，不是那么容易得手的。时间一长，朝中难免有人会说我的闲话。我知道您信任我，可即便是曾参那样的人品，再加上他母亲对他的了解，只需三个人的谣言，就把他母亲吓成那样。我的品德比不上曾参，咸阳城中想说我坏话人也不止三个，我害怕有朝一日您也会像曾参的母亲那样，吓得扔掉梭子跳墙而逃啊！”

秦武王拍着胸脯说：“你大可放心，我不会那样。”

甘茂说：“我们这些做臣子的，所做的一切不过是为大王服务。先王在世的时候，张仪为秦国开拓疆土，人们不是称赞张仪的才干，而是歌颂先王的英明。当年乐羊花了三年时间打下中山，还喝了自己儿子的肉羹，胜利回朝论功行赏的时候，魏文侯却拿给他一箱子诽谤他的举报信。乐羊大为感慨，对魏文侯说，灭掉中山不是乐羊的功劳，而是主公的功劳。而我，只不过是一个漂泊到秦国的异乡人，承蒙大王不嫌弃，被委以重任，嫉妒我的人不知道有多少。其他人便也罢了，如果樗里疾、公孙衍这些人都劝说您不要攻打韩国，您必定会听他们的意见。这样一来，您就欺骗了魏王。韩国的相国公仲朋（公孙衍离开后，公仲朋接任相国）本来亲近秦国，和我的私交也不错，他会认为伐韩只是我个人的主意，我就把公仲朋也得罪了。”

樗里疾乃秦武王的叔叔，用兵如神，劳苦功高，倒不至于嫉妒甘茂。只不过樗里疾的母亲是韩国人，公孙衍曾经做过韩国的相国，他俩都是朝中的亲韩派。甘茂最担心这两个人站出来替韩国说话，是以有此一说。

秦武王当即表态：“寡人决不会因任何人的话动摇攻韩的决心，你如果不放心，寡人可以和你立下誓约！”

春秋时期，君臣之间相对平等，“以君盟臣”并不稀奇。到了战国时期，各国都先后建立了中央集权，君王具有绝对权威，君臣盟誓就比较罕见了。秦武王在息壤和甘茂盟誓，可以说是非常之举，也表明了他不惜一切代价要攻下宜阳的决心。

重赏之下，必有勇夫

得到秦武王的保证后，甘茂率领大军东出武关，借道东周地界，讨伐韩国的宜阳。

当时所谓的天子周赧王，对于秦军的借道感到十分为难。前面说过，周朝的地盘，基本被韩国包围，相当于韩国的国中之国。韩国在战国列强中虽然弱小，对于周朝来说却是个家门口的庞然大物，开罪不起。如果借道给秦国，势必得罪韩国；不借吧，又怕秦国不高兴。

偏偏在这个尴尬时刻，还有人给周赧王出了一个主意："您可以趁机向韩国捞点好处呢！"

怎么捞？

周赧王派了一个使者前往新郑，对韩国的相国公仲朋说："秦国之所以借道东周来攻打韩国，是因为相信东周会站在秦国这边。您何不送给东周一些土地，又派人向楚国求援，这样一来，秦国既怀疑东周与韩国背地里有交易，又担心楚国出兵干涉，就不会攻打韩国了。"

公仲朋觉得这主意不错，果然献给周赧王一座城池。

周赧王得到城池，马上又派使者对秦武王说："我们跟韩国可没有什么瓜葛，是韩国硬要把土地送给我们，目的就是让您怀疑我们。"

秦武王说："那你们可以不接受嘛！"

使者的反应也很快说："如果我们不接受，又怕韩国跟我们翻脸啊！"

宜阳大战之前的这段小插曲，充分说明生活在那个年代的人们是何等热衷于玩弄谋略——秦国远比韩国强大，如果非要得罪其中之一的话，东周肯定会选择得罪韩国而不是秦国。但是周赧王通过耍小聪明，毫不费力便从韩国捞到了一座城池。他也许这样认为，得罪韩国是一种损失，但是捞到一座城池足以弥补这种损失吧！

事实证明，甘茂对进攻宜阳的困难预计得很充分。秦军将宜阳包围起来，连续攻打了三个月，宜阳却巍然不动。而且时间一长，秦国国内的议论便多了起来。樗里疾、公孙衍这两个重量级的人物果然劝说秦武王撤兵。

恰在此时，楚怀王应韩襄王的请求，派景翠为将，率领二十万大军北上救援韩国。秦武王得到消息，不禁担心起来，将甘茂从前线召回咸阳，向他询问战局的进展。

国君要了解战事，大可以派使者来往，何必把大将召回来呢？甘茂嗅出了摇摆的味道，他直截了当对秦武王说："楚国虽然出兵救援韩国，但决不会傻到为韩国打头阵，一定是持观望态度，等着秦、韩两败俱伤。韩国也怕秦、韩大战一场后，楚国趁机在背后插一刀。这两个国家各存戒心，互相防备，您有什么好担心的呢？"

秦武王说："我倒不担心楚军，只是朝中有很多人担心战局失利，建议我撤军，我不得不有所考虑。"

甘茂说："大王难道忘了息壤之盟了吗？"

秦武王脸一红，说："没有。"

这次会见匆匆结束。秦武王忠实地履行了他的誓言，不但没有命令甘茂撤军，还从国内源源不断地给他派去援军。

即便如此，宜阳依然屹立不拔。

这场攻坚战打到第五个月，秦、韩双方都疲惫不堪。胜负的关键在于景翠率领的二十万楚军——这个时候只要他出手，秦军必败无疑；如果他继续作壁上观，则宜阳失守只是迟早的事。

这位爵至执圭（楚国最高爵位）的楚军将领，却一直按兵不动，让人捉摸不透他的想法。

雒邑城内的周赧王对这场战事也十分关注。

周赧王是打心底希望秦军获胜的，原因很简单，他让秦军借道，又讹诈了韩国一座城池，已经大大得罪了韩国。如果韩国获胜，他岂有好果子吃？

有一天他问大夫赵累："秦国攻打宜阳，你觉得结果会怎么样？"

赵累不假思索地回答："宜阳一定会被攻克。"

周赧王又高兴又怀疑，说："宜阳城方圆八里，守军十余万，粮食足够支撑数年之用，外围还有公仲朋的二十万大军，楚国大将景翠又带了二十万大军前来救援，我觉得秦国比较悬。"

赵累说："您知道甘茂是个什么样的人吗？他虽然官居左丞相，却一直认为自己只是个外国人，没有安全感。他攻打宜阳，如果成功了，顶多也就是受个周公旦那样的封赏。可是如果攻不下，他在秦国就不可能再待下去了，只能卷铺盖走人。秦王为了支持他打宜阳，拒绝了樗里疾等人的劝谏，如果攻不下，他也会认为这是莫大的耻辱。所以，无论是对于甘茂还是对于秦王来说，宜阳都是志在必得的。"

周赧王说："可是景翠的二十万楚军不是闹着玩的！"

赵累说："其实景翠的处境和甘茂差不多。他原本是一介寒士，打拼了几十年，才做到了楚国的执圭。这次就算打了胜仗，爵位也不可能再提升；可是如果打了败仗，就会一棒子打回原形，甚至性命不保。这也是他一直犹豫不肯出手的原因。"

周赧王说："说不定他正准备向秦军发动进攻呢！"

赵累沉吟片刻，说道："您如果实在不放心，可以派人去游说景翠，让他等到秦国打下宜阳再进兵，因为那时候秦军已经极其疲惫，肯定会花重金向他求和，而韩国以为他此举是为了救韩国，也会向他表示感谢。景翠不费一兵一卒，就可以得到两个国家的金银财宝，这样的买卖，您说他会不会干？”

周赧王听着，脸上露出了一丝狡诈的笑容，说道：“那就麻烦你去楚军大营走一趟如何？”

很难说赵累的游说对景翠起到了多大的作用，但可以肯定的是，景翠自始至终只是观望，就像是带了二十万人来旅游。

其实，秦国也有人看出了景翠的用心。

据《战国策》记载，有一个名叫冯章的人曾对秦武王说：“宜阳久攻不下，楚国肯定会趁我军疲惫至极的时候发动进攻，那样的话我军就很危险了。大王不如派人跟楚王谈谈，主动将汉中割让给楚国。楚王一高兴，就不会进兵了。”

秦武王说：“那样不划算吧？”

冯章说：“嗨，您着什么急啊？当年张仪不也许诺要给楚王六百里地吗？”

秦武王恍然大悟，于是派冯章出使楚国。

楚怀王显然不长记性，一听冯章开出的条件，马上就答应了秦国的请求。

景翠无心开战，楚怀王也不催促，楚军就这样眼睁睁地失去了一次打败秦军的大好机会。

现在就看甘茂的了！

事实上，战争打到现在，连甘茂也开始动摇了。有一天夜里，他出来巡营，看着宜阳城下堆积如山的秦军尸体，突然觉得自己在做一件不可能做到的事，对大夫左成说：“打不下去了，准备停战吧！”

左成吃了一惊，说道：“您有没有想过，您在国内受到樗里疾、公孙衍的攻击，在国外又得罪了公仲朋，如果宜阳攻不下，您还能在哪里立足？”

甘茂苦笑：“我何尝不知道这些？可是将士们都已经疲惫至极，你难道没有看到，今天我亲自擂鼓三次，都没有人愿意前进，这仗还怎么打？”

左成说了一个字：“赏。”

重赏之下，必有勇夫。自商鞅变法以来，秦国已经形成了一套赏罚分明的制度，对于战功的奖赏可谓不遗余力，这也是秦军战斗力远远高于东方各国的重要原因。在左成的劝说下，甘茂决定把赏格再提高一个档次——当然，这是违反政策的，国家财政也没有这笔款项来支付更高的赏格。

但是没关系，甘茂已经豁出去了。

第二天一早，甘茂向全体将士宣布：今天是最后一战，只要攻下宜阳，我就把自己所有的财产都拿出来分给大家，有功的加倍奖赏，战死的加倍补偿。如果再攻不下来，“你们就在这宜阳城下给我挖好坟墓吧”！

说完这些，甘茂第一个跳上战车，朝着宜阳城疾驰而去。秦军将士们受到鼓舞，紧随其后，向宜阳发动了最后的攻击。

历时五个多月的宜阳之战，终于在这一天画上了句号。

一将功成万骨枯。前后死伤了数万名秦军将士换来的宜阳城，成就了甘茂的善战之名，也为秦武王问鼎周室铺平了道路。

此后，甘茂又麾兵渡过黄河，攻占武遂（今山西省垣曲）。韩襄王赶紧派大臣公仲侈到咸阳请罪，表示愿意臣服于秦国。

秦武王接受了韩襄王的投诚。

作为这场战事的尾声，一直坐山观虎斗的景翠果然摆出一副进攻秦军的架势，但是在收到秦国给的一笔贿赂，并且勒索了韩国一笔辛苦费之后，便又草草收兵了。

最可笑的是楚怀王。宜阳之战后，他还真派使者到秦国去，要求秦武王兑现诺言，将汉中割让给楚国。

秦武王说："我可没有答应割地给楚王，那都是冯章自作主张说的话，不能代表秦国。"

楚国使者提出要冯章出来对质，得到的答复是：那恐怕不太现实，冯章畏罪潜逃，已经找不到人了！

秦武王的意外：鼎不能随便扛

如果说，楚怀王是宜阳之战中最可笑之人，第二可笑的无疑是那位善于耍小聪明的周赧王。

他借道给秦国，又帮秦国稳住景翠，为秦军攻克宜阳立下了汗马功劳，而且还讹诈到了韩国的一座城池。但他很快发现，他所做的这一切都是作茧自缚。

公元前307年，秦武王大摇大摆地进入了雒邑，并且向他提出索要九鼎。

辛辛苦苦打下宜阳，不就是为了这一天吗?

有必要介绍一下，鼎，是中国古代的一种炊具，用青铜打造，有三条腿或四条腿，大的重逾千斤。因为常用来祭祀，所以鼎又是一种祭器，或者称为礼器，被赋予了某种神圣的意义。

相传大禹治水成功后，令天下九州进贡金属，打造了九座宝鼎，鼎身刻以各地图案，分别代表冀、兖、青、徐、荆、豫、梁、雍、扬九州。此后，九鼎经夏、商、周代代相传，一直被当作天子权力的象征。

春秋时期，楚庄王讨伐陆浑之戎，陈兵雒邑，曾经派人向王室询问九鼎的重量，遭到王室的严厉批评。“问鼎”从此成为诸侯觊觎王权的代名词。

楚庄王雄才大略，也仅仅是敢问鼎。秦武王就没那么温文尔雅了，他直接向周赧王提出，九鼎放在周朝已经够久了，现在天下大乱，继续存放在雒邑不太安全，不如搬到咸阳去吧！

面对野人一般的秦武王，周赧王那点小聪明显然不够用。他眼睁睁地看着秦武王带着一大群武士进入大庙，对着九鼎指手画脚，大声喧哗，自己却束手无策，甚至连一句话也不敢说。

周朝大夫颜率，是个足智多谋的人，对秦武王的所作所为感到十分愤慨，偷偷地对周赧王说：“您何不号召天下诸侯讨伐秦国？”

周赧王吓了一跳，赶紧四周看看，确信没有其他人在场之后，才惊魂未定地说：“你难道没看见秦国在宜阳城下大败韩军，斩首六万？这个时候有谁敢出面为寡人说话，有谁敢兴兵和秦国作对？”

颜率说：“秦国经过宜阳一战，其实已经精疲力竭。如果齐王肯出面讨伐秦国，天下诸侯应该都会跟着响应。毕竟，谁都不想九鼎落在秦王手里，您说是不是？”

周赧王想了半天，终于答应让颜率秘密出使齐国。

颜率到了临淄，对齐宣王说：“秦国实在太不像话了，居然向天子索要九鼎。天子经过慎重考虑，认为与其让秦国拿走，不如干脆送给齐国。大王如果有意得到九鼎，就请赶快行动，把秦军赶走吧，晚了就来不及了！”

齐宣王当然求之不得。他算计了一下，秦国经过宜阳之战后，元气大伤。现在派兵进攻驻扎在雒邑的秦军，又不是入侵秦国本土，齐国的胜算很大。再说了，九鼎的诱惑实在太大，值得他为之冒一次险。于是，齐宣王派将军陈臣思带领五万人马向西进发，直取雒邑。

然而人算不如天算，齐军刚出国门，雒邑城内就发生了一件大事。

话说某一天，秦武王带着手下的三名勇士——任鄙、乌获、孟说，又来到大庙观看九鼎。

秦武王突然提出，咱们比试比试吧！

作为一名武人，秦武王经常和手下比试武艺，有时候甚至是真刀真枪地对着干，手下早就习以为常了。

但是这一次，秦武王不是想和他们比试刀枪拳脚，而是比赛举重。

举什么？就是那一溜儿排开的九座大鼎。

任鄙和乌获一看那些鼎的块头，立马表示：这事咱干不了，这鼎也太重了，四名壮汉都不一定扛得动，一个人是肯定不行的，咱就不丢这个人了。

只有孟说这个愣头青，当即把袖子一捋，说："你们不来，我来！"扎好马步，双手抱定一个青州鼎，气运丹田，大喝一声，"起！"只见他脸涨得通红，双手肌肉虬起，那鼎却纹丝不动。

秦武王哈哈大笑，走到梁州鼎旁边，俯下身子，抱住一条鼎足，低低地哼了一声，竟然将那鼎徐徐举起，一直举过头顶。

任鄙等人惊得目瞪口呆，半天说不出话来，刚想喝彩，只见秦武王凝神贯气，向前走了一步，接着又走了一步。走到第三步的时候，孟说终于叫出一声："好！"任鄙和乌获也同时叫道："大王真乃神人也！"

话音未落，那鼎重重地砸倒地上，将大庙的青砖地板砸出一个大洞。再看秦武王时，大腿被压在鼎下，已经是血流不止，不省人事。

《史记》记载："王与孟说举鼎，绝膑。八月，武王死，族孟说。"

一代枭雄秦武王，就这样被砸死了。

而孟说作为秦武王之死的第一责任人，被樗里疾处以死刑，并灭其九族。

这件事后，秦军匆匆撤离雒邑。至于那九座大鼎，还好好地留在周朝的大庙中。虽然其中有一座已经被砸掉一些经年铜锈，但是经过王室的能工巧匠整饰整饰之后，基本看不出有什么异样。

周赧王刚刚松了一口气，紧接着面临另一个头疼的问题：秦武王走了，齐宣王又来了。

齐宣王派人向周赧王提出：应您的请求，我已经派出五万大军星夜赶赴雒邑勤王，现在雒邑已经平定，您可以兑现诺言，把九鼎送给齐国了吧！

周赧王又急又气，这都什么世道啊？秦国人又不是被齐国人打跑的，你啥实际事都没干，凭什么跟我要九鼎啊？早知道，还不如给秦国人带走呢！

他把颜率找来骂了一通。

颜率说："您别着急，这事因我而起，我就负责把它处理好。"

颜率第二次来到齐国，对齐宣王说："多亏了大王主持公道，周朝才得以保全。现在天子愿意履行承诺，向大王献出九鼎，请问您打算让我们从哪条路送到齐国来？"

齐宣王说："当然是借道魏国。"

"哎哟！"颜率失声叫道，"那可不行，魏国君臣想得到九鼎，已经是几辈子的事了。九鼎入了魏境，就甭想出来。"

齐宣王说："那就借道楚国呗！"

颜率说："大王啊！您还不知道楚国人吗？早在三百年前，楚庄王就问过九鼎的轻重。如果九鼎入了楚境，难道还有的出来？"

齐宣王说："那你倒是说，该从哪条道运到齐国来？"

颜率说："其实我们也在为这件事发愁呢！这么大的鼎，又不是几个酱醋坛子，随便揣在怀里，藏在腋下，拎在手上，就可以带到齐国来了。当年周武王灭商，可是动用了好几万人才把九鼎运到洛邑。大王动用几万人不难，可这路的问题，必须妥善解决，否则白费力气。"

齐宣王算是听明白了："你说来说去，其实就是不想给呀！"

颜率说："不敢！只要您赶紧确定到底走哪条路，咱们就准备运鼎，不含糊。"

齐宣王想了想，挥挥手，让颜率走了。

美男计拯救韩国

秦武王死的时候，年仅二十二岁，无子。

王位的角逐在他众多同父异母的弟弟中展开。一个名叫嬴稷的年轻人，原本被派到燕国当人质，现在秘密回到咸阳，在樗里疾等人的帮助下打败其他竞争者，成为了秦国的新任国君，也就是历史上的秦昭王。

这一年，秦昭王年仅十八岁。

据《史记》记载，嬴稷的母亲原本是楚国人，姓芈（mǐ），嫁给秦惠王为妾，在宫中被称为芈八子，在史书中被称为宣太后。

宣太后有两个弟弟，大弟弟和她同母异父，名叫魏厓（yá）；幼弟和她同父同母，名叫芈戎。其中"魏厓最贤"，从秦惠王年代就在秦国做官，在朝中人脉甚广，与樗里疾等实力派的关系也很好。

秦昭王能够得樗里疾之助，与宣太后和魏厓从中运作分不开。

秦昭王即位后，魏厓立刻被任命为将军，负责咸阳的警备。这个职务，相当于清代的京城九门提督，级别虽然不是最高，却极其关键。

魏厓没有辜负秦昭王——不，应该说是宣太后的信任。不久之后，秦昭王的几个兄弟和朝中部分大臣阴谋作乱。魏厓果断出击，雷厉风行地扑灭了叛乱，诛杀了一批王子大臣。秦武王的母亲牵连其中，也被处死。秦武王的王后则被驱逐出境。魏厓“威震秦国”，秦国自此进入“宣太后自治，魏厓为政”的时期（此后数十年，这个女人将左右秦国的命运，直到一个名叫范雎的人出现）。

秦国政局的变化，对于楚怀王来说，无疑是重大利好。

第一，秦国动荡，则无暇顾及对外兼并。公元前306年，越国发生内乱，楚怀王趁机派兵入侵越国，一举将越国消灭，在那里设立了江东郡，楚国的国力得到大大增强。

第二，宣太后本为楚人，一家人不说两家话，以后万事好商量。

公元前305年，楚怀王悍然发动了对韩国的进攻。楚军在大将昭应的率领下，再度包围雍氏，第二次雍氏之战爆发。

宜阳之战后，韩国已经向秦国屈服，成为秦国的盟国。楚怀王此举，虽然不是直接对秦国宣战，实际上已经严重侵犯秦国的利益。

韩国派到秦国的求援使者一批接一批，五个月过去了，秦国却没有任何动静。

也许宣太后觉得，跟自己的娘家人动武，始终是有点拉不下这个面子吧。

韩襄王急了，又派大夫尚靳出使秦国。

需要说明的是，尚靳生得一表人才，是韩国有名的美男子。他对秦昭王说：“韩国对于秦国来说，平时就是一道屏障，战时就是先锋。现在韩国有了灾难，秦国却坐视不救，实在令人难以理解，也有损于秦国的威名。下臣听说，唇亡则齿寒，请大王三思。”

秦昭王还是默然不语——他早就想出兵了，只不过每天上朝的时候，宣太后就坐在屏风后面听政，哪里轮得到他拿主意？

尚靳怏怏不乐地退了出来，回到下榻的宾馆，刚准备休息，就有人从王宫中来传话："太后宣召韩国使臣觐见。"

尚靳满腹狐疑，赶紧又穿好礼服，跟着来人来到王宫。更令他惊奇的是，他被径直领到宣太后的寝宫。而且，当他见到宣太后的时候，发现偌大的宫室中只剩下他们二人。

巨大的红烛无声地燃烧，而宣太后穿着薄如蝉翼的丝绸衣服，保养得恰到好处的身体几乎毫无保留地呈现在尚靳面前。尚靳想看又不敢看，只好赶紧将头低下。

这一年，秦昭王不过二十岁，以此推论，宣太后也不过三十多岁，正是如狼似虎的年纪。她坐在绣榻上，上下打量了尚靳一番，说道："知道我为什么要见您吗？"

她的口音有一种夏日午后般的慵懒韵味。尚靳不禁心神一摇，说："不知道。"

宣太后说："韩国派到咸阳来的使者，前后也有十几位了，只有您说话有条有理，能够打动我。"

尚靳还是低着头，说道："谢太后赏识。"却良久没有听到回音。他正在猜疑，忽然闻到一股异香，只见宣太后莲足轻移，已经到了跟前。尚靳脑门冒汗，惶恐不已。宣太后却似嘲笑他般，"咯咯"地笑起来，然后问了他一个问题："从前我服侍先王，有时候一起睡觉，他会把一条大腿压在我身上，我就受不了，太重了！可是，如果他把整个身子都压在我身上，我反而不觉得重了，您说这是为什么？"

这究竟是哪门子问题！尚靳的心"扑腾扑腾"直跳，哪里敢回答？宣太后看到他那副窘样，不觉嫣然一笑，道："您不知道？那我就告诉您吧，因为我感觉到舒服、愉快呀！现在您想要秦国出兵救援韩国，如果兵力不足，粮食不多，是救不了的。要解救韩国于危亡，每天都要耗费千金以上。您说，要秦国付出这么大的代价，难道就不应该让我舒服一下吗？”说着，柔荑般的手已经搭在了尚靳的肩膀上。

……（以上省略五百七十一字。）

尚靳回到韩国，形容枯槁，颜色憔悴。他没有上朝复命，而是在家休养了好几天，其间给韩襄王写了一封信。

信上简单地说：“下臣已经为国家尽力，请大王再派一个人去和秦国的大臣交涉，应该不会有阻力了。”

韩襄王丈二和尚摸不着头脑，于是又派大夫张翠前往秦国。

这位张翠也是个人才，接到命令后，突然宣称自己生病了，先在家里磨了几天洋工，然后才慢吞吞从新郑出发。一路走走停停，算下来平均每天少走了一百里路，这样不紧不慢地来到秦国。

甘茂见到他，关切地问道：“韩国形势紧急吗？竟然让先生抱病而来。”

张翠咳嗽了半天，才说：“不紧急，一点也不紧急。”

甘茂愣了一下，说：“您别乱说了，我们对韩国的情况了如指掌，您骗不了我的。”

张翠说：“我不是骗您。您想想看，韩国如果紧急的话，就会向楚国投降，臣服于楚国，我还跑到这里来干什么？”

甘茂说：“先生不要再说，我明白了。”

甘茂马上去找秦昭王，说：“韩国的相国公仲朋，一直是亲近秦国的。现在雍氏被楚国围困长达五个月，秦军却不去援救，这样很快就会失去韩国啊！如果楚国得到了韩国，魏国势必跟着屈服，这样楚、韩、魏三国就形成了对付秦国的统一战线，对秦国将是大大的不利。该怎么办，请大王明示！”

秦昭王眉头紧锁，不敢轻易回复甘茂。这时屏风后传来宣太后轻轻的一声咳嗽，接着听到她说了一句："事关秦国安危，大王就自己做主吧。"

秦昭王一听，高兴得跳起来，将手一挥，大声道："丞相，马上出兵，救援韩国！"

甘茂赶紧下拜听命，心里却犯了一个嘀咕：这太后的心思，还真是让人捉摸不定啊！

秦、楚两强短暂的蜜月期

楚怀王听到秦国出兵的消息，立刻作了一个正确的决定——撤军。

他进攻雍氏，只是为了试探宣太后的底线。现在看来，宣太后果然是顾念亲情，否则也不会顶住整整五个月不发兵。只要确认这一点，他就心满意足了。

不久之后，秦昭王任命向寿当了宜阳太守。

前面说过，宜阳是个大县，规模相当于一个郡，再加上地理位置特殊，既可作为秦国进攻中原的前进基地，也可用来控制周王室，所以宜阳太守的人选相当重要。

脑袋一向不怎么灵光的向寿居然获此重任，确实让很多人感到难以理解。

但是，如果知道向寿原本是宣太后母亲家的亲戚，且自幼和秦昭王一起长大，小时候甚至同吃同住，便不难理解了。

向寿到了宜阳任上，第一件事便是出访楚国，替宣太后慰问娘家的亲人。

楚怀王自然知道这个人的分量，亲自带领群臣到郢都城郊迎接向寿，给予他最高规格的接待，千方百计拉拢他。向寿在秦武王时代，本来只是个庶长。在商鞅制定的二十级官僚体系中，左庶长位列第十级，右庶长位列第十一级，都不是什么大官。秦昭王一上台，他便当上了独当一面的宜阳太守，而且受到楚怀王这种优待，难免有些飘飘然。

“原来太守是如此尊贵啊！”他乐滋滋地想。

当楚怀王提出，秦楚两国应该和平友好、共治天下的时候，向寿连连点头，表示认可。他在郢都盘桓了多日，志得意满地带着楚怀王送给他和宣太后的大批财礼，回到了宜阳。

此后，宜阳和郢都之间的来往日益密切起来。这种现象引起了公仲朋的警惕。

对于韩国来说，处世之道就在于利用秦、楚两国之间的矛盾获得生存空间。秦国打来了，就投靠楚国；楚国打来了，就投靠秦国。如果秦国和楚国都打来了，那就基本上没救了。

现在的形势就是第三种状况。而且有可靠的情报说明，向寿正在酝酿一场针对韩国的战争，且楚怀王也在积极响应，准备出兵配合。

情急之下，公仲朋找到苏秦的弟弟苏代，要他想办法避免这场战事发生。

有必要说明一下，苏秦自打当年从燕国到了齐国，就不太管合纵的事了，而是和他的两个弟弟——苏代和苏厉（一说苏代是苏秦的哥哥，本书持保留态度）一道，奔走于中原各国，做起了专门替人出谋划策、画符消灾的国际掮客。

第二次雍氏之战的时候，韩国曾经向周朝借人借粮——说是借，其实也就是强行摊派。周赧王为此很忧愁，有人便向周赧王推荐了苏代。苏代得了周朝的好处，来到韩国求见公仲朋，说：“楚军统帅昭应在出发前，曾经向楚王夸下海口，说一个月就能攻下雍氏。现在已经五个月了，雍氏还在韩国手里，昭应的处境十分困窘，楚王已经对他丧失了信心。现在您向周王室提出借人借粮，岂不是告诉楚国人，其实韩国也快支撑不下去了吗？楚王如果知道了这一点，必定改变对昭应的态度，继续给他增兵，雍氏必克无疑。”

就这一番话，使得公仲朋打消了向周朝借人借粮的念头，也让他认识到了苏代的厉害。

他深信，只要苏代出马，说服区区向寿不是问题。

苏代来到宜阳，开门见山地对向寿说：“禽兽被逼急了，也可以把猎人的车子撞翻。您现在让秦国和楚国联合起来，无非是为了对付韩国。韩国如果灭亡了，公仲朋就会带领自己豢养的死士潜入秦国，不惜一切代价取您性命。出于对您的敬仰，我请您认真考虑一下，是不是一定要把韩国逼到绝路？”

向寿吓了一跳，连忙说：“我可没那个意思！秦、楚两国睦邻友好，绝对不是为了对付韩国。请您回去转告公仲朋，就说秦、韩两国的关系也是友好的，不存在敌对的想法。”

苏代说：“那就太好了！我还有一句话，不知当不当讲？”

向寿说：“您说吧。”

苏代说：“我听说，尊重别人才能获得尊重。现在秦王亲近您，还不如亲近公孙衍；秦王赏识您的才能，不如赏识甘茂。可是秦王却将宜阳交给您镇守，让您单独参与国家大事，这是公孙衍和甘茂都得不到的，您知道是为什么吗？”

向寿傻乎乎地说：“因为……太后？”

“这可不敢说，不敢说！”苏代赶紧封住他的嘴，“那是因为他们各怀心思。公孙衍亲近魏国，甘茂总和韩国勾勾搭搭，秦王对此感到很不放心。”

向寿嘴巴张得老大，说道：“原来是这样啊！”

苏代说：“天下强国，非秦即楚，非楚即秦。秦国和楚国，现在虽然表面上相安无事，始终是要刀兵相见的。现在您却和楚王打得火热，这是走公孙衍和甘茂的老路，秦王对此已经颇有看法，您很危险啊！”

向寿说：“那我该怎么办？”

苏代说：“依我之见，您现在最好中止和楚王的来往，加强与韩国的交往，同时向秦王提出一些对付楚国的建议。秦王知道您和楚国关系密切，您这样做，他就会认为您不徇私情，一心为公，对您会更加信任。”

向寿大喜道：“太好了，我听您的。”

苏代说：“且慢，还有一件事。我听人说，甘茂为了与韩国和解，正准备说服秦王将当年占领的武遂还给韩国，而且要向韩国送还宜阳的韩国居民。这等于跟您抢功，可是大大的不利于您！”

向寿一下子又跌入低谷，连声说：“怎么办？”

苏代心里暗笑：这个傻瓜太好对付了，难怪当年甘茂指名道姓要他当出使魏国的副手，原来根本就是一颗任人摆布的棋子。苏代说道：“我有一计。楚国不是还占领着韩国的颍川吗？您可以趁着现在和楚王关系好，要求楚王向韩国归还颍川。这事办得成的话，韩国感谢您；办不成，韩国也会因此向秦国靠拢，功劳还是您的。”

向寿完全接受了苏代的意见，果然向楚怀王提出归还韩国颍川。楚怀王有没有答应，史料没有记载。可以肯定的是，秦国和楚国联合进攻韩国的事，就这样泡汤了。

后来甘茂向秦昭王提出向韩国归还武遂。甘茂的本意，当然不是讨好韩国，而是希望借此收买韩国，好让韩国死心塌地跟着秦国走。

但是，向寿经过苏代这位高人的点拨，已经认定甘茂这样做是有私人目的，于是和公孙衍联合起来反对甘茂。

秦昭王最终还是采纳了甘茂的意见。

向寿极为恼火，跑到宣太后那里说甘茂的坏话。

宣太后一旦怀疑某人，某人就肯定在秦国待不下去了。甘茂和张仪一样，是那种见势不妙脚底抹油的人，不待宣太后兴师问罪，便悄悄离开了秦国，投奔齐国而去。

巧的是，甘茂刚出函谷关，就遇到了苏代的哥哥苏秦。

两人寒暄一阵后，甘茂问苏秦："您听过江上女子的故事吗？"

苏秦当然没听过。

甘茂便跟他讲了江上女子的故事。江上缝补渔网的女子，有一个特别穷的，买不起蜡烛，总是沾人家的光。其他女子在一起商量，要把她赶走，她说："我买不起蜡烛，所以常常先到，一到就打扫屋子，铺好席子。我借用你们的烛光，烛光又不会因此减少，而我对你们来说，还是有用的，为什么一定要赶走我？"其他女子认为她说得有道理，就让她留下来了。

"现在，我没有才能，被秦国赶走，正准备投奔齐国，愿意为您扫扫屋子，铺铺席子，请您不要把我赶走。"甘茂说着，眼泪都快掉下来了，哪里看得出是当年攻克宜阳、斩首六万的秦国丞相？

苏秦唏嘘不已，对他说道："您放心去齐国吧，我会想办法让齐王尊重您。"

苏秦来到咸阳，对秦昭王说："我听说甘茂跑到齐国去了，赶紧入关来见您。甘茂可不是一般人，他在秦国已经受到几代国君的重用，关中的地形他都十分了解。如果他为齐国所用，联合魏、韩等国，反过来进攻秦国，那就不太好办了。"

秦昭王一听也很紧张："那可怎么办？"

苏秦说："您赶紧派人带着重礼到齐国看他，许以高官厚禄，将他骗回来。他一回来，就将他软禁起来，关他一辈子。"

秦昭王说："好。"马上下了一道命令，任命甘茂为相国，让使者带着相印和礼物去齐国接甘茂。

甘茂拒绝了。

苏秦回到齐国，对齐宣王说："甘茂可是个贤能之士，现在秦王派人带着相印来迎接他回国，他都拒绝了，愿意留在齐国做大王的臣子。请问大王将给他什么样的待遇？"

齐宣王说："那还用说？秦国给他什么待遇，寡人就给他什么待遇。"

就这样，甘茂在齐国安定下来，成了齐宣王的高参。

公元前304年，秦、楚两国的关系得到进一步加强。

这一年，在宣太后的主持下，秦昭王迎娶了楚怀王的女儿。当时齐宣王正好派甘茂出使楚国。秦昭王得知甘茂在楚国，赶紧派人对楚怀王说，希望把甘茂送到秦国来。

楚怀王准备答应秦昭王的要求。这时有位名叫范蜎（yuān）的大夫对楚怀王说："您认识史举吗？"

楚怀王说："不认识。"

范蜎说："史举是下蔡的看门人，以行为不端、不知廉耻而闻名。当年甘茂在下蔡，就是跟着史举学习诸子百家之术。我听人说，甘茂对史举，那叫一个恭敬。后来甘茂去到秦国，在张仪的推荐下做官，以秦惠王的明智，秦武王的敏锐，张仪的狡诈，他都能够和他们合作，从来没有闹过矛盾。后来张仪失宠于秦武王，魏章受到牵连，甘茂却没有任何影响，这说明他确实有过人之处啊！这样的人才，您还把他送回秦国去，究竟是出于什么考虑呢？”

楚怀王猛拍脑袋：“你说得对，寡人差点犯糊涂了。”

范蜎说：“您如果为楚国着想，最好还是想办法赞助向寿。向寿是秦国太后的亲戚，自幼与秦王同吃同住，因此能够获得秦王的信任，参与国家大事。最重要的是，他的脑子不太好使。他如果当了秦国的相国，对楚国有百利而无一害。”

因为范蜎的这番话，甘茂从此与秦国绝缘。后来楚怀王通过多方做工作，果然如愿，让向寿当上了秦国的相国。

据《史记》记载，甘茂的最终结局是客死魏国，但是他的家人都留在了秦国，而且受到减免瑶役赋税等优待。

甘茂应该活得很长，因为他去世的时候，他的孙子甘罗已经十二岁，在秦国丞相吕不韦的门下做事，那是秦王嬴政年间的事了。

第十二章

孟尝君重举合纵大旗

公元前304年夏天，秦、楚两国的关系进一步升温。楚怀王和秦昭王在黄棘（今河南省南阳）会晤，双方缔结盟约，秦昭王还将上庸（今湖北省竹溪）送给楚怀王当见面礼。

公仲朋最不愿意看到的事情，还是发生了。

公元前303年，秦国大举进攻魏国，连下晋阳、蒲阪、封陵（后二者均在今山西省永济）三城。与此同时，秦国又攻取了韩国的武遂。

而楚国也遥相呼应，在南方蚕食韩、魏两国的土地。

在这种情况下，韩、魏两国只有一条路可走——投靠齐国。

那么，齐国现在是什么状况呢？

孟尝君的容人雅量

第十章中提到，公元前316年，公孙衍将田婴的儿子田文请到魏国，将合纵运动的大旗交给了田文。然而田文在这个位置上无所作为，到公元前313年，魏襄王为了与秦国亲近，任命公子魏政为相，田文便又回到了齐国。

公元前310年，田婴去世，被谥为靖郭君（看清楚啊，不是郭靖君）。田文在家族的封邑薛县继承家业，号称薛公，也就是历史上的孟尝君。

不久之后，他又当上了齐宣王的相国。

在所谓的“战国四公子”[①]中，孟尝君无疑是排在第一位的。这当然与他的时间最早有关，也与他的影响力最大有关。

在中国历史上，“孟尝”二字，几乎成了江湖义气的代名词。《说唐》中的秦叔宝，《水浒》中的柴进，乃至《书剑恩仇录》中的周仲英，都曾被冠以“小孟尝”的称号。这在江湖中是很高的荣誉，说明他们很讲义气，得到天下英雄的承认。

不过，小孟尝毕竟是小孟尝，和孟尝君比起来，有如小巫见大巫。

以柴进为例，贵为皇室后裔，家藏誓书铁券，号称“门招天下客”，也不过“三五十个养在家中”。而孟尝君呢？“食客数千人”，完全不是一个重量级。

---

① 战国时代，魏国的信陵君、齐国的孟尝君、赵国的平原君、楚国的春申君，皆以养“士”著称。因其四人都是王公贵族，时人称为“战国四公子”。

甚至到了汉武帝时期，司马迁走访薛县，仍然发现那里的年轻人有很多是十分蛮横粗暴的，当地人解释：当年孟尝君把天下各路侠士豪杰招揽到薛县来，总数有六万余家。

乖乖，六万余家，这厮的胆子可真够大。

把这么多门客养起来，是要钱的。孟尝君的收入主要有三部分：一是薛县的租税；二是放贷收利息；三是官俸。但是，这三部分收入全加起来，仍然捉襟见肘，经常入不敷出。原来那种不问身价一视同仁的做法肯定是行不通了，他便开始给门客分等级：

下等的，粗茶淡饭，无酒无肉，住“传舍”。

中等的，有鱼有肉，有酒有菜，住“幸舍”，称之为“鱼客”（有鱼吃）。

上等的，山珍海味，出入有车，住“代舍”，称之为“车客”（有车坐）。

这些门客饱食终日，对孟尝君究竟有何作用呢？他不是雷锋也不是特蕾莎修女，他总会要求一些回报吧！

据《战国策》记载，有一天孟尝君在家里闲坐，对作陪的三位门客说：“今天想听听大家打算怎么对待我。”

第一位门客马上说：“嗨！天下诸侯有谁敢得罪您，我就跟他拼命。”这是打手型的，层次比较低，但是不可或缺，而且需要的数量比较大。

第二个说：“只要是有人的地方，我都要掩饰您的缺点，宣扬您的优点，让天下诸侯都知道您的美名，争着抢着要您去当官，唯恐不及。”这位八成是干宣传的，可以吃鱼吃肉。

第三个说：“您用自己的钱财网罗天下贤士，他们就能为您出谋划策，消灾解难，就像魏文侯以田子方、段干木为师友那样。这就是我能为您做的。”很显然，这位是车客。

也有些人报答孟尝君的方式比较有创意。

有位名叫夏侯章的门客，享受的是车客的待遇。每当他和别人谈起孟尝君的时候，却总是说孟尝君的坏话。有人看不过眼，把这事儿告诉了孟尝君，孟尝君赶紧说：“我把夏侯公当作朋友来对待，你们以后不要再提这事了。”

久而久之，连夏侯章最好的朋友董繁菁也看不下去了，对夏侯章说：“薛公把你当朋友，让你住豪宅，坐马车，你却总是在人前人后说他的不是，做人不能这样吧？”

夏侯章看看四下无人，咬着董繁菁的耳朵说：“我说他的坏话，就是为了报答他啊！”

“啊？”

“你想想看，他对我这么好，我又不能为他作任何贡献，怎么办呢？于是我就说他坏话，而他表示不在乎，因此获得了‘天下第一厚道人’的美名。我这是让自己身败名裂来报答他，你还说我……”

原来如此。

还有一位名叫冯谖（xuān）的，因为家境贫寒，难以为继，托人请求投靠到孟尝君门下。孟尝君就问了：“您有什么爱好啊？”回答是“没有”。又问：“您有什么本事啊？”还是“没有”。孟尝君就笑了，说道：“那您就留下来吧！”

管家按照平时的规矩，给冯谖最低一级的待遇。冯谖也不说什么。过了几天，他就靠在柱子上，弹着剑唱歌：“剑啊剑啊，咱们还是回去吧，吃饭没有鱼。”

孟尝君听说后，对管家说：“给他吃鱼，按照鱼客的待遇。”

管家撇撇嘴，虽然不情愿，但还是照办了。可是过了没几天，冯谖又弹着剑唱道：“剑啊剑啊，咱们还是回去吧，出门没有车。”

孟尝君于是让人为他准备车马，享受车客的待遇，以为他这下应该满足了。没想到，才过了几天，冯谖又唱：“剑啊剑啊，咱们还是回去吧，一个人过得好有什么意思，没有能力养家。”

这一次，孟尝君身边的人都觉得冯谖有点太过分了，然而孟尝君还是派人为冯谖的老母送去了衣食，于是冯谖不再弹唱。

冯谖在孟尝君家养尊处优，吃了一年闲饭。孟尝君都快把他忘记了。有一天，孟尝君拿出放贷的账本问门客：“列位，你们谁做过会计，能为我去薛县把本息收上来？”

冯谖主动站出来说：“我。”

孟尝君看了冯谖好久，才想起有这么个人，很高兴地说：“我早就料到先生不是寻常人。如果先生愿意跑一趟，我感激不尽。”命人为他准备好车马，整理好行装，便出发上路。

临行的时候，冯谖问道：“收完债，您要买点什么土特产回来吗？”

孟尝君说：“您看着办吧，我这缺什么你就买什么。”

冯谖说：“我明白了。”

到了薛县，冯谖把债务人都召集起来，一个一个核对债券。对完了，他就命人在院子里烧起一炉火，将债券扔到炉子里，统统烧掉。在场的人无不感恩戴德，高呼：“薛公万岁！”

做完这些事，他马不停蹄地回到临淄，一大早就去见孟尝君。孟尝君说：“这么快！债都收完了吗？”

冯谖说：“当然收完了。”

孟尝君说：“那钱呢？”

冯谖说：“按照您的指示，都买东西了。”

孟尝君说：“啊？这利息都有十万，你都买啥了？”

冯谖说："义。"

孟尝君惊得眼珠子都快掉出来。冯谖却很平静地说："我看您家里什么都不缺，金银财宝，声色犬马，应有尽有，就缺个'义'字。所以，我就跟您把'义'买回来了。"

孟尝君说："您说明白点，到底是怎么回事？"

冯谖说："薛县的百姓，都视您为父母。可您非但不把他们当作儿女来爱护，还像商人一样，从他们身上榨取利息。所以呢，我就假传您的命令，把那些债券通通烧掉了。百姓们因此高呼薛公万岁，这就是我跟您买回来的义啊！"

孟尝君听到"烧掉"二字，已经是万念俱灰，挥着手道："您别再说了，别再说了，下去歇着吧！"

发生这样的事，孟尝君也没跟冯谖翻脸，至少能够说明他有容人的雅量，并非浪得虚名。

说到雅量，《战国策》中还记载了这样一件事。孟尝君的门客中，有个人胆子贼大，居然和孟尝君的夫人发生了奸情。有人将这事告诉了孟尝君，孟尝君没有跳起来，只是"唉"了一声，说道："看到美女，产生爱慕之心，这也是人之常情，算了吧，别再说了，别再说了。"

这就不是一般的雅量了。这孟尝君成天呼朋唤友，养着数千门客，竟然连老婆被人偷了都不在意。

不过，孟尝君最大的问题不在于管不好老婆，而在于名声太盛，风头远远盖过了齐宣王，以至于"齐之有田文，不闻有其王"。一个人拥有这样的名声，都是件很危险的事。更危险的是，他还要继续举起合纵运动的大旗，去做那战国舞台上的弄潮儿。

孟尝君领导合纵

公元前304年，秦、楚两国会于黄棘。公元前303年，孟尝君就组织齐、魏、韩三国合纵，联合出兵讨伐楚国。

据《战国策》记载，孟尝君还在酝酿合纵的时候，大夫公孙弘对他说："您要做大事，必先了解对手的情况。您的主要对手是秦王，楚王只不过是他的帮凶。不如先派人到秦国去刺探一下，如果秦王英明神武，您就别费那力气了；如果秦王昏庸无能，您再举事不迟。"孟尝君认为这个建议不错，于是让公孙弘出使秦国。

秦昭王见到公孙弘，知道他是孟尝君派来的，故意问道："薛公的封地有多大呢？"

公孙弘说："方圆百里。"

秦昭王笑了笑，说："秦国土地方圆数千里，还不敢与别人对抗；现在薛公的土地不过百里，充其量也就是个土财主，就敢来打秦国的主意？"

公孙弘不觉冒了一身冷汗，心想这个秦王不简单，一眼就看穿了我的来意，嘴上却还是很硬，回答道："薛公自有过人之处。"

秦昭王说："哦？请说来听听。"

公孙弘说："有一种人，做事只求合乎正义，即使不做天子之臣，不为诸侯之友，他也愿意；得志的时候，即使做人君，也完全可以胜任；不得志的时候，也不会曲意奉承去做人臣。这样的人，算上薛公世上也只有三个。如果说到治理国家，能够使君王成就王霸之业，这样的人，算上薛公世上也只有五人。如果大王身为令人敬畏的万乘之君，却不顾身份侮辱外交使节，他就会拔剑自刎，以血喷溅上您的衣服，这样的人，算上我世上共有十个人。”

秦昭王愣了一下，随即笑道：“哎哟哟，您何必这样呢？我只不过是和您开个玩笑罢了。请回去转告薛公，我对他十分钦佩，希望有机会能和他打交道。”

公孙弘还是不亢不卑地说：“可以。”

公孙弘回去把情况一说，孟尝君便认识到秦昭王不是一个简单的人。但是，他对此并不感到害怕，反而更加坚定了合纵的念头。

怕，那就不是孟尝君了。

公元前303年秋天，齐、魏、韩三国大军一压境，楚怀王就派大子熊横到秦国当人质，请求秦国支援。

秦国派“客卿通”（原文如此，姓氏不详）出兵来救，孟尝君权衡了一下利弊，果断决定撤军。

经过这件事，秦、楚两国关系本应更上一层楼。但是没想到，熊横到了秦国之后，住了不到一年，就因为喝酒与人发生争执，杀死了一位秦国大夫，私自逃回了楚国。这样一来，反而使得两国关系出现了裂痕，连宣太后都对楚国产生了反感。

孟尝君抓住这个机会，于公元前301年再度发动三国伐楚。楚怀王不得不又向秦国求援。为了说服秦昭王，他派出一个重量级的人物——陈轸。

秦昭王见到陈轸，态度很亲热，说道：“您本来是秦国的老臣，跟先王的关系都很好。后来因为一些误会，您离开了秦国，去为楚王服务。现在齐国和楚国打仗，有人说救援有利，有人说救援不利。作为秦国的老朋友，您为何不在为楚王效忠之余，为寡人也出点主意呢？”

陈轸听了，眼眶一热。当年他离开秦国，主要是因为和张仪处不来。他对秦国和秦惠王，其实是没有什么意见的。而且，随着时间的推移，秦惠王和张仪都已经作古，他本人也年近古稀，对那些过去的恩恩怨怨，早就看得淡了，反倒是生出一些念旧的情愫来。他对秦昭王说：“大王难道没有听说有吴国人到楚国做官的故事吗？楚王很喜欢那个吴国人。有一次那个吴国人病了，楚王派人去探问，关切地问道：‘他是真的病了，还是想家了呢？’左右大臣说：‘我们不知道他是不是想家，如果真是想家，他肯定会发出吴地的乡音，以表思乡之情的。’现在，我也要为大王发出‘吴地的乡音’了。”

秦昭王赶紧朝陈轸作揖，洗耳恭听。

陈轸说：“大王想必听说过卞庄子这个人。他是鲁国的大夫，孔武有力，力能搏虎。有一次，两只老虎为了争夺一个人而相斗，卞庄子要去杀老虎，他的朋友管与劝阻说，两虎相斗，弱者必死，强者必伤，为什么不等到它们一死一伤再动手呢？现在齐、楚交战，双方必有伤亡，您何不再等等呢？”

陈轸这番“吴地的乡音”，使得楚怀王望穿秋水，也没盼到秦国的救兵。

没办法，他只能硬着头皮和孟尝君对抗了。

三国联军在齐国名将匡章、魏将公孙喜和韩将暴鸢的率领下，与唐昧率领的楚军在泚（bǐ）水（今河南省境内）对峙。

一开始，联军不知道泚水的深浅，不敢贸然进攻。而一旦派人去试探深浅，楚军就放箭驱赶，根本不让人靠近河边。

双方相持不动达六个月之久。齐宣王失去耐心了，派人到前线，用极其苛刻的言辞责备匡章。

匡章也不是好惹的，对使者说：“撤我的职，杀了我，甚至是杀我全家，这是大王能够做到的。但是，时机不成熟的时候要求我出战，这是大王不能做到的。”

使者回去之后，匡章便抓紧在当地花重金寻找向导，终于有一个樵夫对他说：“楚军重兵防守的地方，水就浅；楚军防守薄弱的地方，水就深。”

就那么简单。

匡章喜出望外，马上组织了一支精锐部队，趁着夜色，从楚军重兵防守的地方渡河，向楚军发动突然袭击。这个时候，楚将唐眛因为联军六个月没有动静，也放松了警惕，等到联军全部过河后才仓促应战，结果在沘水旁的垂沙（今河南省唐河）被打得大败。

战斗的结果，楚军被斩首两万余人，唐眛本人也中箭身亡，楚国自宛城、叶城以北的土地，全部被联军占领。

一直在坐山观虎斗的秦昭王现在出手了。

秦军剑锋直指楚国，斩首两万。第二年，秦国又增兵伐楚，斩首三万，杀楚将景缺，一举攻克新城（今河南省伊川）。

楚怀王走投无路，只好向齐国求和，并且又将大子熊横送到齐国去当人质。

垂沙之战使得孟尝君声威大震，也使得秦昭王对这位齐国土财主产生了浓厚的兴趣。

公元前301年冬天，齐宣王去世，大子田遂即位，也就历史上的齐闵王。秦昭王派泾阳君嬴芾（fèi）出使齐国，致吊唁之意。同时向齐闵王提出，想邀请孟尝君访问秦国，如果齐国不放心的话，可以让泾阳君留在临淄当人质。

嬴芾是秦昭王的胞弟，也是宣太后的爱子。如果将嬴芾作为人质的话，孟尝君去秦国的安全应该还是有保证的。

孟尝君正好也想亲眼看看那位被公孙弘称为“气度不凡”的君王。

这倒不是出于爱慕虚名，而是因为在他的骨子里头，有一种热爱冒险的精神。他富可敌国，威震华夏，可他更把自己当作一名侠客——负剑行天涯，把酒会英雄，这才是他最向往的生活。

以当时的形势，如果孟尝君下定了决心，是没有人可以劝住他的，连齐闵王都不行。然而门客们出于对恩主的关心，都纷纷劝阻，孟尝君执意不听，直到一个真正的老江湖出现在孟尝君面前。

他就是苏秦。

别人的话可以不听，苏秦的话，他还是要考虑的，毕竟人家是最早拉起合纵大旗的，资格摆在那里了。

苏秦说："我今天早上在淄水河边看到一个木偶和一个泥偶在说话。木偶说：'你本是河西岸的泥巴，如果天降大雨，淄水暴涨，你就要被冲坏了。'泥偶说：'我本来就是河西岸的泥巴做的，化了还是回到泥里。可是你呢，本来是东方的桃梗做的，如果淄水猛涨，你会被冲到什么地方呢？'秦国乃虎狼之国，您还非要到那里去，只怕再也回不来了。"

孟尝君这才打消去秦国的念头。

接下来发生在楚怀王身上的事情，证明苏秦的话是有道理的。

楚怀王之死

公元前299年，秦国再度出兵伐楚，连下八城。其后秦昭王派人给楚怀王送去一封信。信上说："当年秦楚两国结亲，又在黄棘会盟，您还派太子入质于秦，那是多么开心的事！后来太子因一时之怒，杀了寡人的重臣，不负责任地逃去，寡人实在是气不过，才派兵入侵大王的边境。现在听说大王又派太子入质于齐，以求和解，这真是令人唏嘘啊！秦、楚交界，又互为婚姻，两国之间有着深厚的感情，如果这种关系都处不好，何以号令天下诸侯？寡人诚挚邀请您到武关来会面，共叙前缘，重修旧好，请您一定不要拒绝。”

楚怀王收到这封信，感到很纠结。去吧，怕羊入虎口；不去吧，又怕秦昭王发怒。

令尹昭雎劝他不要去，也不要怕，他认为只要楚国积极整兵备战，秦国是打不进来的。

屈原也不同意楚怀王去：“秦乃虎狼之国，不可信！”

但是，楚怀王的小儿子子兰主张他去：“如果不去的话，秦、楚两国从此就只能刀兵相见了。”

楚怀王听从了子兰的建议，出发前往秦国。刚进武关，就被秦国人抓了起来，直接押送至咸阳。

秦昭王提出，要楚怀王把巫郡和黔中郡割让给秦国。

楚怀王虽然糊涂，大是大非的问题上却是一点也不含糊，明确对秦昭王表示：我是来结盟的，你现在用这么卑鄙的手段逼我割让土地，没门儿。

秦昭王于是将楚怀王扣留起来，又派人前往郢都威胁楚国人：如果不割地，就杀死楚怀王。

楚国的大臣们商量，国不可一日无君，与其这样受秦国威胁，不如另立新王，也好断绝秦昭王的欲念。

这个想法是对的。另立新王之后，楚怀王就不是一个筹码了。不是筹码，抓在手上就没有任何意义，还得花费人力物力看着他，养着他，巨不划算，很有可能最后就放了他。

但是在立谁为新王的问题上，群臣发生了分歧。一部分人认为应该立楚怀王在国内的庶子，当然也就是楚怀王最最疼爱的子兰；一部分人则认为应该召太子熊横回国即位。

昭雎的意见是立熊横。在他的坚持下，这种意见占了上风，楚国于是派出使者到齐国，诈称楚怀王已经死在秦国，要求接熊横回国为君。

孟尝君答应了楚国人的要求。然而，当熊横向齐闵王告辞的时候，齐闵王却提出一个额外的条件：熊横即位之后，楚国割让淮北之地方圆五百里给齐国。答应的话，马上可以走；不答应，那就还是留在齐国吧！

熊横显然比他爸聪明，没有当场答复齐闵王，而是说："此事非同小可，我得问问师傅。"

熊横的师傅慎子，是楚国有名的老学究，学富五车，才高八斗，而且有一样好处，那就是一点也不古板。他对熊横说："土地不过是用来安身的，如果因为爱惜土地，就放弃回去为父亲送葬的机会，这是不道义，会遭到天下人的指责。"

熊横于是答复齐闵王："我愿意敬献淮北之地给大王。"齐闵王这才放他回国。

熊横回到楚国，被群臣拥立为君，即楚襄王。

齐国派出一支高规格的使团来到郢都，一方面祝贺楚襄王即位，一方面索要淮北之地。楚襄王问慎子怎么办，慎子说："这是国家大事，还是明天召集群臣商议吧！"

第二天，楚襄王召集群臣，商量就对齐国之策。会场上出现了三种意见。

上柱国子良认为，君王一诺千金，答应了齐国的事就要办到。地，一定要割，以示守信；然后再出兵攻打齐国，把它抢回来，以示国家主权不可侵犯。

大夫昭常主张坚决不给，齐王一定要的话，让他发兵来抢，楚国严阵以待，谅他也抢不到。

将军景鲤也认为不能给，但是担心楚国在垂沙之战大败之余，难以守住淮北，建议求救于秦国。这可真是一个大胆的想法，但也不失为一条好计——秦国自知索要巫、黔二郡无望，肯定也不愿意齐国得到淮北。因此，只要楚国有求，秦国必应。

当楚襄王又问慎子该听谁的意见的时候，慎子伸出三个手指头，说："都听。"

按照慎子的安排，楚国先派子良前往齐国，办理移交淮北土地的手续。齐闵王没想到楚国人这么痛快，喜出望外，生怕夜长梦多，赶紧派人去接收。

这时候昭常已经被任命为淮北大司马，主管淮北军务，他对齐国使者说："我受命守护此土，谁要也不能给！我已经动员了从小孩到老人的全部男丁，共三十多万人。虽然我们盔甲破旧，武器落后，但是愿意奉陪到底。"

齐闵王得到回报，问子良："您来献地，昭常却拒不执行，这究竟是怎么回事？"

子良回答："我受楚王的命令来进献土地，昭常这样做，不是楚王的本意，您如果要讨伐他，我是没有意见的。"

齐闵王说："好，您等着看。"于是下令动员军队，讨伐昭常。部队还没出境，就听到秦国准备出兵救援楚国的消息。

秦昭王还给齐闵王送来一封信，说："你们扣押楚国大子，不让回国，这是不仁；又想掠夺楚国的土地，这是不义。你们收兵便也罢了，如果一定要来硬的，我们奉陪到底。"

齐闵王心想，亏你还好意思说我！如果不是你先扣押人家的国君，我又何来扣押人家的大子呢？如果不是你先要人家的巫、黔二郡，我又何来要人家的淮北之地呢？

意见归意见，齐国最终还是撤军了。

秦昭王自认为有恩于楚国，又向楚国提出领土要求，却遭到拒绝。这位“有仁有义”的君王，本来就因为楚国另立新王而恼羞成怒，现在更是火冒三丈，马上发兵出武关攻楚，大败楚军，斩首五万，取十五城而去。

楚襄王即位之后，作为肉票的楚怀王也就失去价值了。秦国人对他的看管越来越松。公元前298年的一天，楚怀王找着一个机会溜出了囚禁他的旅馆。秦国人发现后，封锁了所有通往南方的道路。楚怀王只好向北逃亡，想从赵国绕个大圈子回楚国。

赵武灵王为人刚烈，素有侠气，但是当时正好不在国内，国政由其子赵何（即赵惠文王）代理。赵何胆小，不敢收留楚怀王。楚怀王只好又折回秦国，转而向东投奔魏国，结果被秦军抓获，送回了咸阳。

公元前297年，楚怀王病死于咸阳。秦昭王终于发了善心，让人将楚怀王的灵柩送回楚国。

出于对这位冤死之君的同情，郢都万人空巷，楚人为他举行了盛大的国葬。

楚怀王在世的时候昏庸无能，对内不听诤臣之言，对外屡屡上当受骗，丧师辱国。然而，他的死却激发了楚国人的爱国热情。那一天，每一个楚国人都将对秦国的仇恨埋在了心底。这种仇恨代代相传，直至百年之后，秦朝统一了天下，山东（太行山、崤山以东）各国人民皆已驯服，唯有楚国人还牢记着当年楚怀王所受的屈辱，终于在陈胜、吴广的带领下揭竿而起，揭开了反抗秦朝暴政的序幕。他们建立的政权，叫作“张楚”。张楚失败后，楚将项燕的后人项梁、项羽成为各路义军的首领，他们打的还是楚国的旗号；甚至于找了一位所谓的“楚王后裔”来领袖群伦，也直接称之为楚怀王。

另外值得一提的是屈原。

楚襄王上台后，子兰成为令尹。楚国人没有忘记当年就是子兰劝说楚怀王去秦国，对子兰颇有微词。

屈原写了一些作品，包括诗词歌赋和给楚襄王书信，表达自己对楚国的热爱和担忧，同时也指出，楚怀王最后落到客死他国的下场，就是因为“其所谓忠者不忠，而所谓贤者不贤也”。这其实是对子兰提出了尖锐的批评。子兰于是指使党羽在楚襄王面前说屈原的坏话，致使屈原被楚襄王流放到南方的荒僻地区，最终郁郁寡欢，投汨罗江而死。

屈原在流放途中写了许多优美的诗句，其中最有名的，当然是《离骚》。关于屈原及《离骚》在中国文学史上的地位，无须赘言。自古以来，即便是不读诗书的贩夫走卒、市井之徒也知道，端午节吃粽子，划龙舟，就是为了纪念“伟大的爱国诗人”屈原。

鸡鸣狗盗之徒的作用

也就是在公元前299年冬天，孟尝君终于经受不住秦昭王的一再邀请，带着他的数十名门客来到秦国访问。

秦昭王一而再、再而三地邀请孟尝君入秦，当然不只是想看看他，而是想他为秦国所用，从根本上瓦解齐、魏、韩三国同盟。因此，孟尝君一到咸阳，就受到秦昭王的热情招待，而且收到了秦昭王的一份厚礼——秦国相印。

秦昭王说：“只要您肯留下来，秦国的相国就是您。”

可是过不了多久，秦昭王又命人将相印收回去了。

原来，赵武灵王听说秦昭王要封孟尝君为相，担心齐、秦两国从此走得太近，对赵国不利，特意派人到秦国，买通了秦昭王的亲近大臣，对秦昭王说："田文乃当世豪杰，又是齐国的王族，现在即便当了秦国的相国，心里面总还是向着齐国的。如果他什么事情都先为齐国考虑的话，秦国就危险了。"

孟尝君本来也没想当秦国的相国，对秦昭王的朝三暮四倒也没什么反感，但问题是事情没那么简单。当年魏惠王不用商鞅，又不杀商鞅，以至于商鞅为秦国所用，终成魏国大患——这样的历史经验，秦昭王当然不会不知道。他既然不用孟尝君，也不想孟尝君继续为齐国所用，便考虑要杀了他。

孟尝君觉察到危险来临的时候，秦昭王已经派兵把守了咸阳各处通道，而且在他的住所周围安排了重兵把守。照这种情况，逃跑是不可能的了，他只好走张仪的老路，派人偷偷去找秦昭王的宠妾幸姬，请她在枕边吹吹风，让秦昭王改变主意。

关键时刻，还是要靠女人哪!

幸姬也很爽快，答应了孟尝君的请求，但是提出：她早就看上了孟尝君的白狐皮大衣，如果孟尝君可以将那大衣送给她的话，那事情就更好办了。

孟尝君一下子傻了眼。他是有那么一件大衣，价值连城，天下无双，可不久前他已经将它送给秦昭王了，普天之下，再也找不出第二件白狐皮大衣了。

他把门客召集起来，将情况一说，大伙儿都低着头不说话。谁都知道，这事不好办。不是不好办，而是根本没法办。孟尝君忍了很久，才将一句话咽回肚子里：平时你们养尊处优，到关键时刻竟然没有一个人能够帮上忙吗？

有一位下等门客，史料中连名字都没有记载，咱们姑且叫他狗剩吧。狗剩原本是个市井之徒，因为偷了大户人家的狗，被人追杀，才逃到孟尝君家里。可以想象，即便是在下等门客中，他也是个不入流的人物，平时大伙都不拿正眼看他。这个时候，狗剩却主动站出来说，他可以将白狐皮大衣盗出来。

当天夜里，狗剩换了一身夜行衣，施展他当年在齐国偷狗的本领，偷偷潜入王宫，从仓库中将那件白狐皮大衣取了回来。

说句题外话，有这样的本领，即便取秦王的脑袋亦非难事，所谓下等人的本事，不可小觑！

孟尝君命人将白狐皮大衣包好，进宫献给幸姬。幸姬果然向秦昭王求情，秦昭王经不住那美人儿的缠磨，便给守卫咸阳的魏厓下了一道指令，要他撤去孟尝君住所周围的守军，放其回国。

孟尝君得了性命，也不辞行，带着门客一路狂奔。早上从咸阳出发，半夜便到了函谷关。

当天黄昏时分，秦昭王也已经醒悟过来了，派人到孟尝君的住所打探，发现人去楼空，情知上当，下令封锁全国道路，并派王宫中的精锐卫队朝着函谷关奋起直追。

函谷关和武关乃秦国出关的要塞，地势险要，驻有重兵把守。其中函谷关在北，连接雒邑和韩国；武关在南，连接宛城和楚国。孟尝君要回齐国，函谷关是最近的必经之地。

按照秦国的法律，函谷关是要到鸡鸣以后才开关放行的。

孟尝君知道，如果等到天亮鸡鸣，秦王的追兵就追上来了，插翅难飞。正在焦急之际，有位门客捏着鼻子，扯着嗓门学了几声鸡叫。不一会儿，函谷关内的公鸡都跟着叫起来。守关的士兵揉着惺忪的睡眼，打开了关门。孟尝君一行迅速通过函谷关，顺利离开了秦国边境。

这位门客和狗剩一样，都是下等人中的下等人。当初孟尝君收留他们，所有人都表示不解，没想到最危急的时刻，就是这两位鸡鸣狗盗之徒发挥了作用，挽救了孟尝君的性命。

由此可见，工作只有分工不同，没有高低贵贱之分，只要做到术业有专攻，屌丝也会有用武之地。

据说，孟尝君在回国的路上经过赵国，受到平原君赵胜的热情接待，一路派人护送。途经某县的时候，当地人都出来围观，大伙看到孟尝君都笑："听说孟尝君是个伟丈夫，原来只是个小个子啊！"

一向脾气温和的孟尝君勃然大怒。平原君派来的人和他的门客马上抽出兵器，跳下马车，冲入人群中一阵砍杀，当场杀死数百人，"遂灭一县以去"。

士可杀，不可辱。拿破仑有言：谁敢嘲笑我的矮个子，我会砍掉他的脑袋来扯平！

孟尝君连败秦、楚

孟尝君回到齐国，又当上了齐闵王的相国。

这次秦国之行使得他彻底认识到了秦国的"虎狼之性"，更加坚定了他要高举合纵运动大旗的决心。

公元前298年，孟尝君就发动齐、魏、韩三国联合出兵讨伐秦国。这也是当年公孙衍发动五国伐秦以来，山东各国对秦国最大规模的一次军事行动。

联军在齐将匡章的率领下，迅速逼近函谷关，而秦军采取守势，闭关不出。时间一长，联军的军粮供应便出现了困难，于是向周朝提出了借粮。

周赧王派大夫韩庆前往齐国，对孟尝君说："您当年发动齐国联合韩、魏去攻打楚国，取得宛、叶以北的土地，好处都给韩、魏两国。现在您又要进攻秦国，如果获胜的话，无非又是让韩、魏两国占便宜。这样一来，韩、魏两国的力量加强了，既不怕南方的楚国，也不怕西方的秦国，更不会把齐国放在眼里。您要知道，事物是一直在变化的，今天他们在您的领导下进攻秦国，过些日子他们就不会再听您的话了，所以我心里为您感到十分不安。"

孟尝君说："那您有什么建议呢？"

韩庆说："现在联军提出要向周朝借粮，如果让秦国人知道了，便会知道联军缺粮的弱点。我建议您先不要急着进攻，让我们从中斡旋，把您的意图告诉秦王，就说：'薛公其实根本不想攻打秦国，因为那样只会加强魏、韩两国的力量。他之所以发动联军逼近函谷关，无非是想让您去做楚国的工作，让楚国把淮北之地割让给齐国。'您看如何？"

说到淮北之地，孟尝君不由得心动，问道："您凭什么认为秦王能够说服楚国割让淮北之地呢？"

韩庆说："您别忘了，楚王现在还被扣留在秦国呢（时为公元前298年，楚怀王还在秦国）！只要秦王放回楚王，楚王感谢您救了他，便会同意割地给齐国。"

孟尝君觉得韩庆说得有道理。确实，齐国地处东海之滨，就算攻入函谷关，也占领不了秦国的土地，何不转而追求楚国的淮北之地呢？于是他说道："很好！"一面请韩庆出使秦国，一面让匡章停止进军，就将部队驻扎在函谷关下。当然，向周朝借粮的事也不了了之。

韩庆到了秦国，什么都变了卦，只字不提楚国的事，反倒是对秦昭王说："我们愿意为秦国打探三国联军的情报，一有消息，就会向咸阳汇报。"获得了秦昭王的感谢之后，便酒足饭饱地回到了雒邑。

联军在函谷关下一驻便是两年。春去秋来，寒尽暑往。公元前297年，楚怀王病死咸阳的消息传到齐国，孟尝君才感觉不对劲，又命匡章进军。

匡章果然不同凡响，在函谷关下待了两年，仍然锐气不减。在他的指挥下，三国联军一鼓作气攻入了函谷关。

秦昭王这次可真的急了。他跟相国楼缓商议："前方军情紧迫，我想跟敌人讲和，把河东之地割让给他们，您看怎么样？"

楼缓说："哎哟，那代价可真是太大了。但是话又说回来，这样做可以让国家避免更大的灾难，也是一件好事。究竟如何决定，应该由宗室贵族来商定，您何不召见公子池，听听他的意见呢？"

公子池是秦惠王的儿子，秦昭王的兄弟，在宗室中声望很高。他听了秦昭王的想法后，说道："这件事嘛，讲和也会后悔，不讲和也会后悔。"

秦昭王说："为什么？"

公子池说："大王割让河东之地，三国退兵而去，大王一定会说，可惜啊！他们还是撤兵了，我白白送掉了这么大一块地盘。如果不跟他们讲和，联军已经攻入函谷关，咸阳随时会有危险，大王又会说，可惜啊！因为吝惜河东，导致整个秦国陷入险境……"

秦昭王说："你别说了，我明白了，反正都是后悔，我宁愿失去河东也不愿危及咸阳。"便命公子池为使者，前往联军大营谈判。

结果正如韩庆所说，魏国得到了原来被秦国攻占的河东之地，韩国也要回了武遂和河外之地，唯独齐国一无所得，撤军而去。

齐国虽然没有占到便宜，但是孟尝君的名头更响了。自从他当上齐国的相国以来，高举合纵大旗，连败楚、秦两大强国，打得楚怀王遣子入质，打得秦昭王割地求和，在华夏大地上刮起了一股孟尝旋风。

当然，这也为他的失势埋下了伏笔。

第十三章

一代雄主赵武灵王

现在，如果按照“三个世界”理论对公元前3世纪初的中国诸侯进行分类排名的话，将是这样一个结果。

第一世界：秦、齐、楚三国。

第二世界：赵、魏、韩、燕四国。

第三世界：宋、鲁、卫、周等小国，以及一些其他民族建立的政权。

第一世界和第二世界加起来，就是所谓的“战国七雄”。

秦国通过商鞅变法迅速发展壮大，又通过军事和外交手段夺得魏、韩等国大片土地，虽然公元前297年被匡章带领三国联军攻破函谷关，迫使秦国割地求和，但不能动摇秦国作为当世第一强国的根基。

齐国地处东海，得渔盐之利，经济发达。齐威王、齐宣王、齐闵王几代国君苦心经营，再加上孟尝君主持合纵运动，领袖群伦，堪与秦国为敌，为当世第二强国。

楚国是老牌的霸主之国，地大物博，人口众多，本来足可与秦、齐抗衡，无奈楚怀王昏庸无能，丧师辱国，将大好河山丢失了一大片，只能屈居第三。

赵国在三晋中地域最广，又得代地的良马之利，位居第四。

魏国在战国前期一度称霸天下，长达百余年之久。然而自魏惠王中晚期以来，国势每况愈下，逐渐沦为二流强国，反被秦、赵等国超越，排名第五。

韩国地域狭小，东有齐，西有秦，南有楚，北有赵、魏，一直是仰人鼻息，在夹缝中求生存，排名第六。

燕国地处北方，国力历来不强，加上当年子之之乱，差点被齐国所灭，后虽复国，但是元气大伤，在战国七雄中排名最后。

现在要说的，是关于赵国的事。

胡服骑射，赵军崛起

赵武灵王继承君位，是在公元前326年，也就是秦国在龙门举行腊祭的那年。当时他才不到二十岁，上台后先做了两件事。

第一件事，虚心向父亲赵肃侯留下来的重臣肥义问政，并且增加肥义的俸禄。

第二件事，国内八十岁以上的老人，每月发给养老金。

赵武灵王即位的时候，秦国已经强大，秦惠王任用张仪为相，施展连横手段，不断蚕食中原各国的土地，三晋首当其冲。

赵武灵王知道，单靠赵国的力量，是无法与秦国抗衡的。为了维护国家主权和领土完整，三晋必须联合起来，共同抗击秦国的入侵。

出于这种目的，他参加了公元前323年公孙衍组织的五国相王，赵国成为三晋中最后一个称王的国家。

公元前318年，公孙衍组织五国伐秦，赵武灵王积极参与。但是，由于合纵各国各怀心思，最后真正讨伐秦国的，只有三晋的部队。秦国派樗里疾出关迎击，将三晋联军打得大败，齐国又趁火打劫，致使赵国遭受巨大损失。赵武灵王一怒之下，宣称："有名无实的大王，我不当！"于是去掉王号，令臣民称自己为君。

此举大有与合纵运动划清界限之意。

确实，自此之后，合纵与连横之间的数次交锋，赵国基本上都没有参与。即便如此，秦国仍然没有放过赵国。公元前313年秦军伐赵，攻取蔺城，俘虏赵将赵庄。这一战史称"赵庄之战"，秦军斩首甚多，后来苏代说："龙贾之战、岸门之战、封陵之战、高商之战、赵庄之战，秦之所杀三晋之民数百万……"足见赵国损失之惨重。

赵国的威胁不只来自于秦国和齐国。

赵国东北与东胡相邻，北面与匈奴相接，西北和林胡和楼烦接壤，这些都是游牧民族，它们骁勇善战，来去如风，经常袭击赵国的边境地区，烧毁房屋，掳掠百姓，给赵国造成很大的困扰。更有一个中山，说大不大，说小不小，几乎是"嵌"在赵国腹地，成为赵国的国中之国，让赵武灵王吃不香，睡不好。

究竟怎样才能让赵国强大起来?

公元前307年正月，赵武灵王召见肥义商议天下大事，谈了整整五天五夜。然后赵武灵王亲自率兵讨伐中山，一直打到房子（地名）。接着他又巡视代地，北至无穷（地名），西至黄河，游览了一圈之后才回到邯郸。

他将所有大臣都召集起来开了一个会议，主题是：如何将赵国建设成为一个军事强国？

他在会上说："过去我们的先王顺应潮流，向南扩张势力，又沿着漳河、滏水修筑长城，攻取郭狼和蔺邑，在荏地打败林胡，但是未竟全功。现在我们北有燕，东有齐，西有林胡、楼烦和秦国，南有魏、韩，中有中山，如果没有强大的军队，随时可能灭亡，大家说怎么办？依我看，只有一个办法，向胡人学习骑射之术。但是，咱们中原人穿的宽袍大袖很累赘，我想先从服装着手，让赵国人从此改穿简短的胡服。"

此言一出，群臣哗然。

自古以来，中原民族有一种骄傲，就是认为自己比周围的"四夷"高一等级。这种高不仅体现在政治、经济和技术上，更体现在文化上。简单地说，中原人认为自己是有教养的，而所谓的"四夷"是没有教养的。孔夫子就曾经说过，"夷狄之有君，不若华夏之无君"，意思是夷狄就算有人管，也不如华夏没人管，那是因为人的素质相差太远。

中原人之所以有教养，是因为有先王和圣贤的礼乐教化，知道礼义廉耻。四夷则享受不到这种教育，所以又称为化外之民。说到学习，从来都是四夷向中原学习，没有听过中原向四夷学习的。让中原人穿胡人的衣服，简直就像让清朝人剪辫子、穿洋服一样，完全不可理喻。

当时就有人在堂下嘀咕："我们才不向胡人学习呢！太没面子了，天下诸侯会怎么看我们？列祖列宗会怎么看我们？"

"骑射便也罢了，还要穿胡服，这不是全盘胡化吗？那样做，符合我们赵国的国情吗？"

"我们决不走胡服骑射的邪路！"

朝堂上像是炸开了锅。肥义站在赵武灵王旁边，大声说道："请大家安静，听主公训示。"好不容易才让群臣平静下来。

这也是赵武灵王意料之中的事。他对群臣说："我知道你们难以接受，但我要告诉你们，身为国家的大臣，失意的时候要表现出良好的品德，而掌权的时候就要做对君主、对百姓有益的事，这才是臣子的职分！如今赵国强敌环伺，危机四伏，要想突破重围，必须有非常之举。自古以来，创造盖世功业的人，必然会受到世俗的指责；凡有独到见解的人，也会遭到愚妄之人嘲笑。我现在要用胡服骑射来训练全国的百姓，培养他们的尚武精神，建立一支无敌于天下的骑兵，肯定也会遭到国人的反对。即便如此，我也不会改变主意，因为只有这样，赵国才有出路，才能在这个弱肉强食的世界上立足和生存。”

散会之后，赵武灵王将肥义留下来，说：“您看这事怎么办？大臣们都说不通，还怎么在全国推行？”

肥义说：“您既然下定决心，就不用管人家怎么说了。但是如果能够先说服您的叔叔公子成，事情就好办多了。”

公子成是赵肃侯的胞弟，在赵国王室中享有很高的威望。如果能够做通公子成的工作，就基本上能消除王室中反对的声音。赵武灵王先是派了大夫王绁（xiè）去公子成府上转达他的意思——

“我明天就要穿着胡服去上朝，也想看到叔父您穿着胡服。在家中应听宗主的话，在朝中要听君主的话，这是先王定下的规矩。叔父如果不穿，恐怕天下人会议论纷纷，看咱们赵国的笑话。改穿胡服不是为了生活舒适养尊处优，而是为了培养国人的尚武精神，增强赵国的军事实力，请叔父一定要支持我。”

公子成很惶恐地说：“我长期卧病，没能入朝向国君请安，十分失礼。国君要穿胡服的事，我已有所耳闻。现在国君既然派您专门来向我说起，我便斗胆说一句——中原本是四夷奉为楷模的地方，您却要背离中原的习俗，去穿四夷的奇装异服，这不是搞反了吗？”

王绁见话不投机，不敢多说，回去向赵武灵王禀报。赵武灵王说：

“叔父有病，我应该去看看他。”

赵武灵王亲自来到公子成府上，这时已经是深夜。叔侄俩寒暄一阵之后，屏退众人，作了一番长谈。

赵武灵王说：“所谓衣服和礼仪，都是为了让人们更加方便而设计。断发文身，裸露胳膊，是吴越一带人民的习惯，主要是因为当地气候潮湿，湖泊众多，这样穿着便于干活。如果要那里的人也像咱们一样穿着宽大的袍子，不但行动不方便，同时还会觉得别扭。”

公子成说：“您说得对，赵国这个地方，就不能像吴越一样，所以咱们的老祖宗设计衣服，是根据本地的特点而设计的，您现在为什么要改呢？”

赵武灵王说：“人的思想变了，国家的政策就得调整；客观形势变化了，礼仪也应该随着变化。中原各国都讲礼义，但是各个地方的风俗教化还是有很大区别，并不是完全按照先王最初确定的原则来定的。同样是礼仪，秦国和三晋不同，赵国和魏国也不同。所以圣贤认为，只要对国家有利，就可以大胆变革，采用新的方法，不必拘泥于什么先王之道。”

赵灵王的意思很简单，从来没有什么一成不变的规矩，你别以为坚持穿传统服装就是没有背叛老祖宗，其实早就背叛了！公子成听了，呆若木鸡，不知怎么反驳。

赵武灵王又说道：“越是思想闭塞，越多古怪的规矩；越是歪门邪道的人，越喜欢强词夺理，夸夸其谈。对自己不能理解的事不妄加否认，这才是公正宽容的态度。我知道，叔父所讲的是坚持习俗，而我讲的是驾驭习俗。赵国夹在秦国与齐国之间，战略地位很不利，又有东胡、林胡和楼烦不断侵扰，必须大刀阔斧进行军事改革，建立一支强大的骑兵，才能应付越来越复杂的局势。”

公子成显然已经被说动了，但还是嘴硬："我怕您这样做，会招来天下议论，给简主、襄主身上抹黑啊！"

简主就是赵简子，也就是赵鞅；襄主则是赵襄子，也就是赵无恤。三家分晋以来，赵国一直将赵鞅、赵无恤父子尊为国家的创始人。赵武灵王见公子成搬出简主、襄主来压他，不觉微微一笑，道："当年，简主选择襄主为继承人，就是因为襄主目光长远，能够吞并戎地，消灭代国，赶跑东胡，为赵氏开疆辟土。我现在要做的事，也就是要继承襄主的遗志，为赵国驱除胡虏，巩固边防，怎么是给祖宗抹黑呢？叔父就算不记得这么远的事，赵庄之战咱们遭受的惨败，总还是记得吧！"

听到赵庄之战，公子成便浑身发抖，意绪难平。他没有再反驳赵武灵王，而是拜伏在地上，心悦诚服地说道："老臣愚钝，不了解您的远大志向，竟然说三道四，实在是罪过。"

第二天一早，公子成和肥义都穿着胡服上朝，满朝文武见了，知道这件事已经势在必行，没有人再敢提反对意见。赵武灵王于是下令全国都改穿胡服，招募骑马射箭之士扩充骑兵。

这一年，秦国的甘茂刚刚攻下宜阳。

传位次子，埋下隐患

公元前306年，赵武灵王再度讨伐中山。赵军骑兵部队攻至宁葭（今河北省石家庄），西略胡地到榆中（今陕西省榆林，在秦国上郡以北），林胡王归顺赵国。赵武灵王命代相赵固兼管榆中地区，并将林胡骑兵编入赵军。

公元前305年，赵武灵王第三次讨伐中山。经过胡服骑射改革的赵军实力强横。赵武灵王派周袑（shào）统领右军，许钧统领左军，赵章统领中军，他本人亲自挂帅。同时命将军牛翦统率车骑之众，赵希统率林胡和代郡的骑兵。赵军向北攻至恒山，向南攻至封龙（今河北省石家庄西南），中山王被迫割让四座城池求和。赵武灵王答应了中山王的请求，转而麾兵西进，于第二年征服了榆中以北的貉人部落，在那里设置九原郡和云中郡。

公元前303年，赵国又攻中山，北至燕国，西至云中、九原。

公元前300年，赵武灵王第五次进攻中山。

公元前299年五月，正当楚怀王应邀出访秦国被拘的时候，赵武灵王作出一个重大决定：将君位传给次子赵何（即赵惠文王），由肥义出任相国，辅佐赵惠文王听政。而他本人从此号称“主父”，带领军队向西北开拓疆土，还打算从云中、九原一带向南直接袭击秦国。

公元前298年，赵武灵王西出代郡，讨伐楼烦。楼烦王割地求和，赵国从此将楼烦部落纳入势力范围，并将楼烦骑兵也编入赵军。

公元前297年，赵武灵王经过十年的攻略，终于彻底消灭中山，为赵国摘除了这个心腹大患。至此，赵国北方地区皆已平定，由邯郸至代郡的道路畅通无阻。赵国兵强马壮，威势直逼秦、齐二国。

也就在这一年，赵武灵王心满意足地回到邯郸，奖赏有功之臣，大赦囚徒，连续举办了五天的宴会来庆祝。

在这次宴会上，赵武灵王宣布封长子赵章为安阳君，驻守代郡，并命田不礼为安阳相，负责辅佐赵章。

关于赵章，有必要说明一下。赵武灵王一生娶过两位正妻。公元前321年，他娶了韩宣王的女儿，尊为夫人。赵章就是这个女人的儿子，一度被立为大子。

可是到了公元前310年，赵武灵王又娶了大夫吴广的女儿娃嬴，十分宠爱，立其为王后，也就是史书上所说的“惠后”。

后来惠后生了赵何（赵惠文王）。赵武灵王便废除了赵章的大子之位，改立赵何为嗣君。

可想而知，赵章对于赵惠文王，是很不服气的。即便被封为安阳君，也不能减轻他心中的愤恨和不满。

大夫李兑是个善于察言观色的人，当时就对相国肥义说：“公子章（即赵章）为人强悍骄横，而且党羽众多，是个有野心的人。田不礼为人刻薄残忍，自视甚高。这两个人搞到一起，不出乱子才怪！”

肥义说：“我也知道啊！可是他是主父的长子，又曾经被立为大子，现在主父封他为安阳君，我们这些做臣子的能有什么意见？”

李兑说：“您怎么能够没意见？您是相国，要对这个国家负责任啊！再说，如果发生什么事情，矛头必然指向您，您将是第一个受害者。仁者爱惜万物，而智者防患于未然，如果您不能做到仁和智，何不假称有病，把政务交给公子成处理？”

肥义说：“那怎么行！主父把大王托付给我，我接受了使命，就要负责到底，怎么能够因为有危险就不干呢？”

肥义是这个态度，李兑也不能再劝了，说道：“那好，您多保重吧！我能够见到您也没几年了。”

李兑说完，抹着眼泪走了。后来他又去找公子成，多次提到要防备田不礼的事。

话虽如此，肥义却多留了一个心眼，交代亲信高信：“公子章和田不礼的情况令人担忧，他们表面上对我恭恭敬敬，内心却十分险恶。特别是田不礼这个人，又贪婪又有野心，如果有朝一日他假传主父之令，突然发难夺权，我是不会奇怪的。坏人出入不可不防，从今天开始，你要替我盯紧一点，假如主父有事要召见大王，你一定要先告诉我，让我把情况摸清楚，确定没有问题了，才能让大王前往。”

宫廷内外的这些尔虞我诈，赵武灵王一概不知。他现在考虑的主要问题，是赵国逐渐强大后，该采取什么样的外交路线来获得最大利益。

据《战国策》记载，当时赵国的大臣中有两种意见。富丁认为，齐、魏、韩三国正在攻打秦国，赵国应该与齐国联合，趁机削弱秦国。楼缓则认为，齐国现在通过孟尝君合纵韩、魏，势力十分强大，已经对赵国构成威胁，因此赵国应该联合秦、楚，共同对付齐国。

公说公有理，婆说婆有理，双方争执不下。赵武灵王说，你们别争了，让我先了解一下情况再作决定。

不久之后，一个赵国使团来到咸阳。使者进宫面见秦昭王，递交国书，传达了赵惠文王关于加强两国关系的好意。

这位使者身材高大，髯须飘逸，说起话来派头十足，而且条理清晰，很有说服力。秦昭王不禁暗暗称奇，问了他一些关于赵国的情况，他的回答总是很到位——三言两语便让秦昭王知道了事情的大概，但是又不会让他有过于深入的了解。

主客之间谈了一个上午。使者告辞后，秦昭王越想越不对劲，第二天便召集曾经出使过赵国的使臣，问他们有没有留意到赵国有这么一个人物。秦昭王的意思，天下英雄，不论国籍，只要是对秦国有用的，都应该网罗到秦国来。眼下这位赵国使者，虽然只见过一面，却有一种排山倒海的气势，如果愿意留在秦国，就是让他做个相国也没问题。

可是，大伙听秦昭王的描述，都摇着头说，没见过，真没见过这么个人。后来有个家伙蹙着眉头想了半天，恍然道：“大王所说的这个人，莫非就是赵主父？”

秦昭王大吃一惊，赶紧派人到宾馆再去打探，发现赵国使团还在，使者却已经不见了。逼问之下，使团成员才告诉秦国人，那使者确实就是赵主父，他从宫中出来，立刻骑上骏马飞奔回赵国，这个时辰，估计已经出函谷关了。

赵武灵王回到邯郸，便将大臣们召集起来说，我跑了一趟秦国，主要了解了两件事：第一，秦国地形险阻，易守难攻；第二，秦王气度不凡，虽然有太后制约，仍然是一代英主。有这两点，赵国暂时不能与秦国为敌。

赵武灵王当场决定，赵国现在的外交政策是与秦国搞好关系，一心一意向北发展，谋求更大的战略空间。于是派楼缓出使秦国，以加强两国联系。楼缓后来深得秦昭王信任，一度出任秦国的相国。

北狄易灭，政变难防

关于惠后这个女人，其实也是有故事的，而且这个故事还要追溯到很久以前。

据《史记》记载，当年赵国的先祖赵鞅，曾经有一次发急病，五天五夜不省人事。家臣们都慌了神，请来名医扁鹊为赵鞅看病。扁鹊出来，对家臣们说："你们不要慌，他的血脉很正常，不会有什么危险。"

家臣们都将信将疑。扁鹊说："以往秦穆公也得过这样的病，昏睡七天七夜才醒。他醒来的那天，告诉大臣说，他是到天帝那里去了，感觉很快乐。之所以耽搁了那么久，主要是天帝留他做客。天帝还告诉他，晋国将有大乱，五代都不得安宁。大臣写下这些话，将它收藏起来，也就是所谓的'秦谶（chèn）'。后来发生的事情，你们都知道了，不用我多说。如今你们的主人的病和秦穆公一样，没事的，过两天就好了。醒来之后，他一定有话说。"

过了两天，赵鞅果然醒来。他告诉家臣："我去了天帝那里，与诸神游于天庭，听到仙乐飘飘，都是在人间没有听过的，非常动听，令我心旌神摇，兴奋不已。这时有一头熊冒出来欲要袭击我，天帝交给我一副弓箭，我一箭便将熊射死；又有一头罴（pí，棕熊）出来，我又一箭射死了罴！天帝十分高兴，赏给我两个竹箱子，还带着两只小箱子。我看见有个孩子站在天帝身边，天帝又送给我一只狄狗，说等我儿子长大了，就把这只狄狗给他。天帝还说，晋国也不长久了，就快要灭亡了，他思念虞舜的功勋，在恰当的时候会把舜的后代女子孟姚许配给我的子孙。"

家臣将赵鞅的话记录下来，藏在府中。

过了几天，赵鞅出门，有人挡在路中间，要求面见赵鞅。赵鞅一看，觉得这个人有点面熟，但又记不起是在哪见过。那人要赵鞅屏退左右，说："您见天帝的时候，我就在天帝身边站着啊！"赵鞅仔细一想，确实是有这么个人，赶紧问："您来这里是有什么要指教我的吗？"

那个人说："您还记不记得，天帝让您射熊罴，您把它们都射死了？"

赵鞅说："记得。"

那人说："晋国将有大难，天帝让您灭掉两位卿，他们的祖先就是熊和罴。那个小孩就是您的儿子，狄狗是代王的祖先，您的儿子将来必定占有代国。至于那两个箱子，意味着您的后代将会进行改革，穿着胡人服装，吞并狄人建立的两个国家。"

那个人就是本书第一章说到的姑布子卿。

后来发生的事情，基本上将姑布子卿的话一一应验。

到了公元前311年，也就是秦惠王去世那年，赵武灵王做了一个梦，梦见一位处女在他面前边弹边唱："美人荧荧兮，颜若苕（tiáo）之荣。

命乎命乎，曾我无嬴！”翻译成现代文，大概意思是：美貌的女子光彩照人，有如盛开的紫云英，一切都是命中注定啊，什么花儿都比不上我嬴氏漂亮！赵武灵王醒来后，对这个梦念念不忘，多次在喝酒的时候向人提起，而且将那女子的模样描述得活灵活现。

大夫吴广听说后，托人将自己的女儿娃嬴送进宫。赵武灵王一看娃嬴，脱口而出：“正是她！”于是将她收于后宫，不久便立为王后，也就是惠后。

据司马迁介绍，娃嬴就是当年天帝许给赵氏家族的孟姚。这种说法究竟有何根据，估计连司马迁也说不清。

因为这个传说，赵武灵王后来废除赵章的大子之位，改立惠后的儿子赵何，也就不难理解了。

但是，在赵武灵王心中，对赵章多少还是有些内疚的。

公元前295年春节，群臣进宫朝觐赵惠文王，赵章也来了。赵武灵王让赵惠文王坐在朝堂上听政，自己则躲在屏风后面观察众人。只见长子赵章身材高大，与自己相似，却要向北面叩拜，向弟弟俯首称臣，样子十分委屈。赵武灵王不觉心生同情，一个大胆的想法出现在脑子里。

何不将赵国一分为二，就让赵章在代地称王呢？

出现这样的想法，说明赵武灵王一代枭雄，却又不过是个家长里短的老头儿。古往今来，分家可以，分国却是闻所未闻。心疼一个儿子就将国家一分为二，如果心疼十个儿子，难道就将国家一分为十吗？

赵武灵王把这事儿跟肥义说了，肥义大吃一惊。赵章桀骜不驯，已经有人给肥义打过预防针了，现在赵武灵王还要扩大赵章的权力，分裂赵国，这到底是要唱哪出啊！他明确表示反对。赵武灵王也不着急，说：“你先想想，这事我也仅仅是有个想法，还没有最终下决心。”

春节过后，赵武灵王就带着赵惠文王前往沙丘（今河北省平乡）游览。他想趁着这个机会跟小儿子好好说说，让小儿子理解他的决定。毕竟，小儿子现在是赵国的主人，如果他不同意，事情就不太好办。

赵武灵王没有想到，他这边为赵章想方设法争取权力，赵章却已经急不可耐，正在和田不礼商议要发动政变，杀死赵惠文王。

当时赵武灵王和赵惠文王在沙丘都有行宫，没住在一起。有一天，赵武灵王正在寝宫中看书，突然听到外面喧闹，刚想叫内侍出去看，只见田不礼顶盔贯甲，带着一群武士闯了进来。

赵武灵王大怒，将书甩到地上，喝道："田不礼，你这是想干什么？"

田不礼一直走到赵武灵王面前，单膝跪下，说："启禀主父，城里发生了叛乱，安阳君担心主父的安全，特命下臣前来护驾。"

"叛乱？"赵武灵王吃了一惊，"谁敢叛乱？"

"大王。"

"胡说，大王怎么会叛乱？"

"大王即位已经四年，早就不甘受主父制约，所以叛乱。"田不礼说着，人已经站了起来，朝着门口走去。"这个地方已经由安阳君的人保护起来了，请主父放心。"

赵武灵王怒道："我要他保护什么？你赶快带走你的人，我要出去看看是怎么回事。"

田不礼头也不回地说："不行，您不能出去，外面有危险。"

随着宫门被缓缓关上，赵武灵王孤零零一个人呆坐在地上，这才不得不接受一个残酷的现实——他，赵国的主父，已经被儿子囚禁了。

与此同时，一名使者来到赵惠文王宫中，宣召他去主父宫中谈点国家大事。

赵惠文王刚要出发，高信拦住了他，说："相国早有交代，如果主父宣召大王，必须先通知相国。”

赵惠文王说：“为什么？”

高信犹豫了一下，说：“相国认为安阳君怀有谋逆之心，担心大王的安危。”

赵惠文王想了想，说：“那好吧。”于是派人通知肥义。

肥义过来后，对赵惠文王说：“让老臣陪大王一起去见主父吧。”

肥义和赵惠文王同坐一辆马车，来到主父行宫门前。肥义说：“请大王在车上稍等片刻，老臣先进去向主父请安。”说着意味深长地看了一眼驾车的高信。高信握了握腰间的佩刀，又看了看跟随他来的几十名骑士，朝肥义点了点头，意思是您放心，大王就交给我了。

看着肥义拖着老迈的身躯，颤颤巍巍地走进行宫，赵惠文王的眼睛突然湿润。这位赵肃侯时代留下的老臣，曾经坚定地站在赵武灵王身前，为推行胡服骑射而甘当铺路石，现在又为了维护他的安全而甘为前驱，以身试险，叫他如何不感动？

可是事情真的有那么危险吗？赵章平日里虽然狂妄自大，在主父面前却总是毕恭毕敬，一副唯唯诺诺的样子，他难道敢挟持主父？这行宫，从外面看起来还是一如往日的平静，落日的余晖洒在宫墙上，温暖而宁静，看不出任何阴谋的气息。

但愿是肥义多心了。

赵惠文王正这么想，肥义就又出现了。

肥义还是颤颤巍巍地走出来。肥义虽然叫肥义，身形却十分消瘦，一阵微风便将他花白的胡须吹起。他只走了两步，颓然倒地，背上赫然插着几支箭，鲜血已经将整个背部染红。

赵惠文王觉得喉咙干涩，刚想出声，一支长箭从宫中射出，稳稳地钉在车辕上。紧接着从宫门冒出一群黑衣武士，以极快的速度向着马车冲过来。

高信二话不说，打马便走。他带来的数十名骑士显然训练有素，有一半人自动拦在宫门口，与黑衣武士杀成一片；另外一半则紧跟在马车后面，形成一个半圆形的保护圈。

赵惠文王回到他自己的行宫，立刻命令集结军队，交由高信带领，向赵章发动反攻。公子成和李兑在邯郸闻知政变，也率领军队赶来，还调集四周各县的地方部队前来护驾。

赵章的党羽很快被打散，只剩下他和田不礼带着一些人还坚守在主父行宫。眼看行宫的大门就要被撞开，赵章情急之下，竟然冲进赵武灵王的寝宫，一把抱住赵武灵王的大腿，号啕大哭起来。

“你这是怎么啦？”赵武灵王问道。

“父亲！”赵章带着哭腔喊道，“大王要杀我，大王要杀我！”

“不会吧？”赵武灵王神色木然地说，“刚刚不是你叫田不礼带人包围了这里吗？是你想杀你弟弟吧？”

“啊！不是，不是这样。”赵章一个劲否认。

“你这又是何苦呢？其实我已经跟相国商量，要把赵国的一半划给你，让你在代地称王，可你……”赵武灵王说着，脸上露出一丝苦笑。

“父亲！”赵章只是大哭，“您一定要救我，不要让大王杀了我，我是您的儿子啊！”

“可是，如果你得手了的话，你会不杀你弟弟呢？只怕连我这把老骨头都不会放过吧！”

赵章听到这话，抬起头来看着赵武灵王，摇头说道：“怎么可能？我怎么可能对您下手？我只是想要回原本属于我的东西，我才是赵国的大子，我又没犯什么错，父亲您为什么就要剥夺我的地位，让弟弟后来居上呢？”

赵武灵王默然不语。

这时，门外传来田不礼临死前的一声惨叫。公子成和李兑带着人走进来，看到赵武灵王在这儿，赶紧退后几步，说："安阳君叛乱，下臣特意赶来救驾。"

赵章吓得浑身发抖。

赵武灵王思索了片刻，问道："叛党都剿灭了吗？"

公子成说："都剿灭了……除了安阳君。"

赵武灵王说："那就好。安阳君该怎么处理，由我亲自来决定。你们先退下吧。"

公子成作了个揖，就想退出。李兑暗中踩住他的脚，不让他走。公子成蓦然省悟，说道："请主父将安阳君交给下臣。"

赵武灵王说："你说什么？"

公子成说："主父早已经将国政交给大王处理，下臣要将安阳君带到大王面前，接受大王的审判。"

赵武灵王气不打一处来："我如果不交呢？"

公子成说："那我们就在外面等着。"说着他挥挥手，带人退出了寝宫。

《史记》记载，赵章最终在赵武灵王的行宫中被杀。此后公子成被封为相国，号称安平君。李兑也不错，被封为司寇，相当于今天的司法部长。

至于赵武灵王，他的结局只能用"悲惨"二字来形容。赵章被杀之后，公子成和李兑商量："因为安阳君的缘故，我们包围了主父。按照赵国的法律，这是要满门抄斩的。"两个人一不做，二不休，干脆将主父行宫彻底包围起来。而且将宫女和内侍全部赶走，只剩赵武灵王一个人待在宫里，想出又出不来，又得不到食物，只好掏鸟巢里的雏鸟出来生吃。

这样围了三个月之久，再派人进去打探的时候，赵武灵王已经不知道饿死多久了。

赵武灵王这个人，历史上评价很高，关键是胡服骑射这件事很让人佩服。真正的改革，从来就不是畏首畏尾地试探，而是大刀阔斧地向旧制度、旧习俗挑战。如果拘泥于什么祖宗之法不可变，什么邪路不可走，那就不用谈改革。要知道，历史是在不断进步，观念也是在不断变化的。我们现在见了官老爷不用下跪，还可以时不时对政府发发牢骚，在一百多年前的人看来，已经是走在邪路上了。

另外值得一提的是，“武灵”这个谥号，恰如其分地评价了赵武灵王的一生。谥法：克定祸乱曰武，乱而不损曰灵。赵武灵王一生东征西讨，武功赫赫，把赵国打造成了一个足与齐、秦抗衡的强国，却在处理家务事上优柔寡断，毫无章法，以至于父子二人都不得好死。

用司马迁的话说：“岂不痛乎！”

本书大事年表

公元前453年：晋阳之战，赵、韩、魏三家联手灭智氏，三分其地。

公元前405年：吴起任魏国西河郡守，改革兵制，创建魏武卒，大幅提升了魏军战斗力。

公元前403年：周威烈王封赵、韩、魏三家为侯国，周天子正式承认晋国分裂的既成事实。

公元前381年：楚悼王任命吴起为令尹，进行变法改革，楚国在政治、经济、军事等方面取得立竿见影的起色。

公元前376年：赵、韩、魏灭晋而三分其地，老霸主晋国的历史至此终结。

公元前359年：商鞅由魏入秦，在秦孝公的支持下，开始变法，秦从此走上战国第一强国之路。

公元前354年：魏庞涓伐赵，兵围赵都邯郸，赵求救于齐威王。

公元前353年：齐将田忌听取孙膑的围魏救赵之计，攻魏之必救，庞涓回师救援，被齐军大败于桂陵。

公元前341年：魏军统帅伐韩，齐救之，孙膑用减灶法诱敌，庞涓中计落入埋伏，魏军精锐的武卒被全歼，庞涓自刎，魏国从此由盛转衰。

公元前338年：秦孝公卒，惠王立，车裂商鞅。

公元前318年：楚、赵、魏、韩、燕五国合纵伐秦，攻函谷关。秦军开关迎敌，五国联军败走。

公元前313年：张仪入楚，欺楚怀王，楚怀王上当，与齐决裂。

公元前312年：楚怀王得知被欺，恼羞成怒，发兵攻秦，大败，韩、魏趁虚袭楚，楚割两城与秦和。

公元前307年：赵武灵王下令军队穿胡人服装，学胡人骑射，赵军从此一跃成为军事强国，北灭中山，西退胡人。史称“胡服骑射”。

公元前299年：赵武灵王让位于少子，自号主父，带领军队开疆拓土。同年，楚怀王入秦，被扣留。秦昭王闻齐孟尝君贤，招其入秦，欲以其为相。

公元前298年：孟尝君逃归齐国。同年，楚国立太子熊横为王，是为楚襄王。秦击楚，斩首六万，取十五城。

公元前296年：楚怀王死于秦。

公元前295年：赵国内乱，赵惠文王杀兄弟安阳君，围主父，主父饿死。

激发个人成长

多年以来，千千万万有经验的读者，都会定期查看熊猫君家的最新书目，挑选满足自己成长需求的新书。

读客图书以“激发个人成长”为使命，在以下三个方面为您精选优质图书：

1. 精神成长

熊猫君家精彩绝伦的小说文库和人文类图书，帮助你成为永远充满梦想、勇气和爱的人！

2. 知识结构成长

熊猫君家的历史类、社科类图书，帮助你了解从宇宙诞生、文明演变直至今日世界之形成的方方面面。

3. 工作技能成长

熊猫君家的经管类、家教类图书，指引你更好地工作、更有效率地生活，减少人生中的烦恼。

每一本读客图书都轻松好读，精彩绝伦，充满无穷阅读乐趣！